Inhalt

W0233355

Eine chinesische Legende* berichtet:

Vor langer Zeit badeten
zwei himmlische Prinzen in einer Wolke.
Plötzlich fielen sie auf die Erde hinab.
Der Kaiser sandte seine Soldaten aus,
seinen Söhnen die Augen zu schließen.
Er wollte vermeiden, daß sie das Böse auf Erden sähen.

* Fortsetzung siehe Seite 248; vergleiche auch Anmerkung 1

Meinem Freund Karl Reuter,
dessen politische und erotische Lebendigkeit
mich immer wieder aufs neue begeistert.

Kriegsverlangen, Friedensfurcht
Zur Einleitung

In einer Szene des Monumentalfilms «Lawrence of Arabia» lehnte der Held, der geschichtlich einen großen Beitrag zur Einigung der arabischen Welt leistete, die entscheidende Mission und gleichzeitig seine Beförderung gegen alle Mißgünstlinge ab mit den für einen englischen Offizier unfaßlichen Worten, er habe zwei unrettbar verlorene junge Araber erschießen müssen, um sie nicht einem qualvollen Tod auszuliefern, und dabei zu seinem Entsetzen verspürt, daß «es Lust macht».

Die Faszination, die vom Krieg ausgeht, und die Langeweile, die der mühselige Frieden verbreitet, haben schon viele irritiert. Beide Gefühle widersprechen unserem bewußten Wunsch nach aggressionsfreiem Einvernehmen der Nationen. Wer sich für die Entwicklung des Friedens einsetzt, schweigt sich über diese fatale Gefühlslage oft aus. Sie ist mehrfach bedingt. Als ich zu schreiben begann, dachte ich, der Krieg sei seltsamer, als wir denken. Inzwischen bin ich überzeugt, daß er seltsamer ist, als wir denken können. Vielleicht ist es das beste, ich beginne mit einem Aspekt, den wir leicht anzunehmen bereit sind, um danach auf jene anstößigeren Quellen des Unbewußten hinzuweisen, die den Inhalt des Buches ausmachen.

Jeder Krieg richtet Schmerzen und Verwüstungen an. Er bewegt uns schon deswegen stärker als der Frieden. Es geschieht damit aber noch mehr: Uns mobilisiert das Leiden, besonders wenn es das eigene ist. Es überwindet unsere Trägheit; wir beginnen uns in Frage zu stellen. Anders ändern wir uns bekanntlich kaum. Dieser Leidensdruck ist ein Effekt des Krieges aus der Sicht der Geschlagenen und unter dem Eindruck von Tod und

9

Zerstörung. Er lehrt uns schmerzliche Lektionen – nun schon über Jahrtausende [1]. Er hat in uns auch den Friedenswunsch aufkommen lassen. Der Krieg ist der Vater des Friedens.

Der Frieden ist seelisch und politisch aufwendiger als der Krieg. Wir können in ihm nicht mit blutigen Schlägen klare Verhältnisse zu schaffen suchen. Wir können den anderen nicht unseren Willen aufzwingen. Wir müssen vielmehr den Gegner in seiner Wirklichkeit gleichrangig mit uns sehen. Wir können nicht mehr so leicht unsere ungelöste innere Lage in ein Feindbild stecken und mit dessen Zerstörung lösen wollen. Zum Frieden gehört also mehr seelische Reife als zum Krieg. Und wer will schon reif sein, wenn es auch ohne solchen strapaziösen seelischen Aufwand geht?

So etwa läßt sich die heutige Lage skizzieren. Unser Erleben und Verhalten scheinen uns schon immer so gewesen zu sein. Eine irrige Annahme. Denn unsere Reaktionsweisen sind jüngeren Datums. Inwiefern? Die Entwicklung der modernen Gesellschaften hat eine erhebliche Einschränkung der bewußt erlebten Aggression mit sich gebracht, weil wir immer stärker aufeinander angewiesen sind – das wäre die kurze Summe des Zivilisationsprozesses, wie Norbert Elias ihn aufgezeigt hat [2]. Der wachsende Zwang zur Selbstkontrolle, das Stärkerwerden des Gewissens, die «Verinnerlichung der Aggression», wie Sigmund Freud es nannte [3], haben eine seelische Lage in uns geschaffen, die Krieg wie Gewalt verabscheut – eine «konstitutionelle Intoleranz», von der Freud in seinem berühmten Brief an Einstein sprach [4].

Es kommt hinzu, daß unser Leben kostbarer geworden ist. Das gilt für die Erste Welt der reichen Industrienationen, weniger für die Dritte oder gar Vierte Welt der armen Länder. Im Startkampf der Ersten gegen die Dritte Welt, dem Golfkrieg 1991, wurde dieser Unterschied vom irakischen Diktator Saddam Hussein offen verkündet: «Ich kann fünf oder sechs Millionen Menschen opfern, die USA aber können sich nicht einmal zehntausend leisten.» [5]

Solche Sätze klingen in unseren Ohren zynisch. Noch vor wenigen Jahrzehnten haben europäische Kriegstreiber nicht anders geprahlt. Drastischer noch als die kulturellen Unterschiede zwischen den gegenwärtigen Nationen angesichts von Krieg und Tod sind beim Vergleich mit der früheren Geschichte die Differenzen zwischen der bei uns früher alltäglichen Roheit und dem zahmen heutigen Verhalten. Die pure Lust am Zerstören und Leidenmachen trat noch ungeschminkt auf – im Krieg, in dem sie nicht nur erlaubt, sondern gefordert wurde, wie im gewöhnlichen Alltag. Die heute so katzenliebenden Pariser weideten sich beim jährlichen Johannisfest am öffentlichen Verbrennen von mehr als einem Dutzend Katzen[6]. Ein Raubritter verstümmelte aus reiner Launenhaftigkeit Bauern, die das Mißgeschick hatten, ihm zu begegnen. Seine Frau schnitt mit Wonne Nonnen die Brüste ab[7]. Flagellanten peitschten sich zu Tode. Flämische Bauern rissen sich um das Fett gehenkter lediger Mütter, das von den Henkern gegen Gold verkauft wurde[8]. «Es ist ein fröhliches Ding um den Krieg», hieß es dementsprechend[9].

Wer aber will noch wahrhaben, was wenige Generationen zuvor an der Tagesordnung war? Im kriegstraumatisierten Deutschland sicher nur wenige. In Großbritannien, das seit zweihundert Jahren kaum einen Krieg verlor, ist die Kriegslust ungebrochener. «Happy days are here again», jubelte ein britisches Massenblatt beim Beginn des Golfkriegs 1991. Im August 1914 ergaben sich noch alle beteiligten europäischen Nationen einem wahren Kriegsrausch.

Seit über zehn Jahren wirke ich in der «Friedensarbeit an der Universität Frankfurt» und bei den «Internationalen Ärzten und Ärztinnen gegen den Atomkrieg» mit. Meine erste Skepsis bezog sich auf uns selbst, auf das eigene «Blöken der Lämmer» – um hier nicht unpassenderweise vom «Heulen der Wölfe» zu sprechen. Das lammfromme Auftreten der Friedensbewegten ist so verdächtig wie das der übertriebenen Tierschützer oder der überfürsorglichen Mütter: Sie verstecken im weißen Schafskleid ihre eigene Aggressivität. Aus dieser Skepsis entstand das erste Kapitel «Destruktive Friedfertigkeit», um aufzuzeigen, wie geschickt wir das, was wir draußen bekämpfen, in uns verhüllen. Vom Urmenschen, dem unser Unbewußtes noch gleicht, sagte Freud: «Er mordete gern und wie selbstverständlich»[10]. Und ich wählte als Motto den Satz des als edlen Helden dargestellten T. E. Lawrence, weil sein Entsetzen zeigt, daß wir nicht nur im Falle eines Angegriffenwerdens die eigene Attacke befreiend erleben, nicht nur als abwegige Sadisten gleichsam krankhafte Lust genießen, nicht nur das Niederringen mächtiger Feinde triumphierend feiern, sondern auch aus einer gänzlich ungefährdeten Position heraus mit Aggressionslust reagieren – selbst hilflosen Menschen gegenüber, die uns ausgeliefert sind, und auch im Falle stärksten Mitleids, kurz: gegen unsere ganze humane Grundeinstellung.

Nirgends wird soviel vertuscht, geschminkt und gelogen wie auf diesem heiklen Gebiet der menschlichen Aggressivität. So ist mein Fazit des ersten Teils: Erst wenn wir unsere eigene Destruktivität ernst nehmen, werden wir friedensfähig. Wir müssen uns gegen uns selbst solidarisieren.

Diese aggressiven Gegebenheiten bilden nun auch den Hintergrund unserer Friedensfurcht[11]. Wer in der Psychoanalyse nicht das Individuum, sondern die Beziehung als seelische Grundeinheit betrachtet, wird nämlich schnell genötigt, einen friedlichen Zustand als gefährlich zu erkennen, als ängstigend also: denn unbewußt stellt sich uns der Frieden als eine schutzlose Verfassung dar, in dem wir aller aggressiven Kräfte beraubt und einer immer lauernden Bedrohung von außen ausgeliefert sind. Frieden ist deswegen schlimm für uns. Wir ersehnen ihn bewußt und fürchten ihn doch unbewußt. Diesen Zwiespalt halte ich für das Lähmende, das Langweilige am Frieden.

Noch schlimmer allerdings wurde es, als ich nach und nach entdeckte, wie sehr unsere Lust mitwirkt am Krieg. Erschrocken sah ich: Liebe ist nicht nur eine Kraft für den Frieden, vielmehr treibt sie auch in den Kampf. Der Text über die «Erotik der Kriegsbereitschaft» hat schon in seinen Vortragsfassungen das Publikum bewegt. Bei der vertieften Ausarbeitung für diesen

Essayband gingen mir selbst erst die Augen auf. Die sexuelle Dimension des Krieges ist so gut wie verdrängt. Auch auf einer Tagung «Zur Psychoanalyse des Krieges» kam die vielgestaltige «Kriegslibido» nicht zur Sprache [12]. Es ist nachträglich kaum zu glauben, wie sehr wir den Wald vor lauter Bäumen übersahen. Erst dieses Kriegsverlangen aber macht die ursprünglichen Funktionen des Krieges und ihre Verankerungen in unserem Seelenleben durchsichtig. Die alten Griechen wußten schon darum: Die Liebesgöttin Aphrodite hatte mit dem Kriegsgott Ares eine leidenschaftliche Liaison.

So wurde mir das Bewußtwerden des Krieges nach und nach zu einer Reise ins Innere des eigenen Selbst. Das scheint mir auch in einer Zeit nötig, in der Kriege sich aus der Dynamik der zwischennationalen Beziehungen, also aus den politischen Verhältnissen ergeben. Denn ohne bewußte oder unbewußte, aufflammende oder manipulierte Kriegsbereitschaft der Bevölkerung kann kein moderner Krieg geführt werden. Diese bittere Erkenntnis ist die Hoffnung für den einzelnen: Wir können etwas tun, auch wenn wir nur über verschwindende Ressourcen persönlichen Einflusses verfügen. Allerdings ist ein kenntnisreiches Kriegsbewußtsein für die Friedensfähigkeit unabdingbar. In einer weiterführenden Arbeit befasse ich mich mit den fast unübersehbar vielfältigen Aspekten einer modernen Kriegskunde. Hier wende ich mich im dritten Kapitel «Sich selbst überleben» dem ganz persönlichen Interesse an der heute ebenso verpönten wie begehrten Macht zu: Warum erstrebt sie jeder von uns in seinem Alltag und neigt doch dazu, das abzustreiten?

So endet der Streifzug, der mit der eigenen Destruktivität beginnt und durch die unsichtbare Allgegenwart der Kriegsgelüste führt, mit geistergleicher Genauigkeit am innersten Punkt, um den der Krieg kreist. An dieser Stelle will ich ihn noch nicht verraten.

Frankfurt, Juni 1992   Michael Lukas Moeller

A.

Destruktive
Friedfertigkeit

Zum unbewußten Mißbrauch
der Friedensarbeit [1]

I.

Friedensarbeit ist schon deswegen eine Kraft seelischer
Gesundung, weil sie die Verleugnung der sichtbaren
Destruktivität aufhebt.

Mir scheint heute, ich habe früher fast sorglos in den Tag hinein-
gelebt. Mich störten zum Beispiel die Düsenjäger am Himmel nur
wegen ihres maßlosen Lärms. Als ich hörte, es sei die computer-
gesteuerte, gerechte Flächenverteilung ihrer Übungsflüge eingeführt worden, war ich dankbar. So hatte ich jetzt meinen Frieden,
nämlich die Ruhe, die mir guttat, wenn ich mich bei der Arbeit
konzentrieren oder ungestört schöne Stunden erleben wollte.
Mich durchfuhr weniger oft der plötzliche Schrecken, wenn sie «in
schönster Tieffluglaune» (Titel eines Gedichtbandes [2]) über mich
hinwegrasten, und diesen kleinen Schock, meinte ich nun zu wissen, teilte ich als notwendige Belästigung gerecht mit allen anderen. Leider typisch für mich: Das Leben war geregelt und doch
auch poetisch, ich lebte als lyrischer Technokrat.

Erst langsam veränderte ich mich unter dem Einfluß der Friedensbewegung. Nach und nach wurde mir meine mühelos er-
brachte Verleugnung der in jedem Düsenjäger realisierten töd-
lichen Destruktivität bewußt. Heute begreife ich nicht nur im
Kopf, sondern kann es auch als Gefühl erleben, daß ein Düsenjäger zu nichts anderem entworfen, entwickelt und hergestellt
wird, als Menschen zu töten – in schier entdlosen Entwicklungs-
jahren, Zigtausenden von Arbeitsstunden, mit höchstem Profit
für die Industrie und einem Heer von Zulieferanten, zu denen
schließlich unsere ganze Gesellschaft, das heißt auch wir Steuer-
zahler selbst in irgendeiner Weise als Koproduzenten gehören.

Für mich steht diese kleine Alltagserfahrung symbolisch für
einen seelischen Vorgang, den die Friedensbewegung als Ganzes
bewirkt und auch bei mir bewirkt hat: Sie hat die allgemeine,
im nachhinein kaum begreifliche Verleugnung der ungeheuren
Destruktivität, der wir täglich begegnen, aufgehoben.

2.

Ebenso wie die Rüstung produziert die Gesellschaft die
kollektive und persönliche Verleugnung, die in Perfektion
und Umfang der materialisierten Destruktivität gleicht.

Mit Unbehagen – manchmal begleitet von dem widerwilligen
Gefühl «jetzt reicht's mir aber» – wird mir bewußt, wie vollkommen und wie flächendeckend meine Verleugnung ist; denn ihre
Aufhebung will nicht enden. Sie gleicht in Perfektion und maßlo-
sem Umfang der abzuwehrenden Destruktivität, wie wir sie vor
allem an der Rüstung und ihrer Industrie festmachen.

So stieß ich auf eine erste Gleichung. Grob gesagt lautet sie:
Der Stärke der Rüstung entspricht die Stärke der Verleugnung
dieser Rüstung. Sie zeigt sich in der Ausblendung, Verkleine-
rung oder blassen Theoretisierung ihrer Tödlichkeit, also ihres
destruktiven Potentials. So werden eben zum Beispiel Düsenjäger zu Planungsgrößen, Spielzeugen, schlimmstenfalls zu lästi-
gen Störungen des Alltags. Ihre leibhaftige Zerstörungskraft
wird auf vielfältige Weise nicht mehr gefühlt. Ihr destruktives
Potential wäre meines Erachtens gar nicht realisierbar, würde
nicht die entsprechende innere Aufrüstung im Sinne einer Ab-
panzerung durch Abwehrformationen gesellschaftlich ebenso
produziert. Äußere und innere psychologische Rüstung mit dem
Ziel einer Betäubung des destruktiven Erlebens müssen sich die
Waage halten – besonders in einer Gesellschaft, deren offizielle
Normen von Mildtätigkeit, Solidarität und Fürsorge geprägt
sind.

Günther Anders formulierte in seiner Arbeit «Über die Bombe
und die Wurzeln unserer Apokalypse-Blindheit»: «Wir leben im
Zeitalter der Unfähigkeit zur Angst. Wir sind einfach Analpha-
beten der Angst. Jedes Vermögen hat seine Leistungsgrenze, jenseits derer es nicht mehr funktioniert beziehungsweise Steigerun-
gen nicht mehr registrieren kann: Wir können die Vernichtung
einer Großstadt planen. Uns diese Wirkung vorstellen können

wir nur unzulänglich. Das aber ist noch viel, wenn wir vergleichen, was wir angesichts der Vernichtung fühlen und zu verantworten fähig sind.»[3]

3.

Neben dem Verleugnen ist ein wichtiger zweiter
Helfershelfer der Gewalt das Beschwichtigen des schlechten
Gewissens durch zahllose Formen des Absegnens eigener
Destruktivität, allen voran die Gott-mit-uns-Zerstörung.

Zu dieser Abwehrformation der Verleugnung zwecks Betäubung gehört noch eine andere Form der Verharmlosung. Mit ihrer Hilfe kann die Destruktivität infolge einer Absegnung mehr oder weniger zugelassen werden. Diese Gott-mit-uns-«Moral» ist Basis jeder Wehrmacht und entlastet das Gewissen der Soldaten. Albert Einstein hat dazu bemerkt: «Töten im Krieg ist nach meiner Auffassung um nichts besser als gewöhnlicher Mord.»

4.

Das Verleugnen der beobachteten Destruktivität
aufzuheben, ist kein einmaliger Akt, sondern ein fast
endloser Vorgang der Selbstentwicklung, der immer wieder
durch eigene Ungläubigkeit gestoppt wird.

An weiteren Beispielen möchte ich die vielleicht nie endende Aufdeckung meiner Verleugnung deutlich machen:

Vor längerer Zeit sah ich zufällig im Spätprogramm des Fernsehens einen Film über die Zentrale zur globalen Überwachung aller Flugbewegungen. Seitdem ich diesen Bericht kenne, auf den meine Wahrnehmung durch Stanley Kubricks Spielfilm «Doktor Seltsam – oder wie ich lernte, die Bombe zu lieben» einigermaßen vorbereitet war, ist mir die maßlose Anstrengung einer pausenlosen Gesamtüberwachung – auch während ich jetzt hier diese Worte schreibe und Sie sie lesen –, also die wachsame Erwartung eines Atomschlages gegenwärtig. Diese fürchterliche Selbstverständlichkeit hätte mir längst klar sein können. Bis heute hat sich die Lage durch die pausenlose, geheime und inzwischen gänzlich unkontrollierbare Proliferation (Verbreitung der Atomwaffen) verschärft.[4] Beispielsweise bemerkte Gerald Steinberg, Direktor des Instituts für strategische Studien an der Bar-Ilan-Universität: «Alle arabischen und islamischen Staaten werden alles bekommen – von Raketen bis zu Atomwaffen – und können daran nicht gehindert werden.» Erst bei der Vorbereitung zu diesem Text konnte ich die Verleugnung eines weiteren destruktiven Befundes aufgeben, den ich mir längst an fünf Fingern hätte selbst ausrechnen können: daß Deutschland das Land mit der höchsten Atomrüstungsdichte der Welt ist.

Noch zögere ich, in meiner Wahrnehmungsoffenheit so weit zu gehen wie Günther Anders. Er sieht die in der sogenannten Katastrophenmedizin (genauer gesagt: Atomkriegsmedizin) zu befolgende Triage, das heißt die Auslese und Nichtversorgung Schwerbetroffener*, identisch und ebenso destruktiv wie die Auslese der KZ-Häftlinge auf der Rampe von Birkenau. Denn – sage ich mir zur Zeit – werden bei der Triage nicht andere und sehr viel mehr Betroffene, die sonst sterben würden, gerettet?

Aber schon sitze ich in der Vorstellungsfalle, die eine solche Katastrophenmedizin als hintergründige Botschaft vorgaukelt: daß es etwas zu retten gäbe. Das Gegenteil muß klargemacht werden: Es gilt zu begreifen, daß dann nicht mehr zu helfen ist.

---

* Mehr als 50 Prozent verbrannter Körperoberfläche bei Fünf- bis Fünfunddreißigjährigen gelten zum Beispiel als hoffnungslos, obwohl in einer skandinavischen Klinik von einhundert derartig stark Verletzten nur ein Patient starb.[5]

5.

*Die Angst vor dem Grauen ist das Kernsymptom einer fast
unerträglichen Gesundheit.*

«Ängstige deinen Nachbarn wie dich selbst» – dieser Aufruf von
Günther Anders ist mir sehr nahegegangen. Aber wie halte ich
eine solche Angst überhaupt durch?

Wenn wir akzeptieren können, daß die Friedensarbeit eine kollektive, nichtsdestoweniger in jedem einzelnen von uns wirksame
Verleugnung maßloser Destruktivität aufhebt, dann bewirkt sie
ohne Zweifel eine seelische Reifung und damit höhere Gesundheit. Denn unsere Verleugnung entspricht einer unangemessenen Abwehr. Sie ist Realitätsverfälschung. Sie ist keinesfalls in-
takte Realitätsprüfung, die als seelische Hauptleistung des Ichs
angesehen werden kann. Allerdings entsteht dabei wie im Zuge
einer Aufdeckung während einer psychoanalytischen Behandlung Angst – und noch mehr: Aggression, Depression, Verzweiflung, Trauer. Während aber der Integrationsprozeß und die Re-
organisation im Verlauf der analytischen Therapien diese Ängste wieder schwinden lassen, kann die Wirkung der Friedensarbeit in absehbarer Zeit darauf nicht hoffen; denn es geht hier
um Ängste vor einer tatsächlich gegenwärtigen Realität und
nicht um Ängste aus kindlichen, intrapsychischen Konflikten,
die man gerade im Begriff ist aufzulösen. Die Angst, die durch die
Friedensarbeit entsteht, darf nicht schwinden. So erscheint diese
höhere Gesundheit den meisten wie eine schwere Krankheit, in
der alle Empfindungen von Hoffnungslosigkeit mit einem letzten
Rest von Lebenswillen und Mut getragen werden.

6.

*In meinen Augen ist es eine erstrangige politische Aufgabe
der Psychoanalyse in der Friedensarbeit, die Angstfähigkeit
der Menschen – einschließlich der Psychoanalytiker selbst –
entwickeln zu helfen.*

Für mich entsteht hier eine erste wesentliche Aufgabe im Rahmen eines politischen Beitrags der Psychoanalyse zur Friedensarbeit: Welche Kräfte sind zu mobilisieren, welche Möglichkeiten gibt es, daß der einzelne dieser Angstflut, diesem Grauen standhalten kann, ohne eine sekundäre Abwehrwand nach dem Durchbruch der ersten Abwehrverleugnung zu errichten – wie es psychoanalytisch so oft zu beobachten ist?

7.

*Wenn wir unsere Angstfähigkeit entwickeln wollen, müssen
wir erkennen, inwieweit die eigene unbewußte Destruktivität
insgeheim die Friedensarbeit mißbraucht.*

Diese Aufgabe, angstfähiger zu werden und zu bleiben, ist jedoch mit einer zweiten unlösbar vermengt, und diese ist mein eigentliches Thema.

Die Friedensarbeit – damit meine ich: die besten inneren und äußeren Bedingungen für unsere Friedensfähigkeit zu schaffen –, diese Anstrengung für den Frieden ist so lange ernsthaft behindert, ja meines Erachtens gefährdet, solange nicht dem ersten Schritt, die Verleugnung der äußeren, uns bedrohenden Destruktivität aufzuheben, der zweite Schritt folgt, nämlich die Abwehr unserer *eigenen* Destruktivität aufzulösen. Erst dieser zweite Schritt kann meines Erachtens zu einem angemessenen und engagierten politischen Handeln führen. Da dieser Schritt jedoch uns ganz persönlich betrifft, erzeugt er noch mehr Angst, Gereiztheit und Abwehr – ich befürchte so sehr, daß er zunächst als völlig überflüssiger psychologischer Kram abgetan wird. Ich möchte deswegen zum besseren Verständnis und zur Einleitung etwas Persönliches berichten, was sich lange vor der Friedensarbeit ereignet hat.

8.

Vor Einsetzen der Friedensbewegung waren
Kriegsangstträume Ausdruck eigener Destruktivität und
ihrer Bestrafung durch ein strenges unbewußtes Gewissen.

Einer meiner besten Freunde, Manfred, den ich seit mehr als 35 Jahren kenne, lebt schon seit langem als alternativer Architekt in den USA. Manfred hat immer wieder Alpträume, die ihn nachts in Panik aufschrecken. Es sind Kriegsträume, in denen sein Leben bedroht wird. Wir haben oft darüber gesprochen. Es wird schnell deutlich – wie auch oft in psychoanalytischen Behandlungen zu sehen –, daß er ja der Autor seiner Träume ist und damit selbst den Krieg, den er träumt, inszeniert. Es sind also seine eigenen – wodurch auch immer mobilisierten – destruktiven Impulse, die ihn in der Traumphantasie zunächst den Krieg ausgestalten lassen. Daß er schließlich das Opfer dieses Krieges wird, dieser zweite wesentliche Anteil des Traumgehaltes, ist so zu verstehen: Auf die aktualisierten destruktiven Impulse, das heißt auf seine zerstörerische Neigung, die sich im Krieg des Traumes offenbart, reagiert sein Gewissen, sein unbewußtes Über-Ich, archaisch und mitleidlos mit gleichartiger Vergeltung nach dem sogenannten Talionsprinzip. Er, der zerstört, wird selbst dafür zerstört. Diese alte, einfache Erkenntnis der Psychoanalyse und aller großen Dichtung kommt mir immer wieder in den Sinn, wenn ich heute im Rahmen meiner psychoanalytischen Behandlungen von Gruppen oder Einzelpersonen oder auch im Studentenunterricht an der Universität von entsprechenden Angstträumen oder Angstvorstellungen höre. Die Angst ist in dieser innerseelischen Dynamik zweifach: Sie ist einerseits eine Angst, von den eigenen destruktiven Impulsen überflutet zu

23

werden, andererseits eine Angst, eben für diese Zerstörungsneigung bestraft zu werden. Die Friedensarbeit bringt nun zu diesem Angstgemisch von Triebangst und Gewissensangst durch die Aufklärungsarbeit, durch die Aufhebung unserer blinden Flecken, einen dritten Angstanteil dazu – die Realangst.

Hätte ich nicht den jahrzehntelangen persönlichen Hintergrund mit Manfreds Träumen und meine psychoanalytische Erfahrung, würde ich mich kaum getraut haben, die Panikvorstellung meiner heutigen Patienten und Studenten, die für mich gleichzeitig ein so wichtiges politisches Signal darstellt, mit deren eigener Destruktivität in Zusammenhang zu bringen. Als Psychoanalytiker muß ich mir natürlich selbst sagen, daß ich bei einer solchen Blindheit stärkere Probleme mit meiner eigenen Destruktivität habe. Angesichts des Widerstandes meiner Patienten gegen die Einsicht, daß eigene destruktive Neigungen an diesen Ängsten beteiligt sind, bleibe ich also auch selbst im eigenen Gegenwiderstand hängen. Das allerdings ist auch nicht mehr so neu, seit in den helfenden Berufen das Helfersyndrom, an dem trotz ihrer eigenen Analyse auch Psychoanalytiker mehr oder weniger leiden – wenigstens aufgrund ihrer Restneurose –, und die darin enthaltene Unfähigkeit, mit der eigenen Aggressivität zu Rande zu kommen, durch Wolfgang Schmidbauer[6] und Jürg Willi[7] bewußt geworden ist.

9.

Es ist schwer, zwischen dem Unbehagen vor dem realen Grauen und dem Mißbehagen angesichts unterdrückter Destruktivität im Gewande des Friedensengagements zu unterscheiden.

Ich wurde auf die Mitwirkung verdrängter Destruktivität bei der Friedensarbeit jedoch zuerst aufmerksam durch ein wachsendes Gefühl des Mißbehagens, ja manchmal auch des Zorns angesichts einiger Erlebnisse im Rahmen der Friedensbewegung. Anfangs war diese gereizte Irritiertheit für mich nicht einfach zu entschlüsseln. Ich sagte mir: Dieses Mißbehagen ist vielleicht nur dein Unbehagen vor dem realen Grauen, das du psychoanalytisch weginterpretieren möchtest. Doch verdichtete sich mein Verdacht mehr und mehr. Ich regte mich also erst einmal über andere auf, statt vor meiner eigenen Türe zu kehren. Das ist bekanntlich leider die Regel. Ich habe meine frühere Unnachgiebigkeit mir selbst gegenüber in diesem Punkt aufgegeben und gewähre mir heute zunächst den Weg über die Projektion von Problemen auf andere. Wesentlich scheint mir nur, die an anderen wahrgenommenen Probleme nicht abzuspalten, das heißt nur anderen vorzuwerfen, sondern sie schließlich als einen Spiegel für sich selbst, also zur Selbsterkenntnis zu nutzen.

10.

Der Fallstrick der Friedenserziehung: Sanft sein heißt noch nicht friedensfähig sein.

Mich packte also das Entsetzen, als ich sehr ausführlich beschrieben hörte, wie Eltern und Verantwortliche eines Kinderladens, die sich sehr für die Friedensbewegung engagierten, ihre kleinen Kinder durch rechtzeitige Erziehung zum Frieden befähigen wollten. Ihre Einstellung lief kurz gesagt darauf hinaus, daß alle aggressiven Äußerungen der Kinder unterbunden wurden. Auseinandersetzungen, Krakeel, Kampf um das liebste Spielzeug, Rivalitäten untereinander, Angriffe gegen die Erwachsenen, Ringen, Beißen, Kloppen, Stürmen und Toben – die ganze Kinderwildnis wurde in missionarischer Sanftheit weggeschlichtet. Alles, was Kinder frisch macht, starb hier ab. Meine Kinder (Nina, damals 6, und Lasi, 4) wünschte ich mir nie in einem solchen Erziehungsmilieu, das sich wie Erdöl auf die Wogen gießt. Warum nicht? Weil eine solche Erziehung Aggressionsunterbindung betreibt mit jener Engelsgeduld, die vor Überanstrengung schließlich teuflisch gereizt wird und von Anfang an

25

Gefahr läuft, auf einer Beziehung zu den Kindern zu beruhen, die nicht mehr die echten, augenblicklichen Gefühle miteinander zu leben versucht. Unechtheit aber, die hier durch die falsche Moral der pausenlosen Sanftheit erzwungen wird, ist eine der stärksten Quellen von Aggressivität. In meinen Augen ist sie sogar die stärkste Ursache der Destruktivität, weil das tiefste Bedürfnis der Menschen, zu sich selbst zu kommen, unbefriedigt bleibt. Daß wir alle in dieser Industriegesellschaft mehr oder weniger zur Unechtheit getrieben werden und sie darüber hinaus auch zum eigenen Angstschutz benötigen, ändert daran nichts. Eine solche Erziehung zur Sanftheit meint es sicherlich gut, erreicht aber leider genau das Gegenteil. Daß in ihr die Gefühle nicht stimmen, ist nur ein aggressionsförderndes Moment. Das Leben ist eben nicht nur Liebe, Langmut und Konfliktlosigkeit. Die Betreuer der Kinder fühlen anders, als sie erziehen. Sie haben oft genug selbst Wut auf die Kinder, die so anders sind, als sie es gern hätten. Kinder aber werden nie so, wie wir es bewußt wollen und ihnen sagen. Kinder werden so, wie wir selbst sind, und zwar nicht nur bewußt, sondern auch unbewußt: Die unterdrückte Wut hinter der Friedfertigkeit wird also ebenso in die Kinder gelegt wie die bewußte Sanftheit, die gleichsam auf Teufel komm raus aufrechterhalten werden soll. So schürt diese Erziehung unwillentlich die Aggressivität gleich doppelt: Zum einen, weil Kinder wie Erwachsene, also wir alle mit Recht aggressiv reagieren, wenn wir uns in der Unechtheit um uns selber betrogen fühlen; zum anderen, weil wir in einer Beziehung nicht nur den vergleichsweise schmalen bewußten Anteil – hier vor allem die Idealnorm der Friedfertigkeit – erleben, sondern auch den viel umfangreicheren unbewußten Anteil – hier also die unerbittliche, wenn auch milde dahersäuselnde Strenge, mit der Friedlichkeit durchgesetzt werden soll, und die erschöpfte Gereiztheit oder die unausgesprochene Enttäuschungswut der sanften Erzieher.

Das aber ist noch nicht der schlimmste Beitrag, den die sanfte Erziehung zur Entwicklung von Destruktivität leistet. Vielmehr sorgt sie durch die Unterdrückung der Aggressivität im Kind dafür, daß die aggressiven Anteile des Kindes abgespalten werden und nicht mehr mitreifen können. Sie konserviert also eine frühkindliche, eine vergleichsweise unreife, archaische Qualität der Aggressivität, die zusätzlich durch das Verbot, sich mit ins Spiel zu bringen, an Heftigkeit, sprich an destruktiver Potenz gewinnt. Erziehung zur Friedensfähigkeit heißt für mich vor allem, die Aggressivität als unleugbare und sehr notwendige Strebung der Menschen anzuerkennen und ihr die Chance zu geben, sich zu reiferen Formen zu entwickeln – zum Beispiel zur Durchsetzungsfähigkeit, zur Standhaftigkeit, zum inneren Ansporn, zu Kraft, Vitalität und Schwung – kurz zur Energie, nichtdestruktive Ziele zu erreichen. Nicht um Aggressionsunterbindung, sondern um Aggressionsreifung muß es also gehen, das heißt um den möglichst in die gesamte Person integrierten, menschlichen Umgang mit unserem eigenen aggressiven Potential.

Für mich selbst unterscheide ich zwischen Destruktivität, die auf Vernichtung aus ist, und Aggressivität, die das Erreichen eines Ziels unterstützt. Die Übergänge sind natürlich fließend.[8] Das macht die Schwierigkeit aus im Umgang mit Aggressionen. Verdrängte wie unterdrückte Aggressivität ist stets in Gefahr, zur Destruktivität zu verkommen. Das liegt zum großen Teil an ihrer Aufheizung durch Ausschluß oder Verbot.

Im übrigen täuschen sich die sanften Erzieher noch in einem weiteren Punkt: Denn diese ungeliebte und ungelebte Aggressivität der Kinder sucht einen fatalen Ausweg. Die Kinder können sie in sich nicht zulassen und projizieren sie auf die Erwachsenen, weshalb eben deren kleinstes Unmutszeichen – wie gehobene Augenbrauen – tatsächlich zur schlimmen, das heißt durch projizierte Aggressivität furcherregenden Geißel wird. Etwa zwischen dem fünften und siebten Lebensjahr, wenn die autoritativen Funktionen der Eltern und Erzieher verinnerlicht werden, entsteht so ein sehr destruktives, überstrenges Gewissen.

Kurz: Es wächst in den Kindern nicht heran, was die sanften

Erzieher bewußt wollten, sondern was von Anfang an unbewußt vorlag: destruktive Friedfertigkeit statt Friedensfähgikeit.

Jetzt kann ich meinen entlastenden Angriff auf die milden Pädagogen zurücknehmen. Ich erwische mich natürlich selbst oft dabei, aggressive Äußerungen meiner Kinder unnötig häufig zu schlichten, und erkenne auch, wie das, was ich da in mir und in den Kindern zu unterbinden suche, ganz nach der psychoanalytischen Erkenntnis, daß das Verdrängte durch die Verdrängung dringt, schließlich doch einen Weg findet – zum Beispiel wenn ich endlich die Geduld verliere und meine Kinder gereizt anbrülle: «Streitet euch nicht immer so!»

Daß ich hier die sanfte Erziehung so problematisiere, soll keinesfalls heißen, daß ich ein Vertreter harter Erziehung wäre. Ich neige zur Zeit zu einer Auffassung, die sich am besten mit «Beziehung statt Erziehung» umschreiben läßt, und würde so gesehen am liebsten «Erziehung, nein danke» sagen, ein Motto, das einmal die Gruppe «Freundschaft mit Kindern» ausgegeben hatte.[9]

Ich bin bei diesem Beispiel etwas ausführlich geworden, weil die Friedensfähigkeit ganz wesentlich in unserer kindlichen Entwicklung angelegt ist und eine Aufgabe für mehrere nachfolgende Generationen sein dürfte, soweit uns unsere Kriegslust und die strukturelle Gewalt in unserer Gesellschaft dazu überhaupt noch Zeit lassen werden.

II.

Wir müssen damit umgehen lernen, daß Angst,
Verzweiflung und Trauer über den Rüstungsirrsinn
gleichzeitig Symptom unserer eigenen unterdrückten
destruktiven Neigung sein kann, ganz analog zum Verhalten
einer überfürsorglichen Mutter.

Es gab jedoch auch aus dem Erwachsenenkreis einige Erlebnisse, die mich irritierten.

So hörte ich, daß ein Arzt, den ich gut kenne, auf einer der üblichen Klinikkonferenzen für die anderen Teilnehmer überraschend, ja befremdlich zu weinen begann, als es um die Rüstungsbedrohung und den Erhalt des Friedens ging. Ich mußte daran denken, daß in der Friedensarbeit die helfenden Berufe überrepräsentiert sind, und mir kam dazu die überprotektive Mutter in den Sinn. Auf ihre innere Lage und ihr Verhalten möchte ich kurz eingehen: Sie sieht die Welt voll Gefahren für das Kind und muß das Kind auf Schritt und Tritt beschützen – letztlich gegen die eigenen Phantasien, daß dem Kind überall und jederzeit etwas zustoßen könnte. Die Autorin dieser Phantasien ist sie selbst. Ähnlich, wie ich es am Beispiel von Manfreds Träumen schilderte, *macht sie es* also, daß ihr Kind etwa einem drohenden Verkehrsunfall zum Opfer fallen könnte. Sie nimmt die Realität des Straßenverkehrs und übersteigert sie. Ihre Phantasien entspringen ihrer eigenen destruktiven Tendenz gegen das Kind, vor der sie das Kind gleichzeitig retten möchte. Durch pausenlose Behütung rettet sie das Kind vor seiner Mutter.

Wer nun in der Friedensarbeit engagiert ist oder von ihr ergriffen wird, kommt heute mehr oder weniger tatsächlich in die Rolle eines Retters der Menschheit, da die Vernichtungskapazität für uns alle immer noch mehrfach ausreicht. Der Unterschied zwischen dem Arzt, der weint, und der überfürsorglichen Mutter liegt darin, daß die Mutter die Realität durch ihre projizierte Destruktivität übersteigert, während der Arzt womöglich erstmals die Realität, deren Destruktivität er bisher unterschätzte, angemessen und gefühlsnah wahrnimmt. Ich will also die mögliche seelische Leistung des mir befreundeten Arztes nicht schmälern und habe große Achtung vor der Offenheit seiner Gefühle. Gleichzeitig läßt mich jedoch auch ein Unbehagen nicht los, das ich nicht auf das kommende Grauen vor der Atombombe zurückführen kann.

In vielen weiteren Begegnungen und aus Berichten gewinne ich einen für mich nicht mehr wegzuwischenden Eindruck: daß die Friedensarbeit eine erhebliche *unbewußte Verführung darstellt, sowohl die eigenen destruktiven Impulse anzuheizen wie von der eigenen Destruktivität abzulenken.* Zudem sehe ich die *Gefahr,* daß diese Tarnungschance wegen ihrer persönlichen Befriedigung und gleichzeitigen Schuldentlastung *zum unbewußten Hauptziel* werden könnte.

12.

*Die destruktive Seite unseres Unbewußten kann die
Friedensarbeit in vierfacher Weise mißbrauchen: zur
Mobilisierung, zum Ausleben, zur Buße oder
Selbstbestrafung und vor allem zur Abwehr.*

Vor Jahren war eine junge Frau bei mir in Therapie – es könnte ebensogut ein Mann gewesen sein –, die eine Zeitlang serienmäßig Stunden ausfallen ließ, um sich Friedensaktionen anzuschließen. «Lieber aktiv als radioaktiv» – diese Einstellung vertrete ich auch selbst. Ich bin kein Psychoanalytiker, der für politische Abstinenz eintritt. Im Gegenteil. Der Punkt ist jedoch der, daß diese Frau mir half, einen Zusammenhang zu verstehen, den ich bisher nicht klar genug gesehen hatte: Sie selbst litt sehr unter ihren eigenen destruktiven Gefühlen und fühlte sich auch schnell destruktiv behandelt. Am liebsten wollte sie Frieden auf der Welt, und dafür engagierte sie sich. Allerdings ließ sie immer dann Stunden ausfallen, wenn ihre eigene innere Destruktivität anstieg und ihr besonders starke Schuldgefühle machte. Sie brandmarkte Militärs, Politiker, Rüstungsindustrielle, Bullen und Soldaten geradezu vernichtend und hatte Angstanfälle, daß die Apokalypse sie im nächsten Augenblick treffen könnte. Sie hielt sich selbst für durch und durch friedliebend und war auch «herzensgut», wie es so heißt. Bald jedoch waren ihr ihre Militanz und Erregung in Friedenssachen selbst durchsichtig: Sie wollte das eigene destruktive Drama aus sich auslagern, indem sie die Friedensbewegung vierfach mißbrauchte:

30

1. Sie projizierte einerseits die eigene, ihr unerträgliche Zerstörungsneigung auf Personen, die sich gut als Sündenböcke anboten.
2. Sie zerstörte (mit den nicht projizierten Anteilen ihrer Destruktivität) diese Personen durch Worte (und am liebsten auch durch Taten) im Namen der Friedensliebe.
3. Sie war von den grauenhaften Bildern, die im Zuge der Aufklärungsarbeit der Friedensbewegung angeboten wurden, nicht nur erschreckt, sondern auch geradezu angeregt und fasziniert. Sie sagte, eine Seite in ihr weide sich auch an den Bildern, und sie träumte schließlich davon, Hiroshima selbst verwüstet zu haben.
4. Schließlich konnte sie sich für ihre eigenen destruktiven Wünsche dadurch bestrafen, daß sie sich selbst der fürchterlichen Destruktivität in der Welt ausgeliefert sah. Mit schrecklichen Visionen des eigenen Untergangs, der jederzeit auf sie zukommen konnte, inszenierte ihr unbewußtes Über-Ich gerechte Vergeltung, das Jüngste Gericht – ähnlich wie ich es bei Manfreds Träumen bereits dargestellt habe.

Ich glaube, daß es nicht nur ihr so geht, sondern uns allen. Die Friedensarbeit verführt uns auf diese noch vergleichsweise einfache Weise.[10]

13.

Ungewollt heizt die Friedensarbeit durch ihre notwendige
Aufklärungsarbeit weltweiter Destruktivität unsere eigene
Zerstörungslust an.

Ich habe dieses Phänomen bei mir selbst festgestellt, als ich im Rundbrief einer Gruppe, der ich angehöre, der IPPNW, «Internationale Ärzte gegen den Atomkrieg», mit den umfangreichen Katastrophenberichten, Ankündigungen von Dia-Serien und anderweitigem Bildmaterial konfrontiert wurde. In ganz anderer

Qualität, aber doch auch analog wirken sich auf Destruktivität angelegte Produktionen aus: Krimis in Buchform; Kino oder Fernsehen; ein Westernfilm, dessen Destruktivität wir auch nicht gerade verschmähen; die brutalen Massenfilme aus Hongkong, die großen Zulauf finden; Kriegsfilme und auch Antikriegsfilme wie etwa «Apocalypse Now». Vielleicht erhöht sich ihre Attraktivität durch den seelischen Begleitschutz, daß wir sie doch so abscheulich finden und uns über sie entrüsten.

14.

Die Friedensarbeit wirkt unbewußt auch als
Versuchungssituation, destruktive Impulse auszuleben.

Die Friedensarbeit erlaubt in der Phantasie und manchmal auch in der Tat, destruktiv zu sein. Das schleicht sich selbst noch in die «Rede für den Frieden» von Bertolt Brecht (1952) ein, wo es zuletzt heißt: «Denn der Menschheit drohen Kriege, gegen welche die vergangenen wie armselige Versuche sind; und sie werden kommen ohne jeden Zweifel, wenn denen, die sie in aller Öffentlichkeit vorbereiten, nicht die Hände zerschlagen werden.»

Viel offener ist das spürbar in einer verschwindenden Minderheit der Friedensbewegung, bei den autonomen Gruppen. Deren Atmosphäre fängt die folgende Schilderung von Benny Hährlin ein[11]: «Unsere Power kann man spüren, wenn es Putz gibt auf der Straße. Bis in die Zehenspitzen in den schnellen Turnschuhen, als Zittern aus Lust und Angst in der Magengrube, beim Klirren der Scheiben nach dem befreienden Wurf, beim Lachen im Rennen. Und dabei bist du total cool. Halb ein stolzer Krieger, halb ein geschmeidiges Tier. Sie kriegen dich nicht, solange du keine Angst hast. Und wenn schon. Unsere Power ist, daß wir wenig zu verlieren haben. – Frechheit siegt. Unsere Power ist, was wir uns trauen: das Haus knacken, den Balken wegtragen, losziehen, wenn Randale angesagt ist, den Spruch an die Wand sprühen, die Barrikade anzünden oder auch die alte Wohnung

kündigen. Unsere Power kann man spüren, wenn man Hemm-
schwellen durchbricht. Der Bruch mit dem Vertrauten, dem
Elternhaus, der Schule, der faden Clique, der Bruch mit dem
öffentlichen Konsens, mit den ewig defensiven linken Gewißhei-
ten, mit dem Machbaren. Es herrscht Aufbruchstimmung.
Überrascht von den selbstgeschaffenen Fakten hasten wir voran.
Ein Kribbeln durchdringt uns. Das Gefühl der Sicherheit in einer
völlig unsicheren Situation. Es ist die Sicherheit des Angreifers,
die Gewißheit, etwas zu bewirken, durcheinanderzubringen. Sie
wird bestätigt durch Schlagzeilen auf der ersten Seite von «Bild
Zeitung» oder «BZ», von den fahlen Gesichtern der Politiker,
selbst von dem Riesenaufgebot der Polizei.» – «Alles oder nichts
– egal, aber storno»: Es sind nicht viele, aber doch immerhin 700
westdeutsche autonome Gruppen mit mehreren tausend über-
wiegend Jugendlichen, deren Protest sich gegen die Raketen-
rüstung richtet, die sie mit jeder Gewalt verhindern wollen[12].
Daß Friedenswille und eine erschreckende Aggressivität oft zusammengehen, ist auch in einer Bemerkung von Lenin enthalten,
die Maxim Gorki[13] wiedergab: «Ich kenne nichts Besseres als die
‹Appassionata›, ich könnte sie jeden Tag hören... doch... die
Musik... greift die Nerven an, man möchte liebevolle Dummhei-
ten sagen und den Menschen die Köpfe streicheln, die in einer
widerwärtigen Hölle leben und so etwas Schönes schaffen können. Aber heutzutage darf man niemandem den Kopf streicheln
– die Hand wird einem abgebissen, man muß auf die Köpfe einschlagen, mitleidlos einschlagen, obwohl wir, unserem Ideal
nach, gegen jede Gewaltanwendung gegenüber den Menschen
sind.»

15.

Die Friedensarbeit befriedigt durch die realitätsnahe
Vorstellung einer allumfassenden Vernichtung unbewußte
Schuldgefühle und wird damit auch zu einer
Selbstbestrafungschance ersten Ranges.

Sigmund Freud machte darauf aufmerksam, daß auch erfahrene Psychoanalytiker die Mitwirkung unbewußter Schuldgefühle am seelischen Geschehen zu gering einschätzen. Mit immer wieder aktivierten Vorstellungen unmittelbarer Vernichtung können wir gleichsam Buße tun. Es scheint mir auch nicht zufällig für diesen unbewußten Zusammenhang, daß die fliegende Kommandozentrale des amerikanischen Präsidenten im Falle eines globalen Atomkrieges den Namen trägt, der ein uraltes Symbol für Schuldabrechnung ist und als Sinnbild des archaischen Gewissens gilt: «Doomsday», das Jüngste Gericht.

Enno von Denffer schrieb [14] über seine Kriegsangst: «Sie ging so weit, daß ich in den Himmel schaute, vor meinem geistigen Auge den Atomblitz und den darauffolgenden gewaltigen Atompilz entstehen sah und dachte: ‹Jetzt brauchst du nur noch zu zählen, bis die Druckwelle kommt; hoffentlich ist dann alles möglichst schnell vorbei.›» Diese Vision kann eine realistische Einschätzung wiedergeben, kann aber auch Ausdruck einer Selbsthinrichtung aufgrund unbewußter Schuldgefühle wegen eigener destruktiver Impulse sein.

16.

*Die Friedensarbeit kann durch Projektionsmöglichkeit auf
zerstörerische Potentiale und Personen wie auch durch ihr
Bekenntnis gegen jede Gewalt zur idealen Tarnkappe für
persönliche Destruktivität werden.*

Friedensarbeit – besonders betontes Engagement – bietet viele
Gelegenheiten, die eigene Destruktivität unsichtbar zu machen,
weil sie ja das direkte Gegenteil darstellt. Zum Abwehrangebot
gehört also nicht nur die Projektion, sondern vor allem ein sehr
bewährter Abwehrmechanismus gegen destruktive Neigungen:
die Gegensatzbildung. Als Friedensarbeiter sind wir genau der
friedliebende Gegensatz zu dem, was wir damit abwehren können: den geheimen Zerstörer in uns.

Wenn es in einem Aufsatz über die «Politisierung des Gefühls»
im Rahmen der Friedensbewegung heißt[15]: «Daß es der Friedensbewegung gelingt, nicht nur lustvolle Gefühle, sondern auch
solche der Angst, der Verzweiflung, des Leidens, der Trauer und
der Depression zu integrieren, ja sogar zum zentralen Bestandteil ihrer Motivation zu machen, hebt sich ab von Bewegungen
mit eher hedonistisch-illusionären Fluchttendenzen und spricht
für ihre Realitätstüchtigkeit» – dann sehe ich in der dargestellten
Perspektive gerade diese Realitätstüchtigkeit gefährdet. Angst,
Verzweiflung, Leiden, Trauer und Depressionen können seit alters unter Menschen geheime Absichten enthalten, unbewußten
Zielen dienen, ganz anders bedingt sein, als wir im Alltag zunächst wahrzunehmen gewohnt sind. Wenn ich leide, traurig,
depressiv und verzweifelt bin, wenn ich weine wegen des grauenhaften Zerstörungspotentials, dann kann das einerseits ein reifer
Entwicklungsschritt zur politischen Wachheit und Verantwortung sein, es kann aber auch meine eigene destruktive Machtnei-
gung verschleiern. Friedensbewegt zu sein ist dann Aushänge-
schild und zugleich Selbstschutz gegen die eigene Destruktivität.
Wenn ich Angstträume habe und dem Grauen am liebsten durch

Auswanderung nach Neuseeland entgehen möchte, dann kann das mehr als angemessen sein und eine Einsicht in die wahren Verhältnisse anzeigen, gleichzeitig kann es aber auch Angstflut und Schuldgefühl angesichts der eigenen Destruktivitäten ausdrücken.

17.

Die Friedensarbeit bietet eine besondere Chance, eigene Destruktivität unsichtbar zu machen, weil die von ihr aufzudeckende grausame Realität mit der projizierten Grausamkeit eigener Neigungen deckungsgleich ist: Realitätsverpackung statt Realitätsverzerrung.

Das Besondere an dem Abwehrangebot, das die Friedensarbeit unserem Unbewußten machen kann, ist die Gleichartigkeit von tatsächlicher Realität und dem projizierten unbewußten Inhalt. Beide, die Wirklichkeit und die Vorstellung unbewußter Inhalte, sind vollkommen deckungsgleich. Ich nenne dieses Phänomen, das auch in Psychoanalysen häufig auftaucht, Realitätsverpackung. Ich will damit sagen, daß es hier durchaus nicht um illusionäre Verkennung der Realität geht. Vielmehr wird in diesem Falle die tatsächliche Realität verwendet, um die gleichartigen unbewußten Anteile darin unterzubringen, das heißt sie darin unauffällig einzupacken. Es ist doch die Realität – kann ich dann sagen –, nicht etwa ich selbst. Bestenfalls spüre ich an der starken Bindung oder Beschäftigung mit dieser Realität die unbewußte Ladung.

18.

Schuldentlastung durch Relativierung, Regression auf
Größenwahnbeziehung und Personifizierung auch der
strukturellen Gewalt sind prekäre seelische Vorgänge bei der
Friedensarbeit.

Es gibt allerdings nicht nur eine Entlastung von Schuldgefühlen durch Buße, sondern auch noch durch einen anderen Vorgang: durch die Tatsache nämlich, daß die eigene Destruktivität als klein aufgefaßt werden kann gegenüber der Destruktivität in der Welt. Das macht einen Großteil der unbewußten Faszination jener Katastrophennachrichten aus, welche die Friedensarbeit indirekt mit sich bringt. Ich verstehe auf diesem psychodynamischen Hintergrund auch eine entlastete Stimmung unter den Engagierten [16]: «Bei manchen Ärzten wird das neue friedenspolitische Engagement trotz des deprimierenden Themas von einem Gefühl der Beschwingtheit und des Triumphes begleitet, das als ein Zeichen dafür gedeutet werden darf, daß ein lange unterhaltener psychischer Aufwand endlich überflüssig geworden ist, so daß er für mannigfache Aktivitäten und Abführmöglichkeiten zur Verfügung steht.» Ich verstehe diese Beschwingtheit nicht nur als eine Befreiung aus der Konfliktlage jedes Arztes, der angesichts des Todes oft ohnmächtig zuschauen muß, sondern auch auf dem Hintergrund einer sehr relativierten eigenen Destruktivität.

Wir alle neigen insbesondere bei starken persönlichen Ohnmachtsgefühlen zur Ausbildung von Größenideen. Auch diese Größenideen sind häufig im Rahmen der Friedensarbeit zu erkennen. Ich zitiere: «Wir müssen Abschied nehmen von unserem Größenwahn, die Welt mit den Mitteln von Naturwissenschaft und Technik vollständig beherrschen und unsere jeweiligen politischen Feinde militärisch unterwerfen zu können.» [17] Dieser Angriff gegen einen Größenwahn hat aber selbst wieder größenwahnähnliche Züge, wenn es heißt: «Es geht um eine grundsätz-

liche Umorientierung von Kultur revolutionären Ausmaßes.»[17]
Es ist eben auch eine große Verführung angesichts einer gigantischen Vernichtung, sich gigantische Ziele vorzunehmen. Eine verkappte Größenidee von uns könnte die Auffassung darstellen, unsere persönliche menschliche Destruktivität bewirke allein und ausschließlich die Irrsinnsrüstung. Dabei wird meines Erachtens die Beteiligung der strukturellen Gewalt und der Tatsache, daß wir uns in politisch-ökonomischen Strukturen und in einem gesamtgesellschaftlichen System befinden, das ganz anderen Gesetzen folgt als menschlichen Überlegungen und Bedürfnissen, vollständig übersehen. Diese Sichtweise, die uns eine vielleicht illusionäre Hoffnung vorgaukelt, entspricht einer Personifizierung sozialer Mißstände, wie wir sie zum Beispiel auch zur Zeit der Studentenbewegung bei Studierenden mit stärkeren seelischen Konflikten feststellen konnten. Die Personifizierung resultiert deswegen aus seelischen Konflikten, weil es immer um konflikthafte Beziehungen und damit indirekt auch um Fixierungen an Personen geht, letztlich also an die Eltern, die dann zur Übertragung auf Schlüsselfiguren wie Professoren, «Bullen» oder Industrielle führen und leider gleichzeitig den klaren Blick für die wirklichen Mißstände verdunkeln.

19.

Sich selbst nicht mehr spontan leben zu können, das heißt die gleichzeitig gewollte und erzwungene Unechtheit –
im wesentlichen aufgrund des alles entstellenden Sachleistungsprinzips – ist für mich die stärkste Quelle unbewußter menschlicher Destruktivität.

Die stärkste Destruktivität entsteht dort, wo das wesentlichste Bedürfnis von uns unbeachtet bleibt. In meinen Augen ist das tiefste Bedürfnis: innerhalb einer Beziehung zu mir selbst zu kommen und ich selbst sein zu können. Dieses Bedürfnis bleibt noch stärker als durch einfache Verbote unbefriedigt durch Vorspielung falscher Gefühlszustände. Vom Arbeitsplatz bis zur Eltern-Kind-Beziehung ist Unechtheit mehr oder weniger notgedrungen an der Tagesordnung. Diese Enttäuschung halte ich für die schlimmste, die uns passieren kann – und zwar auch dann, wenn wir die größte Angst haben, zu uns selbst zu stehen. Mehr als durch andere Frustrationen entsteht dadurch ein ungeheurer, meist vom Betroffenen selbst nicht bemerkter Zorn. Ich sehe diese Blockade, sich selbst – das heißt sein wahres Selbst – nicht mehr leben zu können, ohne es selbst zu merken, als den Kern allen seelischen Elends in unserer heutigen Gesellschaft an. Für den Menschen hat die Gesellschaft, in der er lebt, eine paranoide Struktur vor allem deswegen, weil sie von frühester Kindheit an zuwenig Beziehung bietet und auch späterhin dadurch Mißtrauen schafft, daß sie durchgängig wesentliche, langfristige, vertrauensspendende Bindungen behindert. In einer Gesellschaft, deren Überleben im Wettbewerb mit anderen von Technologie, Wirtschaftspotenz und Kapital abhängt, dominiert unvermeidlich das Leistungsprinzip über jede spontane Lebendigkeit. Diese Art, Fakten zu schaffen, funktioniert von der Vorschule bis zur Ehe jede direkte ursprüngliche Beziehung in einen aufgabenorientierten, funktionalen Teilkontakt um, ohne daß sich die Partner dessen wirklich bewußt werden. Wann erleben und genießen wir denn schon einmal etwas direkt mit anderen, in eigener Aktivität, mit unserer Phantasie, ohne uns berieseln zu lassen oder uns wieder insgeheim eine Sachaufgabe zu stellen? Eheleute sind Alltagstechnokraten geworden, die Küche, Finanzen und Ferien regeln. Eltern wollen ihre Kinder vor allem zu Sachleistungen bringen. Freunde, wo es sie noch gibt, wissen sich fast nur noch zu erzählen, was sie gemacht haben und was sie machen, aber nicht, wie sie sich und die Welt erleben. Dieser meist unbemerkte Lebensverlust mitten in einem armseligen, reichen Konsumentendasein, das uns allseits in die Passivität drängt und damit nach und nach unserer selbst beraubt, ist in meinen Augen – ich wiederhole es – die stärkste Quelle menschlicher Destruktivität.

39

*Wir sind Gruppenwesen, keine Gesellschaftswesen, die sich
nur noch an praktischer Brauchbarkeit messen lassen und
ständig an sich vorbei leben müssen.*

Ich möchte den Grundkonflikt noch weiter verfolgen: Wir Menschen sind seit mehr als 5 Millionen Jahren Gruppenwesen. Unser Ursprungsmilieu war weniger die Savanne als die kleine Gemeinschaft von 25 bis 29 Personen, von denen die Hälfte Kinder waren.[18] Die Kleingruppe ist unser angemessenes Urmilieu. Erst seit der neolithischen Revolution vor etwa zehntausend Jahren sind wir aus diesem Paradies, auf das hin wir uns körperlich, seelisch und geistig entwickelt haben, vertrieben. Die sich mit der Ackerbaukultur bildenden Großgesellschaften entwickeln sich nach vollkommen anderen Gesetzen. Sie folgen den Gesetzen der «Gesellschaftsmechanik», wie Norbert Elias es nennt – und prägen uns mit dem «Zwang zum Selbstzwang» durch und durch zu dem unnatürlichen Unikum eines praktisch nur noch brauchbaren Individuums, das heute sogar noch danach strebt, in Selbstbeherrschung und Selbstkontrolle seinen eigenen goldenen Käfig zu bauen. Die Gesellschaft ist und bleibt menschenfern, obwohl sie von uns zwangsläufig selbst gemacht wird.

21.

*Es gibt nicht nur die persönliche Destruktivität, sondern
auch die von Personen unabhängige strukturelle
Destruktivität unserer Gesellschaft, der gegenüber
Menschen nur noch provinzielle Bedeutung haben.*

Ich kann heute nicht mehr wie früher die einfachen Antworten geben: Alle Rüstung sei doch von Menschen gemacht; sie entspringe damit der Destruktivität des Menschen überhaupt, und es sei sehr fragwürdig, sich unter so vielen destruktiven Menschen als Ausnahme anzusehen. Mein Bewußtseinsstand läßt diese Antworten nicht mehr zu. Ich bin der Auffassung – und sicherlich wird diese Ansicht den komplexen Geflechten der Menschen noch immer nicht gänzlich gerecht –: Es muß unterschieden werden zwischen der Destruktivität des Menschen und den Destruktivität hervorbringenden gesellschaftlichen Strukturen. Beide Formen – die persönliche Gewalt und die Gewaltstruktur – haben eine gemeinsame Wurzel in der gesamtgesellschaftlichen Entwicklung über Jahrhunderte, wenn nicht über Jahrtausende. Die Persönlichkeitsstruktur der Menschen in einer Gesellschaft und die gesellschaftlichen Strukturen sind aus einem Guß. Sie müssen sich entsprechen – auch hinsichtlich ihres destruktiven Potentials. Drinnen und draußen ist dasselbe Feld. Ich halte es einerseits für dringend nötig, die persönliche Destruktivität zu erkennen, um dadurch mit ihr besser umgehen zu können; denn ich sehe sie als den Hauptgegner der Friedensfähigkeit. Andererseits wäre es ebenso verhängnisvoll, die gesamtgesellschaftliche Struktur der Gewalt ausschließlich – und ich betone: ausschließlich – als persönliches Machwerk anzusehen. Ich folge hier der Grunderkenntnis, daß das größere System das kleinere eher bestimmt als umgekehrt, daß die Gesellschaft also eher den Menschen formt als umgekehrt. Wir sehen diese Abhängigkeit ungern. Ich bin hier nicht kompetent und fühle mich angewiesen auf die Erkenntnisse der Soziologen, wobei mir insbesondere der Ansatz von Norbert Elias [19] einleuchtet. Natürlich ergibt sich unsere Persönlichkeitsstruktur aus der Familiendynamik, aus der Verinnerlichung der erlebten familiären Beziehungen, doch diese sind selbst durch und durch gesamtgesellschaftlich bestimmt. Meine Position ist also die, daß wir die Gesamtgesellschaft über unsere jeweilige Familie verinnerlicht haben und insofern mehr oder weniger Varianten verinnerlichter Gesellschaft sind. Wir sind ebenso destruktiv veranlagt wie die Gesellschaft, in der wir leben. Das ist keine hoffnungslose Position. Wenn wir so werden wie die Verhältnisse, in denen wir leben, können wir uns dadurch ändern, daß wir die Verhältnisse ändern. Das allerdings gelingt nur, wenn

41

wir gleichzeitig an den inneren Verhältnissen in uns selbst und an den äußeren Verhältnissen um uns herum ansetzen. Selbsterfahrung und Handeln müssen also für diese doppelte Auseinandersetzung zusammenwirken.

22.

Die Abwehr unbewußter destruktiver Neigungen stärkt die wirkliche Friedensarbeit nicht, weil sie ein anderes Ziel hat: die persönliche innere Balance, nicht die Veränderung der Verhältnisse.

Nun dachte ich mir zunächst, wie zu Zeiten der Studentenbewegung: Die neurotische Beimischung zur Friedensarbeit wirkt sich doch im Sinne einer Verstärkung durchaus positiv aus. Ich erlebe die schreckliche Realität, wie sie ist, durch meine projizierte Destruktivität ja nur noch dramatischer. Das kann dem wirklichen Ausmaß der Katastrophe noch angemessener sein. Die Verleugnung wird sozusagen durch meine Projektion ausgeglichen. Und wenn meine Friedensarbeit angeheizt wird durch meine eigene Destruktivität und deren Abwehrformen, dann kann das auch nicht schaden. Wird hier die Energie ungelöster Konflikte nicht wenigstens politisch sinnvoll wirksam?

Ich glaube nicht. Zum einen ist das Ziel einer Abwehrarbeit auf das innerseelische Gleichgewicht gerichtet und nicht auf die wirksame Veränderung der äußeren Verhältnisse. Die persönliche Balance hat absoluten Vorrang vor allem anderen. Die Regulation des unbewußten Angstpegels dominiert alles, wobei die Entwicklung bewußter Ängste durchaus hilfreich sein kann. Diese innerpsychische Arbeit kostet enorme Energien. Sie werden der politischen Arbeit entzogen. Zudem werden die angemessenen, realistischen Ziele insgeheim verzerrt: von unbewußten Schuldgefühlen behindert oder gar torpediert, von eigener Destruktivität zu nicht mehr hilfreichen Konfrontationen verformt, von Größenideen unterwandert und aufgebläht.

23.

Neurotisch beeinflußte Friedensarbeit leidet an allen Symptomen destruktiver Friedfertigkeit: Unzuverlässigkeit in der Mitwirkung, Spaltungstendenzen, Angsthemmungen, Widerspruch zwischen stark bewußtem Friedenswunsch und Untätigkeit.

Wo die Friedensarbeit in diesen Fällen nicht unserer neurotischen Balancierung dient, wird sie schnell aufgegeben. Unzuverlässigkeit, schwankende Motivation, unangemessene Wahl der Mittel sind Ergebnisse dieser unbewußten Konfliktlage.

Zum anderen funken die neurotischen Momente, soweit sie unbekannt bleiben, empfindlich den eigenen bewußten Absichten dazwischen. Enno von Denffer schreibt zum Beispiel von der Schwierigkeit, «öffentlich zur eigenen Friedensüberzeugung zu stehen» – so, als ob es etwas Schlimmes wäre, was man da anstelle. Die Blockade der Friedensarbeit könnte hier aus der unbewußten Angst geschehen, die ganze Tarnung könnte auffliegen, und alle würden die eigene Destruktivität erkennen können. In meinen Augen ist es daher kein Wunder, daß beim ersten Treffen der ersten Friedensselbsthilfegruppe in Gießen – wie Enno von Denffer schreibt – «viele mit der Motivation gekommen waren, den in ihnen vorhandenen Widerspruch zwischen eigener Untätigkeit und zunehmender Angst vor Krieg zu lösen»[20].

Darüber hinaus sorgt eine unverarbeitete Destruktivität in einer zusammenarbeitenden Gruppe stets für Spaltungstendenzen – wie sie aus den linken Gruppen der Studentenbewegung noch sattsam bekannt sind. Sie sind auch in der Friedensarbeit mehr und mehr zu beobachten.

43

24.

*Friedensarbeit, der es nicht gelingt, die eigene Destruktivität
beteiligt zu sehen, läuft Gefahr, Sozialkitsch zu bleiben.*

Es ist also zweifellos von Vorteil, diese Beteiligung der eigenen
Destruktivität an der Friedensarbeit kennenzulernen. Ich sehe
darin den zweiten wichtigen Reifeschritt in der Entwicklung der
Friedensarbeit. Der Auflösung der Verleugnung, einem Abwehrmechanismus gegen äußere Wahrnehmungen, muß die Auflösung der Verdrängung (und weiterer Abwehrmechanismen)
folgen, die sich bekanntlich gegen eine innere Wahrnehmung
wenden. Wenn es uns gelingt, die eigene Destruktivität anzuerkennen und zu verarbeiten und unsere Abwehrformen, wie
Projektion, Reaktionsbildung und Isolation, zurückzunehmen,
können wir verhindern, daß wir die Friedensarbeit illusionär ver-
kennen und zum sozialen Kitsch werden lassen. Kitsch entsteht
immer dann, wenn die vorhandene Destruktivität verdrängt wird
und nur noch Liebe («Friede, Freude, Harmonie») übrigbleibt –
eine in unserer destruktiven Gesellschaft bekannte Erscheinung,
die Spießbürgertum und Gartenzwergkultur prägt.

Sigmund Freud bemerkte in «Das Unbehagen in der Kultur»
1930 dazu: «Das gern verleugnete Stück Wirklichkeit hinter alle-
dem ist, daß der Mensch nicht ein sanftes liebebedürftiges Wesen
ist, das sich höchstens, wenn angegriffen, auch zu verteidigen
vermag, sondern daß er zu seinen Triebbegabungen auch einen
mächtigen Anteil von Aggressionsneigung rechnen darf. Infolge-
dessen ist ihm der Nächste nicht nur möglicher Helfer und Se-
xualobjekt, sondern auch eine Versuchung, seine Aggression an
ihm zu befriedigen, seine Arbeitskraft ohne Entschädigung aus-
zunützen, ihn ohne seine Einwilligung sexuell zu brauchen, sich
in den Besitz seiner Habe zu setzen, ihn zu demütigen, ihm
Schmerzen zu bereiten, zu martern und zu töten. Homo homini
lupus; wer hat nach allen Erfahrungen des Lebens und der Geschichte den Mut, diesen Satz zu bestreiten?»[21]

Ich möchte dazu ein dramatisches Beispiel destruktiver Friedfertigkeit bringen: Mein Freund Manfred schickte mir in der Zeit der Vorbereitung dieses Textes einen Bericht der «New York Times» über das Schicksal eines Mannes, eines Professors der Psychologie, A. Steven Gianell de Janell, der sich zeit seines Lebens vehement für den Frieden und gegen Gewalt in jeder Form engagierte. Er war eine bekannte Persönlichkeit im Norden der USA, wo er seinen Wohn- und Arbeitssitz hatte. Im kleinen und großen war er politisch außerordentlich aktiv, wo immer es galt, Destruktivität zu entlarven, zum Beispiel auch bei der Aufdeckung von Kindesmißhandlungen. Auf kommunaler wie auf nationaler Ebene war er tätig. Sein Sohn Steven war dreizehn, seine Tochter Robin sechzehn. Es war bisher nur auffällig gewesen, daß der Sohn maßlose Aggressionsausbrüche zeigte, die mehrfach die Polizei beschäftigten. Wer familiendynamisch beobachtet, kann hier schon stutzig werden, da sich häufig in einzelnen Familienmitgliedern eine bei anderen unbewußt gebliebene, verdrängte Seite offenbart. Als die Frau des Professors vor Weihnachten drei Tage lang vergeblich anrief und die Polizei benachrichtigte, schaute diese dort am 19. Dezember morgens vorbei. Sie entdeckte ein Blutbad: Der Professor hatte seinen Sohn erschossen, seine Tochter und sich selbst erstochen.

Ich hoffe nicht, daß ein solches zum Verbrechen treibendes Gespaltensein zwischen Friedenswunsch und Gewalt mich oder andere nun gleich betrifft. Doch beleuchtet diese grausame Weihnachtsgeschichte die Macht des sogenannten Bösen in uns selbst.

25.

Wer sich in der Friedensarbeit engagiert, durchläuft –
meines Erachtens notwendigerweise – eine
Entwicklungsphase, die einer Zwangsneurose oder Paranoia
ähnelt.

In der von mir aufgezeigten Perspektive mobilisiert die Friedensarbeit zumindest die zwangsneurotische Dimension in uns, zu
deren Schwerpunkten die Auseinandersetzung mit der eigenen
Destruktivität ja gehört. Daß die Zwangsneurose nach alter
psychoanalytischer Erfahrung sehr wesentlich eine Regression
von einer prekären, angstbesetzten ödipalen Entwicklungsgeschichte auf die von uns allen durchlaufene anal-sadistische Stufe
bedeutet, ist an den hie und da auftauchenden Sexualbildern in
der Friedensarbeit deutlich – so etwa, wenn eine Rakete als Phallus abgebildet wird oder Aufkleber wie «Petting statt Pershing»
im Angebot sind. An solchen Produkten weisen die Unangemes-
senheit, die Verniedlichung bis zur Geschmacklosigkeit auf die
Beteiligung neurotischer Momente hin. Die Gesamtcharakteri-
stik der Friedensarbeit erscheint mir jedoch nicht zwangsneuro-
tisch – sie ist weder besonders ordentlich noch pünktlich, noch
sauber, noch streng ritualisiert. Viel eher glaube ich, daß durch
Friedensarbeit unsere paranoiden Anteile noch stärker mobilisiert werden. Wir leben ohnehin aufgrund der großen von uns
selbst bewirkten und strukturell vorgegebenen Beziehungslosig-
keit in einem umfangreichen Mißtrauensraum, der für die paranoide Situation typisch ist. Die hochkomplexe Gesellschaft, in
der Menschen nur noch eine randständige, «provinzielle Bedeutung»[22] haben, bleibt unüberblickbar. Hochrüstung ist das
Hauptparanoid in einer Welt, die in fast allen Merkmalen der
Wirklichkeitsstruktur einer schweren seelischen Schädigung
gleicht. Auch die Paranoia zentriert sich um die Bewältigung der
Destruktivität – insbesondere durch projektive Mechanismen.
Sie ist allerdings stärker von wahnhaften Größenvorstellungen

durchdrungen, die durch die Realität einer erstmalig globalen Bedrohung natürlich stark aktualisiert und stabilisiert werden.

*Das Schweigen der Mehrheit sucht den Gleichklang
zwischen persönlicher und äußerlich sichtbarer struktureller
Destruktivität zu bewahren:
Hauptform destruktiver Friedfertigkeit.*

Wenn die Beteiligung eigener Destruktivität die Friedensarbeit auch noch so unkontrolliert behindert (sofern sie nicht in ihrem Einfluß anerkannt und festgemacht wird), so setzt doch ihre negative Hauptwirkung schon viel früher und energischer ein. Denn in meinen Augen ist es gerade die verdrängte Destruktivität in den Menschen selbst, die in der aufgetürmten, entsetzlichen Destruktivität der Außenwelt nur ihre stille Genugtuung und Befriedigung findet und gar nicht danach drängt, die drohenden Zustände zu ändern, an denen sie sich unbewußt täglich weidet. Die schweigende Mehrheit der Bevölkerung und die lauten Gegner der Friedensarbeit unterstützen das destruktive Potential auch dann, wenn sie nichts tun. Jeder, der heute nichts tut – selbst wenn er es nicht beabsichtigt und selbst, wenn er vielleicht zu den seltenen Geschöpfen gehört, denen ein größeres Maß an eigenem Zerstörungspotential abgeht –, jeder Passive also fördert die an der Rüstung aktiv Beteiligten. Welche enorme Kraft die Destruktion hat, sahen wir an der Tragödie des Friedenskämpfers, und wir kennen es vor allem aus der systematischen Judenermordung durch die NS-Regierung des Deutschen Reiches. Diese Kraft ist nicht erst sichtbar, wenn sie zum Ausbruch kommt, sondern auch schon in der Vorbereitung.

27.

Der drohende Atomkrieg kann leider auch als unbewußte
Ablenkung von der in Alltag und Gesellschaft
ununterbrochen vollzogenen Destruktivität dienen.

Es wäre unwahrscheinlich, wenn die Psychodynamik der schweigenden Mehrheit nicht auch bei uns selbst, die wir uns für den Frieden einsetzen, zu beobachten wäre. Sie bezieht sich nur auf andere Bereiche. Die allseitige Verleugnung von Destruktivität muß selbstverständlich zu unangemessenen Einschätzungen führen. Ein kleines Beispiel: Ich bin gegen Steinewerfen, weil ich mir nicht vorstellen kann, daß mit Gewalt ein gewaltloser Zustand erreicht wird, und weil ich im übrigen einfach Angst habe, persönlich verletzt zu werden oder zu verletzen. Dennoch leben wir in einer völlig verdrehten, pervertierten Welt, wenn wir uns wegen eines fliegenden Pflastersteins maßlos empören und die Karawanen der Raketentransporte mit millionenfach höherem Zerstörungspotential kommentarlos vorbeiziehen lassen. Das wäre eine Verzerrung unserer Wahrnehmung.

Es gibt aber auch eine umgekehrte: Die regionale oder globale Atomkriegsdrohung kann von der täglich bereits vollzogenen Destruktivität in Alltag und Gesellschaft ablenken oder sie zumindest als geringfügig erscheinen lassen. Ich meine nicht nur die Tatsache, daß auch ohne die heutigen angsterregenden Militärkatastrophen Menschen in zahllosen Kriegen seit 1945 mehr Menschen umbrachten, als in allen Kriegen vorher zusammengenommen; ich meine auch nicht die Tatsache, daß die Rüstung auch ohne Kriegsausbruch deswegen indirekt tötet, weil diejenigen, welche diese enormen Rüstungsausgaben unterstützen, in der Dritten und Vierten Welt Millionen Kinder und Erwachsene an Hunger sterben lassen. – Vielmehr meine ich vor allem die gründlich verleugnete, festgeschriebene Gewalttat sozialer Ungerechtigkeit auch noch in den sogenannten aufgeklärten, fortgeschrittenen Industrienationen. Die Aufteilung in benachteiligte und privilegierte Schichten der Bevölkerung ist dafür das stärkste Symptom. Das Prinzip der praktischen Brauchbarkeit, das die sich beschleunigt verschärfende Notwendigkeit wiedergibt, sachorientiert an Aufgaben gebundene Leistungen zu schaffen, ist das stärkste Alltagsmoment, da es, wie erwähnt, von uns kaum bemerkt jede menschliche Lebendigkeit vergewaltigt. Die Folgen sind uferlos: Auch der schleichende Ersatz der direkten Erlebnisse in einer unmittelbaren Wirklichkeit durch die Lebensersatzkonserven der Massenmedien und der Freizeitindustrie gehört dazu. Mit ihnen enteignen wir uns meist wohlgemut unserer selbst. Zudem gibt es längst eine neue Form von still tobendem Bürgerkrieg[23], in den wir längst alle eingezogen sind: ein von Bürgern gegen sich selbst gerichteter Krieg unter Führung des Selbstzwangapparates, psychoanalytisch gesprochen: des Über-Ichs. Selbstausbeutung tritt an Stelle der Ausbeutung und wird mit zahllosen seelischen Störungen beglichen. So gesehen wird Krankheit zum Kriegsäquivalent. Diese Kriegsbeschreibung könnte übrigens mit dem auffälligen empirischen Befund beginnen, daß Menschen mit höherer Bildung und damit wohl triebunterdrückenderer Sozialisation ein negativeres Selbstbild haben[24]. Die vermiedene Aggressivität schlägt gegen uns selbst und fördert nicht zuletzt pessimistische Auffassungen – wie vielleicht auch diese. Die Vernichtung unserer Umwelt ist eine strikte Konsequenz einer grundsätzlich veränderten Qualität von Beziehungen, ebenso wie unter Menschen so auch zur Natur. Sie untertan zu machen war das Ziel, und nicht, gut mit ihr zu leben. Die Atomkriegsdrohungen können aber auch von der nichtkriegerischen blutigen und unblutigen Destruktivität der Menschen gegeneinander ablenken, die von Kriminalität und Delinquenz bis zur seelischen Grausamkeit und Suizidalität in tausend Masken auftritt. Ungeheure Mengen von Aggressivität müssen wir in dieser uns gänzlich unangemessenen Gesellschaft verarbeiten. Selbst unsere Liebe, dieser einzige Hoffnungsschimmer aus Trieb und Ideal, ist verstellt und verzerrt, weil keiner in einer so verzerrten und verstellten Gesellschaft, die er zudem verinnerlicht hat, wirklich zu lieben mehr imstande ist.

28.

Bis heute ist kein Frieden friedlich, sondern Gewaltfrieden.

So sind wir alle mehr oder weniger eingezwängt in die destruktive Friedfertigkeit, die wir bei anderen so aufgebracht und entsetzt feststellen. Auch wir machen gute Miene zum Bösen in uns. Gar nicht so weit entfernt von den delinquenten Jugendlichen «aus gutem Hause», den höflichen Kriminellen, den Müttern, die mit der Härte ihrer Tränen und ihren Depressionen Familien tyrannisieren, den netten Terroristen, den Vätern, die nur noch für Recht und Ordnung sorgen, den Mördern mit größter Hilfsbereitschaft und den ehemaligen KZ-Wächtern, die als Nachbarn stets so reizend sein sollen. Selten zeigen wir unsere destruktive Friedfertigkeit so gebrochen und offen wie Charles Bukowski, der einer Fliege in seinem Elendszimmer einen liebevollen, persönlichen Namen gibt:

> *Ein Tag im Leben des C. B.*
>
> Also ich hab geschlafen,
> und als ich aufwachte,
> saß eine Fliege auf meinem Ellbogen,
> und ich taufte sie «Benny»,
> und dann schlug ich sie tot.

So ist es denn auch kein Wunder, daß der Frieden in der Welt, wo es ihn gibt, ausschließlich Gewaltfrieden ist und zur Zeit wohl auch sein muß. Er beruht auf klaren Machtverhältnissen. Die Natur, die wirr, wo sie noch nicht zerstört ist, so sehr genießen, können wir – wie Norbert Elias es ausführte – erst unbeschwert erleben, seit in ihr ein Herrscher – einstmals Fürst oder König –

den sonst hinter jedem Busch lauernden Räuber oder Vergewaltiger für seine Gewalttätigkeit zu bestrafen in der Lage ist. Auf diese Weise wuchsen in Europa die befriedeten Bezirke unter Machtmonopolen zu den großen Nationen heran. Sie werden intrapsychisch längst durch unser Über-Ich ergänzt, dem zweiten bedeutenden Machtmonopol. Der Kern der Erkenntnis ist die bisher unumstößliche Tatsache, daß wir mit unserer eigenen externalisierten Destruktivität rechnen müssen, auch wenn wir Frieden, gerade wenn wir Frieden haben wollen. Wir geben selbst nur Frieden, wenn wir beim lebensgeschichtlichen Werden und in unserer aktuellen Situation in Frieden gelassen werden. Und wo ist das heute noch der Fall?

29.

Wir müssen uns gegen uns selbst solidarisieren, wenn wir
den Frieden wollen.

Mir ist vor einiger Zeit ein Ereignis zur Parabel für unsere Misere geworden. Ganz England sprach davon. Es stand in der «Times». Eine britische Familie litt unter Kriegsangst. Sie befürchtete, demnächst Opfer einer militärischen Katastrophe zu werden, und entschloß sich, in jedem Falle auszuwandern. Monatelang überlegten sie, wohin. Schließlich hatten sie als denkbar friedlichsten Ort einige abgelegene Inseln entdeckt und zogen dorthin. Vierzehn Tage später gerieten sie ausgerechnet dort mitten in den Krieg. Es waren die Falkland-Inseln. Die Moral dieser Geschichte: Wir können als Menschen die menschliche Destruktivität nicht vermeiden. Wir müssen sie verarbeiten. Was bleibt angesichts dieser Lage für diejenigen zu tun, die den Frieden trotz ihrer eigenen Destruktivität und trotz der Destruktivität, die in den Strukturen und Institutionen der Gesellschaft angelegt ist, erreichen wollen? Für mich gibt es nur eine einzige denkbare Chance: Wir müssen uns miteinander gegen uns selbst solidarisieren, um den Frieden zu erreichen.

51

30.

Auch wenn die Hoffnung trügen sollte, es bleibt uns nichts
Besseres, als sie aufrechtzuerhalten.

Für mich gibt es trotz Behinderung durch meine eigene Destruktivität eine klare Hoffnung, deren Chancen ich zwar nicht gerade
optimistisch einschätze, die aber die einzige Haltung für mich
auch dann bleibt, wenn alles schiefgehen sollte. Sie gründet auf
einer Einsicht in einen einfachen Vorteil der Liebe, die ich als
Fundament des Friedenswillens ansehen gegenüber jeder Destruktion, und sie gründet sich auf eine realistische Möglichkeit,
konkrete Bedingungen für die Entwicklung einer entsprechenden
Friedensarbeit zu schaffen.

31.

Die Liebe ist der Zerstörung überlegen, weil sie besser
Bindungen eingehen und sich fester vereinigen kann.

Die Grundeinsicht ist mir erst aufgegangen, als ich über eine Erscheinung rätselte, die mich seit Jahren beschäftigt. Ich meine
die in allen Kulturen vorkommenden sogenannten Lichtvisionen
bei Menschen, die oft – aber nicht immer – durch schlimmste
Leidenszustände gegangen sind [25]. Trotz ihres deutlichen Bewußtseins von Grausamkeit und Mißständen in der Welt erleben
diese Menschen meist zusammen mit einer Art undifferenzierter
Lichtflut ein von manchen als kosmisch bezeichnetes Gefühl, das
nicht nur mit unbeschreiblicher Freude, sondern auch mit tiefem
Frieden beschrieben wird. Manchmal werden solche absoluten
Erlebnisse mit der jeweils vertretenen Religion verbunden. Sie
lassen sich in tiefen Meditationen ebenfalls erreichen. Noch traue
ich mich nicht ganz, diese Erscheinungen des kosmischen Bewußtseins – wie zum Beispiel John C. Lilly sie beschrieb [26] – so zu
nehmen, wie sie von den Betroffenen erlebt werden: als eine emotionale Basis des integrierten Mensch-Seins.

Der Mathematiker und Philosoph Blaise Pascal beschrieb
seine Lichtvision so:

Im Jahre des Herrn der Gnade, 1654
Montag, der 23. November, St.-Clemens-Tag...
von ungefähr ½ 11 am Abend
bis ungefähr ½ 1, Mitternacht,
FEUER
Gott Abrahams, Gott Isaaks, Gott Jakobs
nicht der der Philosophen und der Weisen.
Gewißheit, Freude, Gewißheit, Gefühl, Freude,
Frieden.

In einem anderen, von William James zitierten Fall heißt es:
«Der ganze Himmel schien sich zu öffnen und Strahlen von Licht
und Herrlichkeit auszugießen, nicht nur für einen kurzen Augenblick, den ganzen Tag und die ganze Nacht schienen sich Fluten
von Licht und Herrlichkeit in meine Seele zu ergießen, und oh,
wie verwandelt ich doch war, und alles wurde neu.»
Die Beschreibungen dieser Erfahrungen können in Formen er-
folgen, schreibt der Religionsphilosoph Allan Watts, «die einander völlig entgegengesetzt zu sein scheinen»[27].
Zur Zeit weiß ich noch nicht genau, ob ich bei diesen gewaltigen Empfindungen womöglich einem Phänomen umfassender
Verdrängung aller Aggressivität aufsitze. Ich argwöhne es noch,
wenn ich es auch schon kaum noch glaube. Immerhin brachte
es mich in Zusammenhang mit Ausführungen von Freud zum
sogenannten Lebens- und Todestrieb auf eine nüchterne und
geradezu dürftig anmutende Einsicht mit allerdings großen Konsequenzen. Die Grundeigenschaft der Libido oder des Lebenstrie-
bes ist die Verbindung, die Grundeigenschaft der destruktiven
Energie die Trennung, der Zerfall. Sigmund Freud schreibt in
«Abriß der Psychoanalyse» (1938): «Nach langem Zögern und
Schwanken haben wir uns entschlossen, nur zwei Grundtriebe

anzunehmen, den Eros und den Destruktionstrieb... Das Ziel des ersten ist, immer größere Einheiten herzustellen und so zu erhalten, also Bindung, das Ziel des anderen im Gegenteil, Zusammenhänge aufzulösen und so die Dinge zu zerstören.»[28]

Ich gehe nicht wie viele Analytiker von der psychologischen Grundeinheit des Individuums aus, sondern von der Grundeinheit der Beziehung, deren Qualität und Form natürlich durch und durch gesamtgesellschaftlich geprägt ist. Wenn ich aber die Beziehung als erste lebendige Grundeinheit annehme, dann ändert sich das Kräfteverhältnis zwischen libidinösen und destruktiven Energien sehr stark zugunsten der Lebensenergie. Denn die libidinösen Anteile sorgen für Verbindung unter den Menschen, für einen Zusammenhang, für Solidarität und vereinigen sich so zu größeren Kraftströmen, während die destruktiven Energien letztlich zur Abspaltung, zur Trennung und damit zur Vereinzelung ihrer selbst führen. Eine schwache Libido kann sich so in vielen Menschen zu einer Macht vereinen und selbst eine im einzelnen vielfach stärker ausgeprägte Destruktivität überwinden. Selbst unter dem Aspekt, daß die beiden Grundtriebe auf vielfältige Art sich kombinieren und miteinander wirken, scheint mir die Bindungsfähigkeit des Eros letztlich hinter allen komplexen Abläufen ein besonderes Moment. Ich möchte diese, für viele vielleicht abstrus anmutende Grundeinsicht, die mir den Gefühlsgehalt der Lichtvisionen erläutert, hier nicht weiter ausführen und auf einen praktischen Vorschlag zur besseren Organisation der Friedensarbeit kommen.

Die Friedensarbeit kann in kleinen Friedens-
Selbsthilfegruppen eine Arbeitsweise nutzen, in der
Selbsterfahrung zur Entwicklung der Angstfähigkeit und
zur Einsicht in die eigenen destruktiven Neigungen mit
phantasievollem politischem Handeln zu vereinbaren ist.

In der Friedensarbeit muß es meines Erachtens darum gehen, die psychologische Arbeit an sich selbst und soziales politisches Handeln miteinander zu verbinden. Nicht nur gilt es, in mühseligen Schritten die eigene Destruktivität kennenzulernen und zu integrieren, um den echten Friedenswunsch freizulegen, es geht auch darum, die Angst- und Leidensfähigkeit zu entwickeln. Das gelingt vor allem in einer Atmosphäre, in der wir vertrauensvolle Bindungen eingehen können und unter dem Schutz dieser wechselseitigen Anerkennung auch wieder zu uns selbst zu stehen lernen. Diese Selbstachtung ist in sich wieder eine Voraussetzung zu tieferer Bindung an andere. Schließlich geht es darum, auch vielfältige Ideen zu entfalten. Es geht um den besten Weg, die sehr komplexe Friedensfähigkeit zu entwickeln, zu der Entscheidungsfähigkeit, Handlungsfähigkeit und eine Fülle weiterer Verhaltensqualitäten gehören. Nur zur Illustration nenne ich die Momente, die Christian von Krockow ausgeführt hat: «Toleranz, Kompromißbereitschaft, Mäßigung, Konfliktfähigkeit, Sensibilität für Spielregeln, Vertrauen und Mißtrauen, Engagement und Distanz, Selbstbewußtsein und das wohlverstandene eigene Interesse.»[29]

Mir erscheint als vielversprechendes Modell das in Gießen bereits realisierte kontinuierliche Arbeiten in kleinen Gruppen, in sogenannten Friedens-Selbsthilfegruppen, zu denen sich jeweils acht bis zwölf Personen einfinden. Enno von Denffer hat darüber einen Bericht verfaßt[30]. Ich will kurz die Arbeitsweise skizzieren, mit der ich im Bereich gesundheitsbezogener Selbsthilfegruppen seit zwei Jahrzehnten Erfahrungen gesammelt habe.[31]

Diese Friedensarbeit vollzieht sich auf zwei Wegen. Wöchentlich trifft sich die Kleingruppe als Gesprächsgemeinschaft für etwa zwei Stunden abends. In ihr findet eine Art leiterloser Selbsterfahrung statt, die sich allerdings themenzentriert auf alle emotionalen Aspekte der Friedensarbeit bezieht. Zusätzlich findet einmal monatlich oder vierteljährlich ein sogenanntes Gesamttreffen statt, zu dem die ganze Gruppe oder drei Vertreter kommen, um soziale Initiativen als Konsequenz der gemeinsamen Gespräche zu planen und durchzuführen. Die doppelte Auseinandersetzung, sich selbst als eine verinnerlichte Gesellschaft ernstzunehmen und ebenfalls die äußere Gesellschaft durch Initiativen zu verändern, kann so geleistet werden. Solche Arbeit hat den Vorteil, sich in Selbstbetroffenheit und mit aktiver Eigenbeteiligung jedes einzelnen zu vollziehen, wodurch die bekannten Zerwürfnisse, Spaltungen, abstrakten Diskussionen und die Trennung von übereifrigen, erschöpften Aktivisten und immer passiver werdender Basis vermieden werden. Soweit angesichts der heutigen Gesellschaftsstruktur überhaupt etwas noch menschenmöglich ist, hier geschieht es wenigstens selbstreflexiv, persönlich, ehrlich, hautnah und wirksam. Ich mache mir allerdings keine großen Illusionen über den Zulauf, da dieser zweifache Weg viele abschrecken dürfte, die entweder reine politische Aktion oder stille Selbsterfahrung bevorzugen. Viele haben auch den Vorbehalt, in solchen Gruppen nehme man sich zu wichtig. Ich möchte deswegen zum Abschluß auf den entscheidenden Unterschied zwischen «sich wichtig nehmen» und «sich wesentlich sein» aufmerksam machen. Ich nehme mich dann zu wichtig, wenn ich mir nicht wesentlich bin. Mit anderen Worten: Ich muß meine Bedeutung desto stärker herausstreichen, je weniger ich mich selbst achten kann. Wer es nicht lernt, sich selbst wesentlich zu sein, kann sich für den Frieden unter Menschen ernsthaft nicht einsetzen.

33.

Vier Bereiche menschlicher Destruktivität jenseits
des Krieges.

Menschliche Destruktivität übersteigt bei weitem ihren Einsatz bei der Kriegsführung. Die Sorge um den Frieden ist also nur eine der notwendigen Initiativen. Für mich gibt es vier große Bereiche, in denen sich unsere Aggressivität täglich und massiv äußert:

1. *In der Beziehung zu anderen Menschen.* – In der Zweierbeziehung, im Verhältnis zwischen Mann und Frau, zwischen Eltern und Kindern, im Verhältnis zwischen Jüngeren und Alten, zwischen Reichen und Armen, Ausländern und Fremden gegenüber – und schließlich auch in Kriegen.
2. *Im Verhältnis zur Umwelt.* – Selbst der als ökologisch zwielichtig geltende amerikanische Präsident Bush sagte bei seinem Europabesuch im Mai 1989, daß die Vergiftung unserer Erde, die Umweltzerstörung, eine größere Gefahr geworden sei als alle Kriege.
3. *Im Verhältnis zu uns selbst.* – Ich halte es für gesichert, daß sich beispielsweise in der hochgradigen Verleugnung unseres täglichen Ernährungsverhaltens (einschließlich der Bewußtlosigkeit, was wir zu uns nehmen), eine selbstdestruktive Seite zeigt, die mehr Todesopfer fordert als alle Kriege. Davor schließen wir noch fest die Augen, obwohl die entsprechenden Daten und Befunde vorliegen (beispielsweise vom National Cancer Institute der USA – abgesehen von der Tatsache, daß die Deutschen praktisch keiner ernährungswissenschaftlichen Empfehlung folgen, wie jüngst die «Deutsche Verzehrstudie» zeigte). Zahllose weitere Wege, wie wir uns selbst zerstören, kommen zu diesem Grunddilemma hinzu. Jene Todesursachen, die in den letzten Jahrzehnten am stärksten anwuchsen (Herz-/Kreislauferkrankungen, Lungenkrebs, Le-

berzirrhose usw.), beruhen nach den Untersuchungen des Sozialmediziners Hans Schaefer[32] auf psychosozialem Fehlverhalten, das heißt auf einer autodestruktiven Einstellung, die oft als Bequemlichkeit oder schlechte Gewohnheit kaschiert wird.

4. *Im Verhältnis zu den Strukturen, die wir errichten.* – Dies ist oft eine stumme, zunächst nicht manifeste Destruktivität. Dazu kann man beispielsweise die Energieversorgung über Kernkraftwerke zählen, die Einrichtung von Arbeitsplätzen ohne genügend Rücksicht auf menschliche Lebensqualität; die Anlage von Massenstädten; der Wunsch und die Notwendigkeit zur Mobilität, die über den Individualverkehr erreicht wird[33]; die Gesetzgebung, die soziales Elend nicht beseitigt, sondern fortschreibt.

34.

Der Theorienstreit um den Charakter der Aggression dient auch ihrer Abwehr.

Wir sind nicht gut, wir sind auch nicht böse, wir sind beides zugleich und zu gleichen Teilen. So unterscheidet vielleicht den Guten vom Bösen nur die Erkenntnis, daß er auch böse ist und sich dagegen verwahren möchte. Wilhelm Busch faßte das in den bekannten Vers: «Das Gute, dieser Satz steht fest, ist stets das Böse, das man läßt.» Daß das nicht leicht gelingt, erleben wir täglich. Und doch sträuben wir uns, es als unser eigen Teil zu sehen, als Teil der sogenannten Menschlichkeit, zu der es gehört, zuweilen sehr unmenschlich zu sein.

Homo homini lupus – der Mensch ist dem Menschen ein Wolf. Als 1989 beim Massaker in Peking Frauen kniend vor den Soldaten lagen, um ihr Leben baten und kalt erschossen wurden, mußte ich an diese Worte denken. Wir fühlen mit den Frauen, wir sind wie sie – aber wir haben auch die Seiten in uns, welche die Soldaten zeigen. Wer daran zweifelt, möge sich an die Milgram-Experimente erinnern, in denen normale Versuchspersonen wie wir alle schließlich lebensgefährdende Elektroschocks an Menschen austeilten – gegen ihr bewußtes Gefühl, aber in tiefem Gehorsam der Autorität gegenüber, die unheimlichere Schichten in ihnen freisetzte. So hörte ich damals von Freunden, die aus Peking zurückkehren mußten, wie die starke Solidarität der Studenten zerfiel durch tödliche Denunziation unter Kommilitoninnen und Kommilitonen, die eben noch im Engagement für mehr Demokratie tief verbunden waren. Wie kann unter Menschen das geschehen, was täglich und überall geschieht? Woher kommt diese Bösartigkeit in uns, die Destruktivität, die Aggression?

Es gibt drei verbreitete Theorien für die Herkunft menschlicher Aggressivität:

1. Sie sei ein genetisch bedingter Trieb wie die Sexualität, sagen einige Verhaltensforscher wie Konrad Lorenz und Irenäus Eibl-Eibesfeldt und Psychoanalytiker wie Sigmund und Anna Freud: *Triebtheorie;*
2. sie sei eine Reaktion auf Frustration, sagen andere: *Frustrationstheorie;*
3. sie sei kulturell erlernt, durch Erziehung vermittelt, durch Erfahrung übernommen: *Lerntheorie.*

Über die Priorität dieser drei Modelle ist bis heute nicht entschieden. Sie lassen noch manches außer acht – beispielsweise

4. die Entstehung der Destruktivität in Gruppenvorgängen oder dynamischen Feldern – also durch Induktion zwischen zwei Personen im Sinne einer Gegenübertragung, durch Rollenzuschreibung in der Familiendynamik und durch Massenphänomene – was im weitesten Sinne eine *Kommunikationstheorie* der Aggressivität ausmacht.

5. der Schutz, den starke Aggressivität bietet bei schweren narzißtischen Krisen, in denen Ichzerfall oder eine Taubheit im Selbstgefühl droht;
6. Aggression «im Dienste von pathologischen projektiven Externalisierungsprozessen, im Dienste der Pseudolösung intrapsychischer Konflikte»[34].

In den letzten beiden Fällen ist allerdings nur die Verwendung, nicht der Ursprung der Aggression erläutert. Man kann durch die Säuglingsbeobachtung seine endgültige Entschlüsselung von psychoanalytischer Seite erwarten. Sie scheint seit kurzem gelungen; ich komme im nächsten Kapitel darauf zu sprechen (siehe Seiten 73 und 103).

Wesentlicher scheint mir ein anderer Hinweis: Wahrscheinlich ist der Streit um die Ursprünge menschlicher Destruktivität zum größeren Teil akademisch und dient eher dazu, das furchtbare Geschehen abzuwehren. Ich meine, daß alle Theorien einen bedeutenden Aspekt der Aggressivität erfassen. Sie lassen sich auch gut vereinen.

Beispielsweise scheint mir die Frustrationstheorie von höchster praktischer und sozialer Bedeutung. Dabei kann es durchaus sein, daß für diese das Leben durchziehende aggressive Reaktion eine genetisch bedingte Bereitschaft vorliegt im Sinne eines Triebes, der durch eine spezifische Enttäuschung ausgelöst wird. Selbstverständlich ist dabei die konkrete Art und Weise der Aggressivität, also ihre Äußerungsform, kulturell vermittelt, durch Erziehung erlernt. Eine solche Vorstellung kann uns als brauchbare Arbeitshypothese zunächst genügen.

Viel bedeutsamer sind die ungeheure Verleugnung und Abwehr destruktiver Phänomene – unserer Impulse wie Handlungen –, denen wir alle erliegen. Wir können davon ausgehen, daß wir nur einen kleinen Bruchteil unserer und fremder Aggressivität in unser Bewußtsein lassen. Den größeren Rest nehmen wir einfach nicht wahr – er wird allzuschnell vergessen. Besonders dann, wenn es um unsere eigene Destruktivität geht. Ein Hauptsatz der Friedensarbeit lautet für mich daher:

Wir können uns nicht wirklich für den Frieden einsetzen, solange wir nicht unsere eigene Destruktivität wahrzunehmen bereit sind.

B.

Krieg und Lust

Zur Erotik
der Kriegsbereitschaft

bellum (lateinisch): das Schöne
bellum (lateinisch): der Krieg [1]

Libido ist ein Ausdruck aus der Affektivitäts-
lehre. Wir heißen so die als quantitative Größe
betrachtete – wenn auch derzeit nicht meß-
bare – Energie solcher Triebe, welche mit all
dem zu tun haben, was man als Liebe zusammenfassen kann. Den Kern des von uns Liebe
Geheißenen bildet natürlich, was man ge-
meinhin Liebe nennt und was die Dichter be-
singen, die Geschlechtsliebe mit dem Ziel der
geschlechtlichen Vereinigung. Aber wir trennen davon nicht ab, was auch sonst an dem
Namen Liebe Anteil hat, einerseits die Selbst-
liebe, anderseits die Eltern- und Kindesliebe,
die Freundschaft und die allgemeine Men-
schenliebe, auch nicht die Hingebung an konkrete Gegenstände und an abstrakte Ideen.
Unsere Rechtfertigung liegt darin, daß die
psychoanalytische Untersuchung uns gelehrt
hat, alle diese Strebungen seien der Ausdruck
der nämlichen Triebregungen, die zwischen
den Geschlechtern zur geschlechtlichen Vereinigung hindrängen, in anderen Verhältnissen zwar von diesem sexuellen Ziel abge-
drängt oder in der Erreichung desselben auf-
gehalten werden, dabei aber doch immer genug von ihrem ursprünglichen Wesen bewahren, um ihre Identität kenntlich zu erhalten
(Selbstaufopferung, Streben nach Annäherung).

Wir meinen also, daß die Sprache mit dem
Wort «Liebe» in seinen vielfältigen Anwen-
dungen eine durchaus berechtigte Zusammenfassung geschaffen hat, und daß wir nichts
Besseres tun können, als dieselbe auch unseren wissenschaftlichen Erörterungen und Dar-
stellungen zugrunde zu legen. Durch diesen
Entschluß hat die Psychoanalyse einen Sturm
von Entrüstung entfesselt, als ob sie sich einer
frevelhaften Neuerung schuldig gemacht
hätte. Und doch hat die Psychoanalyse mit
dieser «erweiterten» Auffassung der Liebe
nichts Originelles geschaffen. Der «Eros» des

Philosophen Plato zeigt in seiner Herkunft, Leistung und Beziehung zur Geschlechtsliebe eine vollkommene Deckung mit der Liebeskraft, der Libido der Psychoanalyse.

Sigmund Freud[2]

Das Affektgefüge des Menschen ist ein Ganzes. Wir mögen die einzelnen Triebäußerungen nach ihren verschiedenen Richtungen und ihren verschiedenen Funktionen mit verschiedenen Namen benennen, wir mögen von Hunger und dem Bedürfnis zu spucken, von Geschlechtstrieb und von Angriffstrieben sprechen, im Leben sind diese verschiedenen Triebäußerungen so wenig voneinander trennbar, wie das Herz vom Magen oder das Blut im Gehirn vom Blut im Genitalapparat. Sie ergänzen und ersetzen sich z. T., sie transformieren sich in bestimmten Grenzen und gleichen sich aus; die Störung hier macht sich dort bemerkbar, kurzum sie bilden eine Art von Stromkreis im Menschen, eine Teilganzheit innerhalb der Ganzheit des Organismus, deren Aufbau in vielem noch undurchsichtig ist, deren Gestalt, deren gesellschaftliche Prägung aber jedenfalls für das Fluidum einer einzelnen Gesellschaft ebenso, wie des einzelnen Menschen in ihr, von entscheidender Bedeutung ist.

Norbert Elias[3]

Überblick

I.
Das Gleichnis vom göttlichen Paar:
Aphrodite und Ares

II.
Drei mächtige Probleme von Lust und Gewalt:
Ihre Abwehr, ihr Zusammenhang, ihre Kriegsbedeutung

III.
Wie sollen wir Gewalt über unsere Gewalt gewinnen,
wenn auch die Liebe sich dem Krieg verbindet?

IV.
Der Kampf gehört zu den ganz großen Leidenschaften:
Gewinn des ganzen Lebens

V.
Die Fülle triebnaher Lüste am Krieg:
Elemente kriegerischer Libido

VI.
Vielfältige Formen triebferner oder funktionaler Lüste:
Kriegsarbeit, Abenteuer, Gemeinschaft, Sieg

VII.
Der Blick weitet sich:
Das erotische Panorama des Krieges

VIII.
«Der archimedische Punkt, von dem aus ich
an meinem Ort die Welt bewegen kann, ist die Wandlung
meiner selbst»

I.

Das Gleichnis vom göttlichen Paar:
Aphrodite und Ares

1.

Ist die Liebe das Fundament des Friedens oder des Krieges?

Die verhängnisvolle Antwort lautet: Die Liebe ist beides, Basis des Friedens und des Krieges. Die Götterwelt der Griechen zeigte offen diese bemerkenswerte Liaison. Zu wem hatte Aphrodite, die Liebesgöttin, ein leidenschaftliches Verhältnis? Zu Ares, dem Kriegsgott. Das ist kein Zufall, sondern eine Fügung. Im Olymp der Götter bildete sich das unbewußte kollektive Wissen ab.

Daß der Krieg damals eine so grundsätzlich andere Gestalt hatte als heute – andere Waffen, andere Ziele, andere Auswirkungen –, hat an den uralten Gesetzen, an der archaischen Dynamik wenig geändert. Der Mensch wandelt sich heute langsamer als seine Gesellschaft und seine Umwelt. Daß wir demzufolge längst antiquiert sind, hat als einer der ersten Günther Anders[4] herausgefunden. Wenn also unsere unbewußten libidinösen Zuströme zur Kriegsbereitschaft auch von den Umständen überholt sind, so wirken sie dennoch weiter – und zwar, wie ich glaube, mit aller Macht.

Aphrodite war verheiratet mit dem göttlichen Schmied, dem hinkenden Hephaistos. Er kann als eine weitere Symbolfigur gelten. Denn er war es, der diese starke Bindung aufdeckte. Wo bleibt er heute? Er wußte goldene Fäden so fein zu schlagen, daß sie unsichtbar wurden. In einem Netz nicht wahrzunehmender Fäden fing er das ahnungslos entflammte Paar. Stirbt auch dieses Handwerk aus? Ich meine das Handwerk, diesen Zusammenhang von Krieg und Liebe zu sehen. Es wird im Rahmen der Friedensarbeit erstaunlich wenig darüber berichtet.

2

Soweit wir meinen, Liebe sei der Kern des
Friedenswunsches, haben wir das Schlimmste vermieden.

Ursprünglich, als ich mich in der Friedensarbeit zu engagieren begann, war ich tatsächlich dieser Auffassung, Liebe sei der Kern des Friedenswunsches. Sie wird von den meisten geteilt. Wirklich zu fürchten – wenn hier und heute eine Steigerung noch möglich ist – begann ich mich, als ich entdeckte, daß die wesentlichen Kräfte der Liebe, die Libido, keineswegs nur in Diensten des Friedens stehen, sondern erstrangige Kriegstreiber sein können.

II.

Drei mächtige Probleme von Lust und Gewalt: Ihre Abwehr, ihr Zusammenhang, ihre Kriegsbedeutung

3.

Die offenkundige Gewaltlust will plötzlich keiner gesehen haben: die Macht der Abwehr.

Täglich werden in deutschen Fernsehprogrammen etwa 70 Menschen umgebracht.[5] Mord, Schlägerei, Krieg, Schießerei und Folterung füllen 10 Prozent der Sendezeit. Der Gesamtwert für körperliche Gewaltszenen im Fernsehen beträgt zusammengeschnitten 25 Stunden pro Woche. Die Lust der Zuschauer an der Gewalt führt dazu, daß die TV-Anstalten mit diesen Lockmitteln um Einschaltquoten konkurrieren. So offenkundig also die Gewaltlust uns vor Augen liegt, so wenig scheinen wir sie wahrhaben zu wollen.

Ein Beispiel aus der Wissenschaft: Als im Frankfurter Sigmund-Freud-Institut eine Serie von Vorträgen zur Psychoanalyse des Krieges gehalten wurde (siehe oben Seite 13), verblüffte die Beteiligten ein seltsames Phänomen. Daß nämlich die anwesenden Wissenschaftler einem Vortrag, der als einziger positive Elemente der Gewalt herausstellte, am wenigsten Beifall spendeten. Das lag nicht an der Qualität des Vortrages – wie wir gemeinsam in der anschließenden Diskussion erörterten –, sondern an dem Widerstreben, eine so düstere und mit Gewissenslast belegte Erscheinung wie unsere eigene Destruktivität auch mit positiven Aspekten ausgestattet zu sehen.

Ein zweites Beispiel: Das umfassende Werk von Erich Fromm «Anatomie der menschlichen Destruktivität»[6] endet überraschenderweise im Epilog mit folgenden Zeilen: «Hat diese Studie nun gültige Argumente für die These geliefert, daß Aggression und Destruktivität noch einmal eine nur minimale Rolle im Gewebe der menschlichen Motivation spielen können? Ich glaube, ja.»

Es kommt mir so vor, als verwendeten wir einen Großteil unserer Aggressivität dazu, uns von eigener Aggressivität reinzuwaschen. Die Psychoanalyse geht ja davon aus, daß die Abwehr, insbesondere die Verdrängung, mit der aggressiven Energie der sogenannten Gegenbesetzung aufrechterhalten wird.

Manche könnten nun der Meinung sein, hier läge vielleicht ein spezifisch jüdisches Problem vor, wie es in einer kleinen Anekdote eines Dokumentarfilmes über die letzten «Jiddischisten» in Israel sichtbar wurde. «Alte Männer vom ‹Bund› unterhalten sich über Pazifismus und Jiddisch. Der eine erwähnt, daß alle Namen für Feuerwaffen nicht jiddisch sind, sondern als Fremdworte benutzt werden, worauf ein anderer anmerkt, daß die Juden in Osteuropa ja auch nie eine Armee gehabt hätten.» Die Abwehr von Gewalt, Lust und Bewaffnung ist aber nicht das Problem einer einzelnen Nation. Gerade dort, wo beispielsweise der Krieg angeprangert wird – wie in der Theater-Trilogie «Krieg» von Rainald Goetz, im «Götz von Berlichingen» Schleefs, im «Oidipus» von Hilsdorf –, sei nie genau zu erkennen, wo die kritische Darstellung von Gewalt bei den Beteiligten umschlägt in eine Lust an Gewalt. «Ein Vergnügen an den simulierten Brutalitäten... ist kaum zu übersehen und zu leugnen», faßt Peter Iden in einer Theaterkritik zusammen und nennt es das Problem des gegenwärtigen Frankfurter Theaters.[7] So gut wie alle sind sich darin einig, daß jede Verharmlosung der Gewaltlust verantwortungslos ist. Dennoch sehen wir uns selbst fast gegen unseren Willen damit konfrontiert.

Die Macht der Abwehr ist vor allem historisch zu entschlüsseln. Die Kulturentwicklung der Nationen selbst bringt über Jahrhunderte gesehen nach und nach durch die immer höhere Notwendigkeit der Selbstkontrolle – nach dem Soziologen Norbert Elias dem «Zwang zum Selbstzwang»[8] –, durch das, was Sigmund Freud «die Verinnerlichung der Aggressionsneigung»[9] nennt, und durch die von Freud ebenfalls erfaßte «Erstarkung des Intellekts» (die bei Norbert Elias als der «Prozeß der Rationalisierung» belegt ist) eine psychische Abwehrformation hervor, eine «konstitutionelle Intoleranz»[10], die «nicht bloß eine intellektuelle und affektive Ablehnung» darstellt.

Von diesem fast strukturellen Vorbehalt in uns müssen wir ausgehen, wenn wir uns dem Zusammenhang von Krieg und Liebe zuwenden. Es gehört einiger Mut dazu, wahrzunehmen, daß wir «die Nachkommen einer unendlich langen Generationsreihe von Mördern»[11] sind. «Die Mordlust steckt uns im Blute.»[12] Der Krieg «streift uns die späteren Kulturauflagerungen ab und läßt den Urmenschen in uns wieder zum Vorschein kommen»[13].

Wir haben die Verhaltensweisen vergessen, die beispielsweise im Mittelalter üblich waren. Die Gefühle und die ihnen entsprechenden Handlungen waren im Vergleich zu heute von ungebremster Direktheit. «Raub, Kampf, Jagd auf Menschen und Tiere, das alles gehörte hier unmittelbar zu den Lebensnotwendigkeiten, die dem Aufbau der Gesellschaft entsprechend offen zutage lagen», schreibt Norbert Elias im Kapitel «Über Wandlungen der Angriffslust». Ein Ritter verstümmelte aus purer Lust und Laune, wem er überlegen war. Seine Frau tat es ihm gleich (vergleiche oben Seite 11). Es gab einfach keine strafende gesellschaftliche Gewalt, die dem Einhalt geboten hätte. Die wechselseitigen Verflechtungen und Abhängigkeiten der Menschen waren noch gering. Dementsprechend gab es auch keine starke Gewissensinstanz gegen solche uns unfaßbar erscheinenden Marterimpulse.

«Es ist ein fröhliches Ding um den Krieg», zitiert Norbert Elias noch aus dem 15. Jahrhundert, als die Zähmung der Affekthandlungen schon stärker war als im 9. Jahrhundert. Aber selbst noch später im 16. Jahrhundert, als die Grausamkeitsentladung schon soweit gebändigt war, daß man sie nur mit dem Auge befriedigen durfte, erscheint uns die Aggressionslust brutal: Im heute wegen seiner Katzenliebe so bekannten Paris gehörte es damals «zur Festesfreude des Johannistages, ein oder zwei Dutzend Katzen lebendig zu verbrennen. Diese Feier war sehr berühmt. Das Volk versammelte sich. Festliche Musik spielte auf. Unter einer Art Gerüst wurde ein mächtiger Scheiterhaufen errichtet. Dann hing man an dem Gerüst einen Sack oder Korb mit den Katzen auf. Sack oder Korb fingen an zu glimmen. Die Katzen fielen in den Scheiterhaufen und verbrannten, während sich die Menge an ihrem Schreien und Miauen erfreute. Gewöhnlich waren König und Hof anwesend» (siehe oben Seite 11). Das waren Lustbarkeiten zu Friedenszeiten. Im Krieg dürfte diese Qualfreude entfesselter gewesen sein und sich gegen Menschen gerichtet haben.

Auch heute gibt es eindeutige und erhebliche Unterschiede in der kollektiven Kriegslust – vergleicht man etwa Englands fröhliche Schlagzeilen bei Beginn des Golfkrieges 1991 «Happy days are here again» mit dem gequälten Zerrissensein in Deutschland, das nicht wie Großbritannien auf zweihundert Jahre Siege zurückblicken konnte. Diese Unterschiede aber sind harmlos gegenüber den gewaltigen Veränderungen, die sich in nur zwanzig bis fünfzig Generationen durch gesellschaftliche Änderungen in der inneren Zähmung und Abwehr der eigenen Angriffslust ergaben. Wir brauchen also allein deswegen die lange Strecke bis zum Urmenschen nicht zurückzulegen – ganz abgesehen von den Greueln unserer jüngsten deutschen Geschichte.

Die Macht der Abwehr steigt sogar noch an, weil wir beim Zusammenspiel von Krieg und Liebe, von Lust und Gewalt, in eine besondere Zwickmühle geraten: Die Liebe, die uns so positiv erscheint, gerät in anrüchige Gesellschaft, was wir nicht gerne sehen, und gleichzeitig gewinnt die Gewalt durch den Zustrom unserer Lust erfreuliche Aspekte, was wir ebenfalls gern verdrängen. Mir scheint, daß hier die sogenannte «synthetische Funktion des Ichs» (Anna Freud [14]) doppelt mobilisiert ist und deswegen zu einer besonders starken Abwehr führt. Das Ich ist stets bestrebt, einheitliche Zustände in sich herzustellen und im Falle von Widersprüchen eine Seite einfach zu verdrängen. Diese Neigung zur inneren Einheitlichkeit ist eine der vier großen Angstquellen, deretwegen unser Ich zur Abwehr greift.[15] Es ist für uns doppelt verwirrend, im Falle des Kriegsgeschehens libidinöse und aggressive Bestrebungen gleichzeitig wirksam zu sehen: weil beide Bestrebungen uns gegensätzlich scheinen und weil wir zudem beide umzuwerten genötigt sind. Der Widerspruch von Lust und Aggression in unserer Kulturstufe führt also zu unserer Neigung, entweder die eine oder die andere Seite wirksam zu sehen, nicht aber das gegensätzliche Paar gemeinsam. Auch bei mir sind auf diesem Hintergrund Verzerrungen wahrscheinlich, die paradoxerweise in Gestalt von glatter Einheitlichkeit auftreten dürften.

4.

Ist man sich einmal über die unermüdliche Verharmlosung
menschlicher Destruktivität im klaren, so ist man erst recht ver-
blüfft, das Mitwirken der Sexualität am Kriegsgeschehen so gut
wie unbearbeitet zu sehen. Dies ist aus der Perspektive der
psychoanalytischen Gemeinschaft um so erstaunlicher, als deren
Theorie unmißverständlich festhält, daß bereits jede einzelne
Triebregung aus Eros *und* Destruktivität zusammengesetzt ist,
erst recht eine einzelne Handlung. Zudem gehört zu den Stan-
dardverfahren der Aggressionsbewältigung die Vermischung
mit Libido. Das führte nicht zuletzt zu einem bemerkenswerten
Phänomen im Rahmen der Triebtheorieentwicklung von Freud:
Libido und Destruktion schienen ihm verwirrend miteinander
verschlungen, ja manchmal kaum voneinander zu unterscheiden, wie beispielsweise die beide Formen umfassende Theorie
der «Spannungsreduktion» demonstrierte.[17]

Inzwischen hat die moderne psychoanalytische Säuglingsbeobachtung einige Klarheit in die seit Jahrzehnten diskutierte
Kontroverse gebracht, ob Aggressivität ein Trieb sei oder nicht.
Aus Beobachtungen von Neugeborenen im ersten Lebensjahr
und darüber hinaus scheint deutlich zu sein, daß es einen aggressiven Trieb im Sinne eines «Beutetriebes» gibt. Er wird jedoch
von Anfang an auch nichtzerstörerisch genutzt für die Erkun-
dung und Beherrschung von Selbst und Umwelt und weist
außerdem zwei weitere Komponenten auf: eine strukturell angelegte Fähigkeit, destruktiv zu reagieren, wenn man in extrem
unlustvolle Situationen gerät (um das zu zerstören, was einen
zerstört), und eine Vermengung dieses ursprünglich nicht lustvollen Gefühls mit Lustempfindungen, sobald das Ich (etwa im
ersten Lebensjahr) in der Lage ist, seine Reaktion auf Unlust
hintanzuhalten und aktiv zu gestalten.[18]

Abgesehen von dieser Klarheit – insbesondere, was den entwicklungsgeschichtlichen Zeitpunkt der Vermengung von Libido und Aggressivität betrifft – kann man die Frage nach der Natur der Aggressivität wie gesagt auch durchaus als einen müßigen akademischen Streit ansehen. Denn ob Aggressivität eine lebensnotwendige Reaktion auf eine Bedrohung darstellt, die wir erst angesichts von großen Enttäuschungen erlernen, oder ob es sich um eine Bereitschaft handelt, die ihre Energie aus inneren Impulsen bezieht, ist angesichts der herben Realitäten des Lebens nahezu belanglos. Immerhin vertreten die Humanethologen unzweideutig ihren Triebcharakter. «Es läßt sich einfach nicht wegleugnen, daß es eine Spannungsunlust, eine Entspannungslust, ein Triebziel und ein Objekt der Aggression gibt. Das sind aber die wesentlichen Bestimmungsmerkmale für einen Trieb!»[19]

Auch die Versuche, Aggressivität in eine gutartige und eine bösartige zu zerlegen, in adaptive oder nichtadaptive, erscheinen hilflos, da die bösartige Vernichtung (nach Erich Fromm die Nekrophilie, die Lebendes zu Totem macht, und der Sadismus, der seine Ohnmacht in Allmacht verwandelt) ursprünglich eine höchst adaptive Reaktion darstellte, in einem Zustand äußerster Hilflosigkeit extreme Unlust zu beseitigen. Viel wesentlicher scheint mir, daß sich unbewußte Erinnerungen an solche ohnmächtigen Zustände bei uns allen wiederbeleben, wenn wir uns selbst mit dem Tod konfrontieren. Und das ist im Krieg ständig der Fall.

Liebe und Aggressivität füllen also und bewegen den unaufhörlichen Strom unserer unbewußten Phantasien. Die Fülle der erotischen Elemente, die dem Kriege dienen, ist so vielfältig, daß man darüber staunt, den Wald vor lauter Bäumen nicht gesehen zu haben. Die folgende Unterteilung der erotischen Momente ist nicht entscheidend – ein anderer hätte vielleicht eine andere Einteilung gefunden. Entscheidend ist die grundlegende Vielfalt der Aspekte. Viele Bereiche überlappen sich. So ist es nicht einfach – vielleicht auch gar nicht möglich und nötig –, aggressive Erotik, sadistische Lust und Sexualisierung von Angst und Bedrohung gegeneinander abzugrenzen oder die kannibalistische Lust als eigene Strömung aus der Liebe auszugliedern («Ich könnte dich vor Liebe fressen»).

Analog den neuen Entdeckungen zur Aggressivität sehe ich die einheitliche erotische Kraft aus zahllosen Komponenten bestehen. Im weiten Blick gesehen trachtet der Krieg nach Eingemeindung, wenn er nicht vorab die eigene Selbständigkeit sichern soll. Die Betrachtung neuester Analysen der Ziele heutiger Kriege sprechen dafür, wenn auch die Politologen gänzlich andere Begriffe wählen. Wir wollen aber nicht nur überleben, sondern wohl noch mehr: uns verbreiten, uns verwandeln. Die große Linie der Erotik der Kriegsbereitschaft beginnt mit der Liebe zur eigenen Gruppe, die man zu verteidigen trachtet, steigert sich kannibalistisch im «Schlucken» des Feindes, sieht seit uralten Zeiten im Krieg erotische Ziele – beispielsweise den Frauenraub –, mehrt mit Schlachten wie mit kollektiven Hochzeiten – in der unbewußten Phantasie absurderweise auch noch in heutigen Tagen – den eigenen Existenz- und Lebensbereich und dient in diesem blutigen Handeln einem allen Arten eingegebenen evolutionären Drang nicht nur zur Verbreitung, sondern auch zur Vermischung der Gene, um die Vielfalt des Lebens zu garantieren. So wird auch der Krieg – aus diesem großen Abstand betrachtet und trotz der Ablösung der biologischen durch die so andersartige kulturelle Evolution – zu einem Vollzugsorgan des «Lebensstromes» (ein Begriff von Hans Hass[20], der erstmals deutlich machte, daß die Arterhaltung nicht das letzte Gesetz im evolutionären Geschehen darstellt, sondern die ununterbrochene neuartige Entfaltung des Lebens, gleichsam also die Erschaffung neuer Arten).

Daß die Liebe nicht nur dem Krieg, sondern auch dem Frieden dient, versteht sich von selbst. So geht es den einen darum, in der Mischung von Destruktivität und Lust die libidinösen Momente zu stärken und damit die Zerstörung einzudämmen, während andere empfehlen, die Liebe und die Sexualität eigenständig als Kraft gegen zerstörerische Gewalt einzusetzen – eine Methode, die von der Evolution bereits vor den Menschen entwickelt wurde, wie das schöne Beispiel der «wilden Diplomaten» zeigt, insbesondere der Bonobos, der dem Menschen ähnlichsten Menschenaffenart (vergleiche Seite 179).

5.

Hat die Kriegsbereitschaft der einzelnen heute noch eine Bedeutung?
Kriegserotik als Teil des Ganzen.

Befragt man Männer des amazonischen Stammes der Yano-mami, warum sie in den Krieg ziehen, so antworten sie einhellig: Um Frauen zu rauben.[21] Es scheint, daß damit die Ursache des Krieges feststeht. Das allerdings ist nicht der Fall. Es zeigt sich nämlich, daß die Kriege der Yanomami nach und nach eine besondere Wirkung haben: Sie halten unterschiedliche Gemeinschaften innerhalb eines nahrungspendenden Gebietes in einem Abstand, der jedem Dorf einen genügend guten Jagderfolg garantiert. Diese Kriegswirkung wird «spacing» genannt (auf Abstand halten). Ein Forscher stellt darüber hinaus fest, daß die Kriege dazu dienten, die Souveränität der Yanomami-Dörfer zu erhalten – ohne daß es dabei um Jagdreviere oder andere Lebensgrundlagen geht. So gewinnen wir bereits eine dritte Kriegsursache. Wie es zum Spacing kommt, läßt sich Schritt für Schritt verfolgen: Ein Dorf wird größer; der Arbeitsaufwand für die Jagd nimmt zu; ein geringerer Jagderfolg wird wahrscheinlicher; es kommt zu Spannungen innerhalb der Gemeinschaft; schließlich ist zu beobachten, daß sich Gemeinschaften von einer bestimmten Größe an im Streit aufspalten; dann aber führt ein Krieg untereinander dazu, daß die Gruppen einen Abstand halten, so daß sie sich kaum noch behelligen. Letzteres wird natürlich dann der Fall, wenn die Ressourcen des jeweiligen Gebietes ausreichen.[22]

76

Der Sinn dieses Beispiels ist deutlich: Es gibt Kriegsbedingungen, die über die Köpfe der Menschen hinweggehen und demnach jenseits unseres üblichen Bewußtseins liegen. Mit anderen Worten: Vielfältige Bedingungen in unterschiedlichen Kausalitätsschichten führen zu eng vernetzten Prozessen. Ich nehme an, daß unsere übliche Bewußtseinsausstattung für solche Zusammenhänge nicht geeignet ist. Wir könnten höchstens von uns erwarten, daß wir eine solche Form eigener geistiger Beschränktheit gerade noch zugeben können.

Für unseren Fall bedeutet es: Die erotische Motivation der Yanomami zum Krieg ist nur ein Teil des Ganzen – und vielleicht in diesem Falle nicht so bedeutend wie das Spacing. Denn die Gegnerschaft der Gemeinschaften verhindert, daß sich die ernährenden Gebiete erschöpfen. Und man kann nur zeugen, wenn man sich ernähren kann. Es gibt also Kriegsziele, die nicht gewollt werden und doch eine Funktion des Krieges sind. Das Motivationengeflecht ist als Ganzes wirksam. Es ist das Jahrtausende alte Ergebnis einer Koevolution. Neben den Absichten des Kriegers gibt es noch die geheime Absicht des Krieges.

Ein zweites Beispiel: Für die Mundurucu in Amazonien war der Grund zum Kriegführen die Kopfjagd. Die Trophäen errangen sie bei fremden Stämmen. Es gab keine anderen Kriegsgründe. Jeder Nicht-Mundurucu war ihr Feind.[23] Was aber war gleichsam der höhere Sinn ihres Tötens? Sie verringerten die Konkurrenten um die Jagdbeute. Und tierisches Eiweiß ist in diesem Gebiet der limitierende Faktor. Die geheime Absicht der Kopfjagd ist die Nahrungssicherung. Der Krieg ernährt.

Ein drittes Beispiel. Wenn die Tsembaga sich vermehren, vermehren sich auch ihre Schweine. Sie richten Schaden in den Gärten der Nachbarn an. Es kommt dadurch zu Konflikten, die sich schließlich in einem zwischendörflichen Krieg entladen – und zwar lange bevor es zu einer bedrohlichen Übervölkerung kommt.[24]

Die Beispiele zeigen, daß Kriegführen ursprünglich Teil eines kollektiven Handelns war, das sorgfältig abgestimmt erscheint nicht nur auf das Überleben des einzelnen Stammes, sondern vielmehr darüber hinaus auch auf das Überleben der gegnerischen Gemeinschaften (Beispiel Spacing). Es ist deshalb sinnvoll, den Krieg als «soziale Institution»[25] zu bezeichnen. Inwieweit Kriege heute noch eine Überlebensfunktion haben, ist mehr als fraglich. Die entscheidende Wende durch die Erfindung der Atombombe hat auf alle Fälle jeden Hauch einer lebenserhaltenden Funktion zerstört, wenn auch die meisten Menschen – einschließlich wesentlicher Führungsfiguren – dem pränuklearen Denken verhaftet blieben. Die Bombe, heute nach dem Ende des kalten Krieges durch die Verbreitung der Atomwaffen auf bald mehr als zehn Länder bedrohlicher denn je, birgt den Omnizid, die Gesamtauslöschung der Menschheit. In kleiner Form gibt es dafür ein Vorbild: Die kriegerischen Maori auf Neuseeland beschlichen sich «mit einer an die Jagd erinnernden Taktik» und überfielen sich oft in den frühen Morgenstunden. Sie töteten erbarmungslos. Doch überlebte ein großer Teil der besiegten Partei, da die Waffen aufgrund ihrer begrenzten Reichweite eine Flucht erlaubten. Als Gewehre eingeführt wurden, änderte sich die Lage schlagartig: Die Maori rotteten sich gegenseitig praktisch aus. Die neuen Waffen hatten ihr traditionelles kriegerisches Verhalten ad absurdum geführt.

So steht zu befürchten, daß wir – von der Liebe und der sexuellen Lust unbewußt beflügelt – in den Krieg ziehen, um uns anders als in den Urzeiten, in denen diese Motivationslage entstand, gänzlich auszulöschen.

Ich möchte betonen, im folgenden geht es um die Kriegsbereitschaft und nicht um die Kriegsentstehung. Denn die Kriegsentstehung ist ein so unendlich verflochtener Entwicklungsprozeß von Wechselwirkungen, daß eine individuelle Motivation keinesfalls ausreicht.[26] Sind wir überhaupt noch die Autoren des Krieges? Wer sich über die internationale Dynamik beispielsweise um die Vormachtstellung[27] im klaren ist oder Kriegserklärungen auch als Vermeidung innenpolitischer Konfliktlösungen begreift, wird folgenden Satz paradoxerweise noch tröstlich finden: Nicht die historischen Umstände und die Verhältnisse sind kriegerisch, sondern der Mensch. Die Ohnmacht des einzelnen bei einer Kriegsentstehung ist kaum zu überschätzen, sie dürfte deutlich den Machtanteil einer Wahlstimme unterschreiten. Die politisch-ökonomische Interessenlage – inzwischen schon über die Absichten einer einzelnen Nation hinaus – entscheidet über Krieg und Frieden. Die Bevölkerung wird diesen Zielen dienstbar gemacht.

Die Evolution des modernen Krieges verschärft die Lage auf absurde Weise: Es kommt zu einer «doppelten Entmenschlichung». Wie schon in den Fabriken werden auch auf dem Schlachtfeld zu Wasser, zu Lande und in der Luft mehr und mehr Roboter eingesetzt. Die neueste Planung des Pentagon strebt einen solchen Krieg der Maschinen gezielt an.[28] Hinzu kommt die zweite Form der «Entmenschlichung», die Günther Anders in das «Harmlosigkeitsgesetz» faßte: «Je größer der Effekt, desto kleiner die für dessen Verursachung erforderliche Bosheit.» Das Ausmaß der für eine Untat verlangten Gehässigkeit steht im umgekehrten Verhältnis zum Ausmaß der Tat.[29] Im High-Tech-Golfkrieg 1991 war das für alle sichtbar der Fall. Der Krieg wird zum Video-Clip. Haß oder Lust scheinen nicht nötig, um töten zu können. Die Humanethologen – Konrad Lorenz als erster – wiesen darauf hin, daß die aggressionshemmenden Auslöser durch die moderne Waffentechnologie nicht mehr zum Zuge kämen.

Und doch gibt die Symbolfähigkeit, die Erlebnisintensität und Intelligenz des Menschen Anlaß zu einer makabren Hoffnung. Sie wird in der folgenden «*Knopfdruck-Parabel*» sichtbar:

Man verärgerte in einem Versuch Studenten, deren Blutdruck daraufhin anstieg. Man teilte die Gruppe in zwei gleich große Untergruppen. Die einen konnten mit Knopfdruck ein blaues Lichtsignal, die anderen einen elektrischen Strafreiz auslösen. Der Versuchsleiter, natürlich Zentrum der Verärgerung, sollte in einem zweiten Teil Aufgaben lösen. Die beiden Studenten-gruppen konnten ihm (natürlich vermeintlich) entweder das blaue Licht-signal oder den Strafreiz erteilen. Bei den Studenten, die glaubten, dem Ver-suchsleiter einen wirklichen Strafreiz zu versetzen, sank der Blutdruck rasch. Sie reagierten ihre Aggressionen ab. Während diejenigen, die nur Lichtsignale aussandten, mit erhöhtem Blutdruck verärgert blieben.[30]

Die Lehre aus diesem Versuch ist eindeutig: Der Knopf, den wir betätigen, hat für uns eine Bedeutung, die seine seelische Wirk-lichkeit ausmacht. Es kann also nicht Knopf mit Knopf einfach gleichgesetzt werden. Schon das wäre ein Hinweis, daß der Mensch unter der Waffentechnologie nicht ganz verlorengeht. Viel bedeutsamer aber ist die auch in der Friedenswissenschaft mehr und mehr entdeckte reale Bedeutung des einzelnen und seines seelischen Zustands. Man spricht von der «vergessenen Dimension Subjektivität»[31].

Das erwähnte Pentagon-Papier und der «Strategic Technolo-gies for the Army Report» (STAR) versuchen gezielt, durch die Roboterisierung des Krieges High-Tech-Kämpfe mit weniger Toten vorzubereiten, da die *notwendige Unterstützung militärischer Aktionen durch die Öffentlichkeit* nur so gesichert werden könne.[32] Das bedeutet: In entwickelten Nationen ist ein Krieg ohne Zu-stimmung der Bevölkerung nicht realisierbar. Das dürfte ein in-direkter Effekt der erwähnten langfristigen Entwicklung sein, die Aggression zu verinnerlichen. Natürlich haben sich die Regie-rungen längst darauf eingestellt und versuchen die öffentliche Meinung nach Kräften zu manipulieren. Das Reservoir der Kriegsbereitschaft wird so durch die psychologische Mobilma-chung aktualisiert. Die vielfältigen seelischen Bedürfnisse, die zur individuellen Kriegsbereitschaft beitragen, legieren sich auf diese Weise mit sozioökonomischen und politischen Inter-essenlagen. Stavros Mentzos spricht vom «psychosozialen Ar-rangement».[33] Auch die Legierungen von Aggressivität und Li-bido – aus welchen Zuströmen sie auch immer bestehen – lehnen sich also an die objektiven Interessenkonflikte an und gebrauchen sie zur eigenen Entlastung, während andererseits genau diese seelischen Bedürfnisse von den führenden Figuren der Politik und Wirtschaft einer Nation für die Verfolgung ihrer politischen und ökonomischen Interessen ausgenutzt werden.

Allerdings ist sehr stark zu vermuten, daß es bei diesem unbewußten Zusammenspiel zwischen Regierenden und Bevölkerung in Form einer nationalen oder auch internationalen Kollusion einen tieferen Zusammenhang zwischen individuellen Strömungen und den sogenannten objektiven Interessenlagen gibt. Ich vermute, daß sie im Sinne eines gemeinsamen Unbewußten zusammenhängen, also – gruppenanalytisch gesprochen – in einer Matrix verbunden sind. Unter Matrix ist das unbewußte Beziehungsgeflecht von Menschen zu verstehen, das entscheidend geprägt wird durch die Wechselwirkung nicht der Individuen, sondern der seelischen Vorgänge, die gleichsam das Netzwerk wie Kraftlinien eines Magnetfeldes durchziehen. Individuum und Gesellschaft sind nicht unabhängig voneinander, sondern Ausgestaltungen, «Figurationen» ein und derselben Gesellschaftsmechanik (Norbert Elias). Doch würde die ausführliche Darlegung dieser Zusammenhänge zu weit vom Thema wegführen.

Es bleibt festzuhalten, daß unsere eigenen kriegstreibenden Lüste gleichsam die Kraft darstellen, mit der die Kriegsmaschine arbeitet, nicht aber den Weg vorzeichnen, den sie nimmt. Es sei denn, man sähe das zum Schluß dieses Kapitels (Seite 169 ff) skizzierte große erotische Panorama auch heute noch wirksam.

III.

Wie sollen wir Gewalt über unsere Gewalt gewinnen, wenn auch die Liebe sich dem Krieg verbindet?

6.

Ursprünglich glaubte ich, es gehe in der Friedensarbeit um eine innere und äußere Auseinandersetzung mit unserer eigenen Destruktivität.

Ich sah in der Liebe die entscheidende Gegenkraft. Meine im vorigen Kapitel dargelegten Überlegungen lauten zusammengefaßt:

Die Friedensbewegung trägt zur seelischen Gesundung bei, weil sie eine Verleugnung der offen zu beobachtenden und ungeahnt umfangreichen Destruktivität aufhebt. Woraus diese Destruktivität resultiert, ob sie individuell der Entlastung von einem tiefen Ambivalenzkonflikt dient und welchen sozioökonomischen Interessen sie nutzbar gemacht wird, sei zunächst dahingestellt. Es bleibt also offen, ob die Aggressivität eine primäre oder sekundäre Erscheinung ist. Die Rücknahme des seelischen Abwehrvorgangs Verleugnung erzeugt Angst, Depression, Verzweiflung und Trauer. Eine erstrangige politische Aufgabe der Psychoanalyse wäre es, die Angstfähigkeit – auch die der Psychoanalytiker selbst – entwickeln zu helfen. Nur so wäre diese Form höherer Gesundheit, die manchen zeitweise wie eine schwere Krankheit erscheint, auszuhalten. Diese Aufgabe ist jedoch mit einer zweiten untrennbar vermengt: nämlich erkennen zu helfen, inwieweit die eigene persönliche seelische Situation, die in Destruktivität resultiert, die Friedensbewegung unbemerkt mißbraucht.

Das geschieht vierfach:

1. Durch ihre Aufklärungsarbeit, konfrontiert mit Schreckensbildern, welche die eigene Destruktivität identifikatorisch anfachen.

2. Der Kampf um den Frieden wird zeitweise ein «Vernichtungsfeldzug» gegen militärische Gesinnung und Institutionen in jeder Form. Das erlaubt, die mobilisierte Destruktivität auch abzuführen, wie es bei den Splittergruppen der Autonomen in der Friedensbewegung sichtbar wird. Eine ganz andere Entwicklung wählte Albert Einstein. Er sagte sich angesichts der nationalsozialistischen Bedrohung vom Pazifismus los und «empfahl den Vereinigten Staaten, eine eigene Atombombe zu entwickeln, weil er befürch-

tete, daß deutsche Wissenschaftler eine solche Bombe bauen könnten. Doch noch bevor die erste Atombombe explodiert war, warnte er öffentlich vor den Gefahren eines Atomkriegs und schlug eine internationale Kernwaffenkontrolle vor.»[34]

3. Das mehr oder weniger realitätsnahe Bild bevorstehender Vernichtung durch einen Atomschlag kann die unbewußten, archaischen Schuldgefühle eben wegen dieser eigenen zerstörerischen Neigung befriedigen und entlasten, das heißt die Selbstdestruktivität realisieren. Das stellt sich in Form eines Jüngsten Gerichtes dar, wie bezeichnenderweise auch die fliegende Kommandozentrale des amerikanischen Präsidenten im Falle eines globalen Atomkrieges heißt: Doomsday.

4. Schließlich bietet die Friedensarbeit glänzende Abwehrchancen der persönlichen Destruktivität. Denn das Friedensengagement kann natürlich eine sehr gute Tarnungsmethode sich selbst und anderen gegenüber werden im Sinne einer Gegensatzbildung zur Zerstörungsneigung (wie es vom Tierschutz bekannt ist oder von der sogenannten «überfürsorglichen Mutter»).

Darüber hinaus kann sich in die Friedensarbeit noch einschleichen: Externalisierung tiefer selbstdestruktiver Tendenzen, Schuldentlastung durch Relativierung angesichts der globalen Gewalt; Regression in den Größenwahn aus eigener hilfloser Ohnmacht und Personifizierung struktureller Gewalt. Die stärkste Quelle menschlicher Destruktivität entspricht unserer tiefsten Enttäuschung: In einer menschlichkeitsfernen Gesellschaft nicht mehr zu sich selbst kommen zu können, sich selbst nicht mehr integrieren zu können, das heißt: vor allem sich und andere nicht mehr lieben zu können. Andererseits hat das destruktive Verhalten der Menschen in einer Gesellschaft, die nicht menschlichen Bedürfnissen, sondern den Gesetzen der Gesellschaftsmechanik (Norbert Elias) folgt, ein Pendant in allen Einrichtungen dieser Gesellschaft. Sie schreibt zum Beispiel mit sozialer Ungerechtigkeit, vor allem in Form der globalen Nord-Süd-Differenzen oder der nationalen Schichtaufteilung, die alltägliche strukturelle Gewalt fest. Insofern ist die Atomkriegsdrohung nur Symptom einer destruktiven, im Grunde paranoiden Gesellschaftsstruktur, die den Menschen nach ihren Gesetzen durch und durch formt.

7

Die Liebe ist der Zerstörung überlegen, weil sie besser
Bindungen eingehen und sich fester vereinigen kann.

Bis heute ist so gut wie kein Frieden friedlich, sondern Gewaltfrieden. Ich ging also davon aus, daß wir uns gegen uns selbst
solidarisieren müssen, wenn wir den Frieden wollen. Und selbst
wenn die Hoffnung trügen sollte, bliebe uns nichts Besseres, als
sie aufrechtzuerhalten. Die große Gegenkraft – so schien mir –
war in der libidinösen Lebensenergie zu sehen, die für Verbindung unter Menschen sorgt, für Zusammenhänge, für Solidarität. Sie vereinigt uns gleichsam zu größeren Kraftströmen, während die destruktiven Energien letztlich zur Abspaltung, zur
Trennung und damit zur Vereinzelung ihrer selbst führen. Selbst
eine schwache Libido – so war meine Meinung – kann sich in
vielen Menschen zu einer Macht vereinen und auch eine zunächst im einzelnen stärker ausgeprägte Destruktivität überwinden.

8.

Wenn Krieg und Liebe legiert sind, gibt es keinen
Leidensdruck mehr, der gegen den Krieg mobilisieren
könnte.

Nun aber komme ich in diesem Kapitel auf den fatalen Zusammenhang, der für die Friedensarbeit eine erheblich schwierigere
Aufgabe stellt als die Aufdeckung und das Durcharbeiten eigener
Destruktivität. Ich meine die vielfachen Verflechtungen und Legierungen von Krieg und Liebe. Wo nämlich Liebe beim Krieg
mitwirkt, ist die Bedrohung eben wegen der genannten Überlegenheit der Libido gegenüber der «Destrudo» unendlich viel ern-
ster zu nehmen und sehr viel schwerer aufzuheben. Der Krieg
schafft dann unbewußt gar keinen Leidensdruck mehr, im Gegenteil: Er befriedigt tief.

IV.

«Der Kampf gehört zu den ganz großen Leidenschaften»[35]: Gewinn des ganzen Lebens.

Ernst Jünger ergänzt: Es bedarf weder eines Hasses auf einen Feind noch der Disziplin, auch nicht der Erinnerung, daß man fürs Vaterland, die Ehre oder aus Pflicht kämpfe. «Nicht nur unser Vater ist der Krieg, auch unser Sohn. Wir haben ihn gezeugt und er uns. Gehämmerte und Gemeißelte sind wir, aber auch solche, die den Hammer schwingen, den Meißel führen, Schmiede und sprühender Stahl zugleich, Märtyrer eigener Tat, von Trieben Getriebene. Die Lust am Krieg entspringt einem gleichsam autonomen Rausch der Sinne.»[36] Es scheint mir bedeutsam, daß die Kampfleidenschaft von Ernst Jünger eine Motivation aus sich selbst heraus ist und nicht weiter abgeleitet wird. Das stimmt mit neueren humanethologischen Befunden überein.

9.

Kampflust.

«An einem Kampf der Eipo des Weilers Thalim gegen die Marikla nahm Kelum aus dem Dorfe Dingerkon teil, das gar nicht in den Konflikt verwickelt war. Kelum wurde verwundet, und wir fragten ihn, weshalb er überhaupt teilgenommen habe. Er meinte, aus ‹Fatan› – ‹Kampflust›.»[37]

Das ist nicht nur typisch für einfache Stämme: «Hätte ich schon einen Fuß im Paradies, würde ich ihn zurückziehen und in den Kampf eilen», sagt Garin de Loherain (Lohengrin), die Hauptperson eines altfranzösischen Heldenliedes.

Ebenso jubelte der provenzalische Troubadour Bertran de Born (1140–1215):

«Ich sag', nicht solche gute Zeit
mir Essen, Trinken, Schlafen macht,
wie wenn man beidseits ‹Auf sie› schreit.»[38]

Heute könnte Kampflust menschheitsbedrohend werden. Einem Artikel der amerikanischen Zeitschrift «The New Republic» vom 8. November 1980 mit der Überschrift «Die neue Kriegslüsternheit» ist zu entnehmen: «Zum erstenmal seit den fünfziger Jahren scheinen Schlüsselfiguren innerhalb und außerhalb der Regierung ernsthaft von der Möglichkeit eines Atomkrieges mit der Sowjetunion auszugehen.»[39] Das mag antiquiert erscheinen. Angesichts der immer breiter werdenden Streuung des Atomwaffenbesitzes wird die Situation jedoch wieder brisant. In einer solchen Verbindung muß die Kampflust anderen sehr große Angst machen. Aus jüngster Zeit schreibt der Chefredakteur von «Psychologie heute», Heiko Ernst, im Editorial von «primitiver Kriegsgeilheit, wie sie etwa englische Zeitungen vor allem in den ersten Kriegswochen verströmten».[40]

10.

Die Neigung zu kämpfen.

«Denn ich bin ein Mensch gewesen
und das heißt ein Kämpfer sein» –

mit diesem Satz Goethes erschien die Todesanzeige von Josef Neckermann.[41] Auch er läßt hinsichtlich des Friedenswunsches der Menschen Skepsis aufkommen.

Die Motivation, insbesondere des Mannes, «zu kämpfen und zu dominieren», zählt nach Eibl-Eibesfeldt zu den angeborenen Dispositionen, die beim Kriegführen zum Tragen kommen.[42] Sie ist eine quasi-stabile Bereitschaft des Menschen, die von der situativ aufflammenden Kampflust als ein durchgehender Zug zu unterscheiden ist.

Der Kampfrausch.

«Im matten Licht der Sterne leuchteten die weißen Hemden der Matrosen auf, die sich verzweifelt gegen die anstürmenden Scharen wehrten. Unbewußt fiel Bush in das Gebrüll der anderen ein, ein Haufen Männer ging auf ihn los, als er sich näherte, und er fühlte den harten Schlag eines eisernen Belegnagels auf seinem Säbelblatt. Wenn aber Bush erst einmal in richtige Wut geriet, dann wurde er zu einem höchst gefährlichen Gegner, weil er nicht nur Riesenkräfte, sondern zugleich eine erstaunliche Gewandtheit entwickelte. Dreinschlagend und parierend sprang er katzenhaft schnell auf dem engen Deck umher, sein Gehirn faßte während dieser blutrünstigen Minuten nur noch einen Gedanken: Kampf dem Feind, das Schiff zurückgewinnen, und wenn er auch allein mit seinem Säbel gegen alle stand. Dann, als er einen aus der Gruppe seiner Gegner niedergeschlagen hatte, wich der Rausch wieder etwas von ihm.»

Etwas später: «Bush war jetzt völlig außer sich, er hatte mit dem Leben abgeschlossen. Wieder sprang er die Gegner an, aber diesmal nicht mit einem Kampfruf an seine Männer, sondern nur noch mit einem wilden, tierhaften Gebrüll – wie ein Irrer tobte er gegen den Feind und entwickelte dabei übermenschliche Kräfte. So gelang ihm, was zuerst unmöglich schien: Hauend und stechend durchbrach er den Ring seiner Feinde... seine Raserei wich allmählich ruhigerer Besinnung. Als er wieder in die Wirklichkeit zurückfand, lehnte er an einem der Achtzehnpfünder, die das Oberdeck bestückten.»[43]

Diese Szenen aus einem der berühmten Hornblower-Romane von Cecil Scott Forester stellen eine besondere Ausprägungsform der Kampflust dar, eine geradezu besinnungslose Leidenschaft, in der ein Kämpfender – wie dem späteren Text zu entnehmen ist – offensichtlich auch jedes Schmerzempfinden verliert. Es scheint ein Zustand zu sein, der den Menschen zur Mobilisierung der letzten Kräfte befähigt und ihn über sich hinauswachsen läßt.[44]

Am 2. Oktober 1983 schreibt ein Reporter im «Miami Herald» über die amerikanischen Soldaten, die im Libanon zunächst als «Friedensschützer» stationiert waren, unter dem Titel «Sound and fury» (Krachen und Wüten)

«Marines genießen Geschmack der Schlacht»

«Mögen die Marines auch als Friedenswächter im Libanon sein, so ist es doch der Kampf, der das Adrenalin zum Strömen bringt. Sie genossen es (‹We loved it›). ‹Der Anfang, das Feuern der ersten Salven, das war ein Schock›, sagte Obergefreiter Jeff Becerill, 20. ‹Aber nach zwei Sekunden waren wir voll in Form. Es war super. Ich wollte gar nicht wieder weg. Ein gutes Gefühl... einfach gut, zu feuern... wir fuhren voll drauf ab.›»

Die Faszination des aggressiven Rausches ergreift zur gegebenen Zeit jeden Menschen – wenn sie auch aus Gewissenskonflikten sehr oft in Ekel umschlägt. Das eigene Leben ist einem dann zweitrangig. Vielleicht spielt es sogar überhaupt keine Rolle. Es gibt tatsächlich Dinge, die die Menschen mehr als das Leben lieben. Der thebanische Heerführer Epaminondas, der die Spartaner schlug, und James Wolfe, der englische General, der 1759 durch die Eroberung Quebecs ganz Kanada unter britische Herrschaft brachte, erfuhren tödlich verwundet, daß sie gesiegt hätten, und sie riefen mit dem letzten Atemzug aus: «Ich sterbe glücklich.»[45]

«Es wäre gewiß äußerst interessant, wenn man studieren könnte, welche seelischen Veränderungen das Preisgeben des eigenen Lebens bei den Kämpfenden mit sich bringt», sagte Sigmund Freud in seinem Vortrag «Wir und der Tod».[46]

Der Gewinn des ganzen Lebens.

Doch gibt Freud im selben Vortrag schon einen entscheidenden Hinweis. «Das Leben verliert an Gehalt und Interesse, wenn der höchste Einsatz, eben das Leben selbst, in seinen Kämpfen ausgeschlossen ist.»[47] Weil man sein Leben im Krieg riskiert, weil der Tod sich nicht mehr übersehen läßt, weil man jetzt wirklich stirbt, gewinnt man das denkbar stärkste Lebensgefühl. «Das Leben wird so freilich wieder interessant, es hat seinen vollen Inhalt wiederbekommen.»[48]

Am 26. Juli 1914 schrieb Sigmund Freud eine Postkarte an den Psychoanalytiker Karl Abraham: «Ich fühle mich aber vielleicht zum ersten Mal seit dreißig Jahren als Österreicher und möchte es noch einmal mit diesem wenig hoffnungsvollen Reich versuchen. Die Stimmung ist überall eine ausgezeichnete. Das Befreiende der mutigen Tat.»[49]

Freud-Biograph Ernest Jones schreibt dazu: «Seine erste Reaktion war... eher ein jugendlicher Enthusiasmus, anscheinend das Wiederaufleben der militärischen Begeisterung seiner Knabenzeit.»[50] Hinter diesem Enthusiasmus versteckt sich offensichtlich dieses Selbstgefühl, die eigene Ganzheit wiederzugewinnen. Eine grundlegende Lust des Krieges liegt also darin begründet, daß unterdrückte oder brachliegende Seiten der eigenen Persönlichkeit unter den völlig anderen Bedingungen des Krieges wiederbelebt werden. Oder anders gesagt: daß wir wieder als ganzer Mensch leben, wenn wir zur bewußten, sozusagen lichten Seite auch die verdrängte unbewußte, dunkle Seite unseres Selbst leben können. Sie besteht gleichermaßen im Töten wie im Getötetwerden. Und genau diese «Befreiung zur Ganzheit» scheint die lustvolle Attraktivität der Aggression auszumachen. Mit unserer vielfältigen und wie auch immer bedingten latenten Gewaltlust empfinden wir uns erst als «vollständige Menschen». Der kurzlebige Rausch der Augusttage 1914, in dem alle Nationen Europas dem Krieg entgegenfieberten, mag auch darin begründet sein. Mir scheint in dieser *«Lust, ein ganzer Mensch zu sein»*, die vielleicht bedeutendste Komponente der Kriegslibido vorzuliegen, vielleicht eine, die viele andere, wenn nicht alle, in sich enthält.

13.

Die Lust der männlichen Identitätsbildung.

Die Identitätsbildung – vor allem des Mannes – ist über Jahrtausende mit dem Krieg verbunden. «Ein junger Mann aus einem primitiven Stamm hat in der Schlacht erstmals einen Feind getötet und läuft laut und triumphierend schreiend ins Dorf zurück mit den Worten ‹Ich bin ein Mann, ich bin ein wirklicher Mann!›.»[51] Walter Ong hat dargelegt, daß Männlichkeit grundsätzlich durch agonistische (kämpferische) Aktivitäten definiert ist und daß dieser Kampf ständig wiederholt werden muß.[52]

Im heutigen Alltag Amerikas gehören Waffenerwerb und Waffengebrauch zu den Mannbarkeitsritualen Heranwachsender. Der Krieg findet hier auf der Straße statt. «Alle hundert Stunden verlieren wir mehr junge Männer auf unseren Straßen als in den hundert Stunden Landkrieg am Persischen Golf», lautete eine Klage des amerikanischen Gesundheitsministers Louis Sullivan[53]. Das Getto, behauptet der konservative Politologe James O. Wilson, sei zum «modernen Äquivalent» jener archaischen Gesellschaftsstrukturen geworden, die anthropologisch zur Bildung einer «männlichen Kriegerklasse» führten. Damals wie heute werde die Stellung des einzelnen innerhalb dieser Kriegerklasse entschieden durch «physischen Kampf» und «sexuelle Eroberungen».[54] Dementsprechend gilt der Krieg als männlich. Beim Militär wird männlich und weiblich deutlich definiert. Der militärische Geschlechtsunterschied lautet: «Der Mann ist ein Mann. Das unterscheidet den Soldaten vom Weib.» Ein satirisches Poster von 1915 mit dem Titel «Warum wir gegen das

Wahlrecht der Männer sind» enthält dementsprechend Antworten wie: «Wenn sich Männer friedlich auseinandersetzen würden, könnten Frauen nicht mehr zu ihnen aufschauen» oder: «Kein wirklicher Mann möchte irgendeine Frage anders als im Kampf lösen.»[55]

Fast bis heute ist die Rolle des Kriegers die einzige nur dem Mann vorbehaltene Rolle in modernen Gesellschaften.[56] Es bewirkt große Unruhe – mit Ausnahme etwa bei der israelischen Armee, in der Frauen als Soldatinnen seit langem integriert sind –, wenn die Domäne der Männer nun auch von Frauen erobert wird. Im Golfkrieg 1991 wurden in die amerikanische Truppe auch Soldatinnen aufgenommen, was heftige Diskussionen in der Presse hervorrief (zum Beispiel in der «Hamburger Morgenpost» vom 2. 2. 1991: «40000 Mann sind Frauen!»).[57]

Wenn ich auch nicht glaube, daß die Aggressivität bei Männern und Frauen ein unterschiedliches Ausmaß hat, vielmehr annehme, daß sie bei beiden Geschlechtern in unterschiedlichen Formen auftritt, so scheint doch einiges dafür zu sprechen, daß die Lust an Kriegsaktivitäten eher in die männliche Wirklichkeit gehört. So gibt es zu Kriegszeiten geschlechtsspezifische Liebesbedürfnisse: Männer zeigen gesteigertes Sexverlangen, Frauen dagegen in Kriegszeiten ein stärkeres Bedürfnis nach einer entspannten Atmosphäre, weniger nach Geschlechtsverkehr, wie Noah Milgram, Stressforscher an der Universität Tel Aviv, 1991 während des Golfkriegs festgestellt hat.[58]

In diesem Zusammenhang gehört auch die Testosteron-Debatte. Sie hat gezeigt, daß bei Männern eine stärkere Verbindung zwischen diesem androgenen Sexualhormon und Gewalt hochwahrscheinlich ist.[59] So werden kampfschwache Männer im Deutschen auch als «Schlappschwanz» bezeichnet oder umgekehrt kampfstarke im Italienischen als «cazzo». Bei antiken Schriftstellern lautete die Anerkennung: «ein Mann mit Hoden».[60]

Am verblüffendsten – jedoch sich gut einfügend in diese Linie –

ist eine gleichsam anatomische Friedenssicherung, jedenfalls nach Auffassung von Irenäus Eibl-Eibesfeldt[61]: Das Corpus callosum, das die rechte, gefühlsorientierte Hirnhälfte mit der linken, eher logischen und die Handlungen organisierenden Hälfte verbindet, ist anders als bei der Frau bei Männern hinten schmaler: Die aggressiver getönten Gefühlslagen des Mannes können auf diese Weise nicht so direkt zum Vollzug kommen.

V.

Die Fülle triebnaher Lüste am Krieg: Elemente kriegerischer Libido.

14.

Liebe und Sexualität ziehen in den Krieg.

Als das Kriegsschiff, vollgepackt mit englischen Falklandsoldaten, im Hafen ablegte, entblößten sich die abschiednehmenden Frauen und Geliebten und zeigten den Männern, die in den Kampf zogen, entlang der Kaimauer ihre nackten Brüste.

Diese spontane kollektive Handlung zeigt, daß nicht nur bei Männern die Erotik im Krieg gesteigert wird. Das ist verständlich, wenn man begreift, daß wir Beziehungswesen sind und eine gesteigerte Sexualität bei Männern ein Pendant bei Frauen finden muß. Die Lust der Frauen an muskulösen Männerkörpern, das Begehren, das Aggressivität auslösen kann, und die Attraktivität, die uniformierte Soldaten für viele Frauen haben, sprechen für sich. Wir können Mann und Frau sexuell nicht auseinanderdividieren, es geht um die erotische Beziehung als Ganzes.

«Auf einer großen Antikriegskundgebung in Washington hat ein Demonstrant den Kern der amerikanischen Kriegsbereitschaft auf einem Plakat so auf den Punkt gebracht: «No blood for Testosteron»[62].* Das Transparent variierte den damals weltweit verwendeten Spruch «No blood for oil». Das Bewußtsein für den Zusammenhang von Sexualität und Krieg ist also kaum noch latent zu nennen.

Ich erwähnte das gesteigerte sexuelle Verlangen der Männer. Es muß bei Frauen eine entsprechende erotische Resonanz geben. Und die bereits genannten Untersuchungen von Noah Milgram[63], der im Golfkrieg bei Frauen ein stärkeres Bedürfnis nach einer entspannten Atmosphäre ermittelte, dürften wohl für den Zustand des Bedrohtseins gültig sein, nicht aber für die Faszination des kämpferischen Aufbruchs.

«Es ist überhaupt eigentümlich, wie viele Worte aus der Kriegssprache eine Beimischung oder auch einen Doppelsinn aus den Geschlechterverhältnissen haben. So bewegte auch die Frage der Uneinnehmbarkeit des Landes eine Weile auf eine solche Weise die Medien, als handele es sich bei diesem Land um eine Frau. Solche Haltung ist kulturell lange vorbereitet.»[64] Wir werden sehen, daß diese Vorstellung vom Krieg als einem großen kollektiven Geschlechtsakt im Zentrum der unbewußten Phantasien über den Krieg steht.

Der große Kriegstheoretiker Karl von Clausewitz[65] schreibt als junger preußischer Offizier am 12. Oktober 1806 an seine Verlobte: «Übermorgen oder in zwei bis drei Tagen wird es zur großen Schlacht kommen, der die ganze Armee mit Verlangen entgegensieht. Ich selbst freue mich auf diesen Tag, wie ich mich auf meinen *Hochzeitstag* freuen würde.»[66]

In diesem Vergleich wird die unbewußte Gleichsetzung vollends klar. Sie bildet den Boden des Kriegführens. Eine Variation

---

* Hier unterlief meiner Sekretärin Doris Heuser, der ich bei dieser Gelegenheit für ihre außergewöhnliche Leistung beim Erstellen des Manuskriptes sehr danken möchte, eine bezeichnende Fehlleistung: «Now blood for Testosteron» – das Verdrängte dringt durch die Verdrängung.

und Präzisierung ist bei Sigmund Freud zu finden. Der bereits zitierte Satz «Ich sage, das Leben verliert an Gehalt und Interesse, wenn der höchste Einsatz, eben das Leben selbst, in seinen Kämpfen ausgeschlossen ist», hat nämlich eine interessante Fortsetzung: «Es wird so leer und schal wie ein amerikanischer Flirt, bei dem es von vornherein feststeht, daß nichts vorfallen darf, zum Unterschied von einer *kontinentalen Liebesbeziehung*, bei welcher beide Partner der stets lauernden Gefahr eingedenk bleiben müssen.»[67] Wo sich also ein Paar wirklich auf die Abgründigkeit der Triebwelt einläßt, gleicht der Kampf dem Liebesakt.

Ich habe diese eindeutige Legierung von heterosexueller Erotik und Krieg vorangestellt, um überzeugender auf einen viel offenkundigeren Zusammenhang von Liebe und Krieg aufmerksam zu machen: daß nämlich die wohl bedeutendste Kriegsmotivation in unserer Bindung an die zu sehen ist, die wir lieben und im Kampf verteidigen. Wo eine große Liebe bedroht ist, ist die Kriegsbereitschaft eindeutig libidinös. Manche würden die Liebesbindung beispielsweise an Kinder, Eltern und Freunde lieber unabhängig von der menschlichen Erotik sehen. Wenn darin auch keine direkten sexuellen Absichten liegen, so gehört doch diese umgreifende Solidarität mit der eigenen Gruppe in den von der Psychoanalyse weitgefaßten Bereich des Eros. Nicht zufällig verwenden wir sowohl für die erotische Beziehung wie für die tiefe Bindung das Wort Liebe. Ich sehe also in diesem Verbundensein mit denen, für die man kämpft, ein ganz bedeutendes und zumeist übersehenes libidinöses Kriegsmotiv. Die Neigung, einander in geschlossenen Gruppen loyal beizustehen, und die Bereitschaft, bei Bedrohung von Gruppenmitgliedern aggressiv zu reagieren, gehören eindeutig zu den angeborenen Dispositionen des Kriegführens.[68]

Es ist verblüffend, wie oft in der Friedensarbeit dieser Zusammenhang verdrängt wird. Er ist deswegen so entscheidend, weil er gleichermaßen zum Krieg treiben wie zum Frieden führen kann. Gelingt es nämlich, diese Bindungsform, die auf intensiven wechselseitigen Identifikationen und sublimierter Sexualität beruht, auf die gegnerische Gruppe auszuweiten, so wird Krieg unmöglich. Sofern sie sich jedoch auf die eigene engere Gruppe beschränkt, führt sie – vielleicht als mächtigste Kraft – zum Krieg. Kern dieser Bindung ist die Mutter-Kind-Beziehung, die sich auf die Familienmitglieder ausweitet und durch einen Übertragungsprozeß schließlich die eigene Gruppe und die Nation umfaßt. Wenn «alle Menschen Brüder werden», stünde diese erotische Kraft ganz im Dienste des Friedens. Leider sind wir weit von einer solchen Weltgemeinschaft entfernt. Im Gegenteil: Wenn wir uns in Not und Bedrohung für diejenigen einsetzen, die wir lieben, oder die Ideale der menschlichen Gemeinschaft verteidigen, der wir zugehören, erwerben wir uns am ehesten die Lizenz zum Töten. Die große Legierung von Krieg und sexueller Libido liegt also in der schlichten Tatsache, daß es keinen Krieg ohne Gruppenbindung gäbe, daß jeder Krieg insoweit der Liebe dient, als er wirklich oder vorgegeben sich für jene einsetzt, zu denen die Bindung am stärksten ist.

Darüber hinaus darf nicht aus dem Blickfeld geraten, daß Kriege aus diesem Grunde auch die kollektive Identität bilden. Sie stärken in hohem Maße das Nationalbewußtsein. Eben deshalb ist es in ernsten Krisen zwischen Nationen hochbedeutsam, den Gegner nicht zu demütigen, wenn man den Krieg vermeiden will.

Zugespitzt formuliert, dient also der Krieg in dieser Perspektive dazu, die bedrohte erotische Bindung, die sexuelle Chance, ja die Fruchtbarkeit und die Selbsterhaltung der Gruppe zu garantieren. Im gleichen Maße aber scheint der Krieg ursprünglich – und heute in der unbewußten Phantasie – nicht nur einzusetzen, um die bestehenden erotischen Ressourcen zu *bewahren*, sondern um sie auch noch zu *mehren*. Der Kriegsakt diente wie erwähnt häufig direkt sexuellen Zielen, wenn es darum ging, den Feinden die Frauen zu rauben – wie es etwa bei den Yanomami als ausschließliches Kriegsziel gilt.[69] Frauen aber waren allgemein stets eine wesentliche Beute der Sieger. Noch am Ende des Zweiten Weltkrieges wurden den Soldaten der Roten Armee die deutschen Frauen zur Vergewaltigung freigegeben. Die Grausamkeit einer Vergewaltigung ist jedoch nicht der entscheidende Gehalt des Frauenraubes. Alle Frauen der gegnerischen Parteien hatten ein offenes oder latentes Wissen um die sexuelle Bedeutung der Auseinandersetzung. Kampfstarke Männer sind, wie gesagt, erotisch anziehend. Das Geschlechterverhältnis ist hier als Jäger-Beute-Beziehung festgelegt, also als Jagd. «Jagd auf Frauen machen» ist noch heute umgangssprachlich, wenn es auch im Zuge der Emanzipation mehr und mehr abgewehrt und verpönt wird. Bei vielen Völkern hat die Heirat sogar unmißverständlich diesen kriegerischen Boden: Das Hochzeitsritual wird als Brautraub konzipiert, manchmal verwandelt in einen kaum noch deutbaren Wettlauf zwischen Braut und Bräutigam. Auch heute spricht man auf diesem kollektiven unbewußten Hintergrund noch gern von Geschlechterkampf und Geschlechterkrieg. Kämpferische Auseinandersetzungen werden manchmal völlig verbalisiert. So gibt es ein ritualisiertes verbales Duell türkischer Jugendlicher. An einer besonderen Strategie wird ein Aspekt des Frauenraubes deutlich: Mutter oder Schwester des Gegners werden verbal in Verruf gebracht und phallisch bedroht. Der Angegriffene versucht seinerseits verbal zu parieren.[70] Kampfziel ist hier nicht direkt der Gegner, sondern seine Frauen. Völlig offenkundig wird der in Kriegen als offizielles Ziel oftmals entschwundene Frauenraub beim Friedensschluß: Für jeden Toten soll eine Frau gegeben werden. Das bedeutet im unbewußten Seelenleben, daß die Toten beziehungsweise das, worum es im Kampf ging, Frauen waren. Darüber hinaus werden Frauen getauscht oder dem ehemaligen Feind wenigstens versprochen.[71]

Das sexuelle Beziehungsmuster, das in der unbewußten Phantasie dem Krieg zugrunde zu liegen scheint, manifestiert sich noch auf andere Weise: durch das phallische Drohen.[72] Beispiels-

weise betonen einige Völker Neuguineas den Phallus durch auf-
gesteckte große Penishüllen (Phallokrypten). Die Eipo verhöhnen einen Gegner, indem sie die Schnur lösen, mit der die Penishülle um die Lenden festgehalten wird, und auf einem erhöhten,
weithin sichtbaren Platz auf und ab springen. Sie drohen mit
dem auffälligen Penis. Dieses phallische Drohen wird auch im
privaten Bereich bei Schreck und Überraschung genutzt: Sie
klicken mit dem Daumennagel gegen die Penishülle, um durch
diese Drohgebärde die mögliche Gefahr zu bannen. Auf diesem
Hintergrund werden die steinernen Hermen an Gebietsgrenzen
des antiken Griechenland verständlich. Sie zeigen oben auf
einem Pfeiler einen Männerkopf mit Bart und mitten auf einer
Seitenfläche einen erigierten Penis. Amulette und Figuren, die
Menschen anfertigen, um die Gefahren verschiedenster Art zu
bannen, zeigen häufig einen erigierten Phallus.

Für dieses Verhalten gibt es eine biologische Grundlage. Ein
Meerkatzentrupp, der sich zum Fressen auf dem Boden aufhält,
wird beispielsweise durch einzelne Männchen geschützt, die mit
dem Rücken zur Gruppe «Wache» sitzen. Ihre Beine sind leicht
gespreizt. Sie stellen ihre auffällig gefärbten äußeren Ge-
schlechtsorgane zur Schau: Der Hodensack ist blau und der Penis leuchtend rot. Diese Pose richtet sich gegen Artgenossen anderer Gruppen, die auf Abstand gehalten werden. Kommen
Fremde zu nah, dann präsentieren die Wachesitzenden eine
Erektion. Ähnliches gilt für andere Affen, auch für Primaten.

In der frühen Neuzeit betonten die Europäer in der Männer-
kleidung die Geschlechtsteile – man denke an die Lands-
knechtstracht. Diese biologisch begründete und kulturell umge-
setzte angeborene Disposition ist auch in modernen Zeiten noch
zu beobachten. Nicht nur gewinnt von hier aus der Exhibitionismus eine interessante neue Deutung – als Drohgebärde infolge
einer (innerlich erlebten) Bedrohung –, vielmehr lassen sich so
auch seltsame Phänomene moderner Kriege umstandslos verstehen: «Die Aktien eines japanischen Kondomherstellers schossen

in die Höhe, weil alliierte Soldaten am Golf die Kondome gegen Sand über die Gewehrläufe ziehen.»[73] Das Vorhaben, sie dadurch gegen Sand zu schützen, ist nur der funktionale oder rationale Grund. Dicht darunter liegt das latente sexuelle Bild der Waffe: Die Gewehrläufe werden durch diesen Akt unmittelbar einem Phallus gleichgesetzt. Das entspricht dem uralten Ritual des phallischen Drohens. Auch werden heute noch Raketen als Phallussymbole dargestellt – in Atomzeiten eine gefährliche Verniedlichung.

Aggressiver klingt die Antwort eines Soldaten des elitären US Marine Corps auf die Frage, was er nach der Invasion in Grenada tun werde: «Ich will den Kommunismus von dieser Insel bumsen, direkt zurück nach Moskau.»[74]

Das phallische Drohen ist aber erst der Anfang einer Handlung, die voll entfaltet unter dem ethologischen Begriff «Aufreiten» bekannt ist. Das Aufreiten bedeutet Dominanz und ist bei vielen Säugern verbreitet. Es hat sich von der Funktion der Paarung als sozio-sexuelles Signal abgelöst.[75] Dennoch ist die seelische Bedeutung und die sich latent entfaltende Beziehungsform unmißverständlich: Das Kriegführen oder Kämpfen erscheint im Bild eines Geschlechtsaktes zwischen Mann und Frau, wobei der jeweils Kämpfende sich zunächst als dominanter Mann vorstellt, der Gegner jedoch als Verlierer weiblich gemacht werden soll. Mit dem Gegner legiert sich also das Bild der Frau. Der Kampf erhält eine sexuelle Bedeutung als Penetration, aber eben auch – darauf komme ich später – als Befruchtung. Denn eine Zeugung ist in der unbewußten Phantasie vom Aufreiten nicht zu trennen. So zielen beispielsweise die erwähnten verbalen Duelle türkischer Jungen darauf ab, den Gegner in eine passive weibliche Rolle zu zwingen. Die Antwort auf das Aufreiten im Falle einer Unterlegenheit ist das «Gesäß-Weisen», also das Übernehmen einer weiblichen Stellung.

Die latente Phantasiesteuerung des Kampfes durch die Vorstellung eines Geschlechtsaktes – biologisch, wie erwähnt, bereits in vormenschlichen Zeiten angelegt – entschlüsselt auch ein eigenartiges Verbot nach dem Kampf: «Bei den Mundurucu muß der erfolgreiche Krieger, der eine Kopftrophäe erbeutete, sich drei Jahre des Geschlechtsverkehrs enthalten.»[76] Ein solches Verbot wird am ehesten verständlich, wenn der siegreiche Kampf selbst als ein Gewinn von sexuellem Verkehr gedeutet wird, auf den gleichsam eine Fastenperiode zu folgen hat.

Auch das Aufreiten ist ambivalent: Es hat eine kriegstreibende und eine friedenbereitende Bedeutung. So sehr es das unbewußte Kampfbild prägt, so unzweideutig wird es auch bei Schlichtungs- und Friedensbemühungen der Primaten eingesetzt.[77] Dabei scheint es um den Unterschied zwischen Zwang und Freiwilligkeit zu gehen. Der Kriegführende droht: «Und bist du nicht willig, so brauch' ich Gewalt.» Die Friedensbereiten übernehmen die weibliche Position, um sich zu versöhnen.

Im Zentrum der Legierung von Liebe und Krieg dürfte das dynamische Konzept der unbewußten Phantasie stehen. Es war «ein enormer Beitrag zur Anthropologie und veränderte die Prämissen aller Kulturwissenschaften und der Psychiatrie»[78]. «Der Kern des Unbewußten besteht aus Triebrepräsentanzen, die ihre Besetzung abführen wollen, also aus Wunschregungen», formuliert Sigmund Freud.[79] Die unbewußten Phantasien werden verarbeitet zu Träumen, Kinderspielen, Tagträumen, zu Symptomen der Neurosen, Psychosen und sexuellen Abweichungen, zu Märchen, Mythen der Kulturen und religiösen Mythologien. Hermann Beland bezeichnet sie als «Basiskonzept der Kultur» und sieht den Hauptwiderstand gegen sie in der Abwehr der infantilen Sexualität. Die unbewußten Phantasien stehen in einer «wichtigen Beziehung zum Sexualleben der Person».[80] Sie sind entweder «von je her unbewußt gewesen, im Unbewußten gebildet worden, oder – was der häufigere Fall ist – sie waren einmal bewußte Phantasien, Tagträume und sind dann mit Absicht vergessen worden, durch die ‹Verdrängung ins Unbewußte› geraten»[81].

Es steht für mich außer Frage, daß eine Anzahl typischer Phantasiebildungen – wie Psychoanalytiker sie etwa von den infantilen Sexualtheorien, vom Familienroman, von Schlagephantasien kennen – um das Kriegsgeschehen in seiner kollektiven und individuellen Bedeutung kreist.

Die hier geschilderten Aspekte des Krieges, die sich mit Sexualität und Liebe verbinden, lassen sich von den später behandelten Komponenten nur ungenau unterscheiden, weil die Grenzen zwischen ihnen verschwimmen. So ist beim Aufreiten sicher auch Homosexualität beteiligt, während das phallische Drohen durchaus auch zur Sexualisierung von Angst und Bedrohung gehören könnte.

15.

In der kriegerischen Zerstörung befriedigt sich die regressive, sadomasochistische Liebe und eine besondere aggressive Lust.

Während die vorige Komponente der Kriegslust mehr oder weniger unbewußt oder bewußt die sexuelle Vereinigung anstrebt, unterscheidet sich dieser Anteil deutlich durch das andere Triebziel: die Zerstörung.

«Im Vorgehen erfaßte uns ein berserkerhafter Grimm. Der übermächtige Wunsch, zu töten, beflügelte meine Schritte. Die Wut entpreßte mir bittere Tränen.

Der ungeheure Vernichtungswille, der über der Walstatt lastete, verdichtete sich in den Gehirnen und tauchte sie in roten Nebel ein. Wir riefen uns schluchzend und stammelnd abgerissene Sätze zu, und ein unbeteiligter Zuschauer hätte vielleicht glauben können, daß wir von einem Übermaß an Glück ergriffen seien.»[82]

Angesichts fliehender schottischer Soldaten entstand Jagdstimmung:

«Unter tosendem Hurra mußten sie im dichten Feuer den Todeslauf antreten.»[83]

Vor der großen Schlacht in dem von ihm beschriebenen Krieg 1914 bis 1918 (am 21. 3. 1918 morgens) bemerkt Ernst Jünger:

«Der Orkan brach los. Ein flammender Vorhang fuhr hoch, von jähem, nie gehörtem Aufbrüllen gefolgt... Es war Tag geworden. Hinter uns wuchs das ungeheure Getöse fortwährend, obwohl kaum eine Steigerung möglich schien. Vor uns war eine dem Blick undurchdringliche Wand von Rauch, Staub und Gas entstanden. Vorübereilende brüllten uns freudige Zurufe ins Ohr. Infanteristen und Artilleristen, Pioniere und Fernsprecher, Preußen und Bayern, Offiziere und Mannschaften, alle waren überwältigt von der elementaren Wucht des Feuersturmes und brannten darauf, um 9.40 Uhr anzutreten.»[84]

Wie frei und entlastend diese Lust auftreten kann, hat Ernst Jünger in seinem Buch «In Stahlgewittern» oft erwähnt. Zum Tode von Leutnant Brecht heißt es:

«Leute wie ihn erkannte man immer aus der Masse der anderen heraus – sie lachten, wenn wieder einmal der Befehl zum Angriff kam.»[85]

Hier wird der Übergang zur oben beschriebenen allgemeinen Kampflust fließend. Die stärkere Betonung der Destruktionslust unterscheidet sie jedoch.

Lloyd de Mause sagt zur Invasion in Grenada: «Grenada war ein *hot spot*, ein Ort, an dem wir unsere vergiftete Sexualität und Vitalität abladen konnten, ein Ort zum Vergewaltigen und Töten. Ebenso, wie wir nach Vietnam gingen, ‹damit Moskau keinen Orgasmus hat›.»[86]

Erich Fromm schildert aus dem autobiographischen Roman von Ernst von Salomon einen klinischen Fall «des Götzendienstes an der Zerstörung». Von Salomon sagt von sich selbst: «Von jeher hatte ich an der Zerstörung meine besondere Lust.» Sein Freund Kern (der den liberalen deutschen Außenminister Rathenau ermordete) antwortet einmal in einer Unterredung:

«Sage mir, wenn du es weißt, ein größeres Glück, wenn du schon nach dem Glück gierst, als jenes, in uns, in uns allen, und gerade nur in uns, und gerade nur durch die Gewalt, in der wir dienend vor die Hunde gehen, zu erfahren, was unser Leben glühend macht.»

Die allumfassende Kraft des Hasses und des Wunsches nach Zerstörung betet dieser Mann an (und ist «ohne zu zögern bereit, sein Leben hinzugeben»).[87]

Dieser Zusammenhang zwischen Krieg und Lust hat zwei Aspekte: Zum einen kann – wie besonders in der Zwangsneurose sichtbar wird – die Liebe zur aggressiven, sadomasochistischen Form immer dann zurückfallen, wenn entweder die fixierende Verführung in der analen Entwicklungsphase hoch war oder die spätere ödipale Stufe zuviel Angst machte.

Zum anderen aber gibt es offensichtlich eine erhebliche Befriedigungslust durch Zerstören selber, eine Aggressionslust, die in jedem Kinderspiel zu beobachten ist. In diesen Perspektiven wird der Krieg ebenfalls zu einer fatalen menschlichen Lustform. Folgt man den neuesten Untersuchungen des Psychoanalytikers Henri Parens, so speist sich die Lust aus mehreren Quellen: Etwa gegen Ende des ersten Lebensjahres gelingt es dem genügend herangewachsenen frühen Ich, die Zerstörungslust als angeborene Reaktionsmöglichkeit auf exzessive Unlust gleichsam in eigene Verfügungsgewalt zu bekommen und in diesem Moment auch mit Lust zu legieren. Das ist der Ursprung des üblichen Sadismus, der Gewaltlust im engeren Sinne. Es gibt nun aber auch noch die aus dem Beutetrieb stammende, ebenfalls destruktiv orientierte Triebhandlung, die wenigstens teilweise die Aggressionslust der Kinder mitbegründet. Sie ist in der Jagdleidenschaft enthalten.[88]

Diese Lust belebt im übrigen das Geschäft mit Kriegsfilmen zu Friedenszeiten. Sie durchzieht als gewöhnlicher Sadismus und tägliche Folter nicht nur die Front und die KZs des Nazi-Regimes. Sie ist also keine Ausnahme, sondern die Regel. Nur wenige entziehen sich ihrer systematischen Einübung. Ein polnischer Leutnant berichtete mir, wie er spürte, daß die tägliche

Gewohnheit der Schießübungen im Wehrdienst Lust aufkommen ließ, Menschen als Zielscheiben zu betrachten. In den Kellern der Gestapo in Lyón ließen Barbie und seine Gehilfen die Opfer mit Besenstielen im After herumkriechen. In China werden Metallstäbe für Elektroschocks in die Vagina der gefolterten Frauen eingeführt.

Die entscheidende Basis für sadomasochistische Impulse legt die kindliche Entwicklung. Keiner kann sich davon freisprechen. Manchmal werden sie plötzlich in erwachsenen Liebesbeziehungen in ihrem ganzen Ausmaß deutlich, als eine Lustform, die im Kern auf Vernichtung aus ist. In einer sexuellen Szene aus dem Roman «Die Klavierspielerin» von Elfriede Jelinek heißt es:

«Endlich, die Wohltaten von Haß werden Klemmer gespendet, er ist bezaubert. Die Wirklichkeit klärt sich ihm auf wie ein verhangener später Sommertag. Nur aus Unwahrhaftigkeit gegen sich selbst konnte er diesen wunderbaren Haß so lange mit Liebe bemänteln.»[89]

Im 19. Jahrhundert schrieb Lautréamont im «Ersten Gesang des Maldoror» eine Anrufung:

«Windhose, Schwester der Orkane; blaues Firmament, in dem ich Schönheit nicht sehe; heuchlerisches Meer, Abbild meines Herzens; Erde mit geheimnisvollem Schoß; Bewohner der Sphären, ganzes Weltall; Gott, der du es in Großartigkeit geschaffen hast, dich rufe ich an: zeige mir einen Menschen, der gut ist... Aber daß deine Gnade meine natürlichen Kräfte verzehnfache; denn beim Anblick dieses Monstrums könnte ich vor Verblüffung sterben; man stirbt an weniger.»[90]

Maldoror sagt von sich, sein Genie diene ihm, die Wonnen der Grausamkeit zu schildern. Ich komme später noch einmal auf ihn zurück.

Es wird aber auch hier deutlich, wie eng Grausamkeit und tiefe Liebe zsammenhängen. Maldoror beschreibt den Beginn einer sadistischen Szene:

«Man lasse seine Nägel 14 Tage wachsen. Oh, ist es süß, ein Kind, dem noch nichts auf der Oberlippe wächst, brutal aus dem Bett zu reißen und, die Augen weit geöffnet, so zu tun, als führe man sanft mit der Hand über seine Stirn, um die schönen Haare zurückzustreichen! Dann plötzlich, in dem

Augenblick, wenn es dieses am wenigsten erwartet, die langen Nägel in seine weiche Brust zu graben, aber so, daß es nicht stirbt; stürbe es nämlich, könnte man es später nicht leiden sehen. Darauf trinke man das Blut, indem man die Wunden leckt; und das Kind weint die ganze Zeit, die dauern sollte, wie die Ewigkeit dauert...»

Dann aber kippt der sadistische Impuls um. Der Peiniger kommt herbei, als wolle er zu Hilfe eilen:

«Jüngling, verzeihe mir; vor deinem edlen und geheiligten Angesicht steht der, der deine Knochen zerbrochen und dein Fleisch zerrissen hat, das hier und da von deinem Leibe hängt. Ist es ein Delirium meiner kranken Vernunft, ist es ein verborgener Instinkt, unabhängig von Urteil und Vernunft, gleich dem des Adlers, der seine Beute zerfleischt, was mich zu diesem Verbrechen getrieben hat? Und dennoch, ich litt so sehr wie mein Opfer! Jüngling, verzeihe mir. Einmal aus diesem flüchtigen Leben gegangen, will ich, daß wir durch alle Ewigkeit umschlungen bleiben, daß wir nur ein einziges Wesen seien, mein Mund auf deinen Mund gepreßt.»[91]

Hier werden die Grenzen fließend zu jener Komponente, die ich später beschreibe, in der die Liebe selbst den Tod will (vergleiche Seite 137ff).

Im Roman «Das Blau des Himmels» von Georges Bataille sagt der Held Troppmann einmal zur hilflosen Xenia: «Wenn ich dich nicht liebte, wäre ich nicht so grausam gewesen.»[92]

Wenn Freud also zum Urmenschen, der in unserem Unbewußten gleichsam steckt, sagt: «Er mordete gern und wie selbstverständlich»[93], dann muß in diesem Falle die Legierung mit der Liebessehnsucht mitbedacht werden. So eindeutig es zu sein scheint, daß die Destruktion das zerstören möchte, was einen zu zerstören droht (in der ursprünglichsten Fassung beim hilflosen und noch ichlosen Säugling)[94], so eindeutig ist es auch, daß jene Anteile der erfahrenen Liebesbindung an die frühe Mutter sich mit diesem Destruktionsverlangen verknüpfen und eine Mischung hervorbringen, in der wir den einen vom anderen Anteil nicht mehr differenzieren können. In diesem Sinne hat Sigmund Freud recht, wenn er sagt: «Denn die Liebe ist sicherlich nicht jünger als die Mordlust.»[95] Die Mordlust aber wird unter anderem dort verstärkt, wo wir in unserer eigenen Entwicklungsgeschichte extrem unlustvollen Situationen ausgeliefert waren.[96] Es geht also hier um ein Kontinuum beziehungsweise um eine Ergänzungsreihe der Aufmischungen von Liebe und Destruktivität. Dabei ist zu beachten, daß auch die Aggressivität für sich gesehen schon ein Kontinuum zwischen nichtdestruktiven und destruktiven Komponenten enthält. Die nichtdestruktiven Zuströme werden später bei den funktionalen Lüsten gewürdigt.

Es ist nicht zu erwarten, daß Frauen hinsichtlich der Destruktionslust schwächer sind als Männer. Das Leiden an unerträglichen frühkindlichen Situationen dürfte sie ebenso treffen wie ihre Brüder. Und auch aus den leitenden Funktionen in KZs ist ihre Leidenschaft für Grausamkeiten bezeugt. Inzwischen entstehen im Zuge der Emanzipationsbewegung die rein weiblichen Gangstergruppen und Bankräuberinnen, und – wie eine große Buchhandlung ankündigte – macht Mord auch Frauen munter: «Eine knallharte Gattung wird weiblich. Sechs Seiten voller fabelhafter Frauenkrimis.»[97] So wird sogar im Bereich der unblutigen Welt die Lust an der Destruktivität auch dem Einfältigsten klar: «Doppelt gekillt hält besser ... deliziöse Verbrechen ... doppelt soviel Phantasie, doppelt soviel Lust.»[98]

Keine noch so fürsorgliche Gesellschaft, schreibt Alexander Mitscherlich, kann uns die Aufgabe der Aggressionsmeisterung abnehmen. Dazu gehört die Überwindung des Wunsches, den Schwächeren zu quälen und in seinem Selbstwert zu erniedrigen – die wichtigsten Wege der Zerstörungsleidenschaft.[99]

Aber selbst hier kann man einen direkten Zusammenhang zum sexuellen Akt entdecken. Bei der Erörterung der Eskalation gegnerischer Regierungen bemerkt Mitscherlich, daß die Herausforderungen und Gegenzüge schließlich eine «Erregungshöhe» erreichen, «von der aus eine Umkehr nicht mehr möglich ist».[100] Und er setzt fort: «Erst von jenem erwähnten Point of no return an verwandelt sich die aggressive Triebenergie in eine, die die vollkommene, die tödliche Destruktion des Artgenossen zuläßt. Die Parallelität dieses unilinearen, nicht-umkehrbaren Geschehens mit dem sexuellen Orgasmus ist deutlich genug.»[101]

So sprach Zbigniew Brzezinski, der ehemalige Sicherheitsberater des amerikanischen Präsidenten Jimmy Carter, vom Golfkrieg 1991 als von einer «Orgie der Gewalt». Und der britische Militärsprecher antwortete auf die wiederholte Frage von Journalisten nach den Opfern unter den irakischen Soldaten, er wolle «keine Pornographie des Krieges» bieten. Eben um diese Lustkomponente zu unterschlagen, versuchten die Alliierten, den Bürgern den ersten «sauberen Krieg» der Menschheitsgeschichte vorzugaukeln.

Ernst Jünger spricht von «Orgien der Wut»[102], die «orgiastisch gelebt»[103] wird. Er spricht von einer «potentiellen Energie der Idee, die sich hier ins Kinetische umsetzt und die unbarmherzig ihre Anforderungen stellt»[104] – eine Art «höherer» Wille hinter den Menschen. Es ist die «Wollust des Blutes, die über dem Kriege hängt»[105].

16.

Je intensiver die Liebe und ihre Enttäuschung, desto stärker
der Haß und seine organisierte Form,
die Kriegsbereitschaft.

Wenn zur Kriegsbereitschaft auch der Haß der Menschen gegeneinander beiträgt – und es gibt wohl kaum jemanden, der das bestreitet, auch wenn Ursprung und Funktion des Hasses kontrovers bleiben –, dann wäre ein weiterer Zusammenhang zwischen Krieg und Liebe deutlich: Denn Haß ist häufig nichts anderes als das Kehrbild, die Enttäuschungsform, der Liebe. Wir müßten also zu verstehen suchen, wie sehr und wodurch die Liebe zu sich und zu anderen in frühen und modernen Gesellschaften behindert ist, so daß die Kriegsbereitschaft als Enttäuschungsform der Liebe anwächst. Die Grenzen zur vorigen Form sind fließend, und doch gibt es einen Unterschied im Schwerpunkt: In diesem Falle muß eine Liebesbindung wenigstens teilweise realisiert sein, um dann enttäuscht zu werden, während im vorigen Beispiel eine unerträgliche Unlustspannung in einer Zeit, in der Selbst und Objekt noch nicht getrennt waren, später durch die sich bildende Beziehung, also die ersten Formen der Liebesbindung, aufgefangen werden. In Umkehr also der sadistischen Komponente wird hier die bereits gebildete Liebesbindung, wenn auch wohl sehr frühzeitig, behindert, verletzt und enttäuscht. In einem nicht gerade zu seinen besten zählenden Gedicht hat Rainer Maria Rilke einen Kriegshelden skizziert, dessen Kampfentschlossenheit ganz offensichtlich aus einer großen lebensgeschichtlichen Liebesenttäuschung stammt.

> Karl der XII. von Schweden
> reitet in der Ukraine
>
> Ein junger König aus Norden war
> in der Ukraine geschlagen.
> Er haßte Frühling und Frauenhaar
> und die Harfen und was sie sagen.
> Der ritt auf einem grauen Pferd,
> sein Auge schaute grau
> und hatte niemals Glanz begehrt
> zu Füßen einer Frau.
> Keine war seinem Blicke blond,
> keine hat küssen ihn gekonnt;
> und wenn er zornig war,
> so riß er einen Perlenmond
> aus wunderschönem Haar.
> Und wenn ihn Trauer überkam,
> so machte er ein Mädchen zahm
> und forschte, wessen Ring sie nahm
> und wem sie ihren bot –
> und hetzte ihren Bräutigam
> mit hundert Hunden tot.

Und er verließ sein graues Land,
das ohne Stimme war,
und ritt in einen Widerstand
und kämpfte um Gefahr...

Es ist unwahrscheinlich, daß dieser König wirklich zur Trauer fähig war. Der Haß auf Frauen, die im Gedicht nicht zufällig lieblich dargestellt werden (denn das spiegelt offensichtlich auch die latente positive Bindung des Königs an Frauen beziehungsweise an seine Mutter) und die Heimtücke in der zentralen Szene, den Geliebten eines ihm vertrauenden Mädchens zerfleischen zu lassen, sind für mich eindeutige Zeichen einer tiefen Enttäuschung und Verletzung eigener Liebesgefühle.

Sein graues Land, das ohne Stimme war, spiegelt die resonanzlose, leere – und doch einst erfüllte – Liebe letztlich zu seiner Mutter. Daß er niemals Glanz von einer Frau begehrte, gilt für die späteren Jahre. In früher Kindheit muß er die Liebe gekannt haben.

Die längere Ballade zeigt in der zweiten Hälfte dann, wie sehr der Krieg erlöst, indem er diese Wut kanalisiert:

Sie griffen an: in fremder Tracht
ein Schwarm phantastischer Provinzen;
wie alles Eisen plötzlich lacht:
von einem silberlichten Prinzen
erschimmerte die Abendschlacht.
Die Fahnen flatterten wie Freuden...

Etwas später kommt die grundlegende schwere Depressivität aber wieder auf:

Und Nacht war.
Und die Schlacht trat sachte
zurück wie ein sehr müdes Meer,
das viele fremde Tote brachte,
und alle Toten waren schwer.

Ganz zum Schluß bricht dann durch diese erschöpfte Düsternis doch wieder der Glanz der Liebe, die gleichsam den Boden der Enttäuschung bildet. Er mischt sich mit dem Kriegsgeschehen.

> Und ritt dem Lärme
> der Feldschlacht nach,
> als ob er schwärme,
> mit seinen Wangen voller Wärme
> und mit den Augen von Verliebten ...

In dem Roman «Die Klavierspielerin» von Elfriede Jelinek heißt es in einer literarisch sehr komplex aufgebauten Vergewaltigungsszene:

«Erika krümmt sich ein wenig blutend embryonal zusammen und das Zerstörungswerk schreitet fort. In Erika erwachsen dem Mann nun viele andere, die er immer schon zu beseitigen wünschte.»[106]

Es geht nicht nur darum, daß der Haß lustvoll erlebt wird (siehe vorigen Abschnitt), sondern um den Aspekt von Liebe und Gewalt. In einer Erörterung von Renate Schneider[107] heißt es: «Bei der ‹Liebe› geht es darum, daß der Mann wünscht, daß das, was er erzwingt, von der Frau aus freien Stücken erbracht wird. Er macht sie zum Objekt und erwartet von ihr gleichzeitig, daß sie sich als liebendes Subjekt verhält.»

Der Mann will geliebt werden. Es ist deutlich, daß ein solches Verhalten in einer brüchigen frühen Mutterbeziehung gründet, und es wird ebenso deutlich, daß hier auf beiden Seiten eine Mutterbeziehung reïnszeniert wird, der Mann also gleichzeitig die enttäuschende Mutter repräsentiert – das zeigt sich beispielsweise in dem Satz: «die *Tochter* weiß noch nicht, ob sie einen Mord begehen wird oder sich dem Mann lieber küssend zu Füßen werfen.»[108] Daß sich die Frau hier als Tochter bezeichnet, weist – nimmt man den Gesamtkontext des Romans – auf die eigene lädierte Mutterbeziehung, auf die Enttäuschung der frühen Liebe.

Eine solche seelische Grundlage kann in größeren Gruppen zu einer Form sexuellen Krieges führen: In einem Internat in Kenia hatten rund 300 Schüler die Schlafsäle von 286 Mädchen gestürmt und sich auf brutalste Weise an den 15- bis 18jährigen vergangen. 19 Mädchen kamen dabei ums Leben. Es mußten sich 30 Jugendliche, die alle wegen Mordes angeklagt wurden, verantworten. Zehn wurden des Mordes für schuldig befunden.

Der Hintergrund dieser grausamen sexuellen Attacke war eine massive Enttäuschung, da sich die Mädchen den Jungen gegenüber weigerten, sich an Protesten gegen die Schulleitung zu beteiligen. Das ist natürlich nicht die tiefere Ursache, sondern der Auslöser. Es muß in den Jugendlichen eine fundamentalere Liebesenttäuschung vorgelegen haben, die bei diesem Anlaß zum Ausbruch kam.

In alten Rechtskulturen wird Gleiches mit Gleichem vergolten. So gilt nach islamischem Recht, das beispielsweise in Pakistan erst 1979 wieder eingeführt wurde, nicht nur Amputation für Raub, sondern auch Steinigung für Vergewaltigung. Es könnte sich darin die Urform der Kriege spiegeln. Steine waren die ersten Waffen.

Läßt sich nun diese eher auf einzelne oder kleine Gruppen bezogene Dynamik auch gesellschaftlich wiederfinden? Erich Fromm untersuchte 30 «primitive» Stämme und gliederte sie in drei Formen:

System A: lebensbejahende Gesellschaften;
System B: nichtdestruktiv aggressive Gesellschaften;
System C: destruktive Gesellschaften.[109]

Ich beschränke mich hier auf den Versuch, in den destruktiven Gesellschaften eine grundlegende, chronische und dann vielleicht auch strukturell gewordene Enttäuschung der Liebe mit entsprechendem Aggressivitätsgrad auszumachen. Nach Fromm haben die Gesellschaften vom System C eine sehr ausgeprägte Struktur. Sie ist gekennzeichnet durch eine Freude am Krieg einerseits und einen hohen Grad an wechselseitiger Gewalttätigkeit, Zerstörungslust, Aggression und Grausamkeit, wobei extreme Verteidigung des Privateigentums (für mich auch ein Symbol oder besser Substitut für das Bewahren des eigenen Selbst) auffällig ist. Im Zentrum sehe ich allerdings den heimtükkischen Verrat untereinander. Denn er kennzeichnet die Tatsache, daß eine Form von vertrauensvoller Beziehung – in der Realität oder in der Erwartung – vorhanden sein muß, anders könnte sie nicht verraten werden. Ich greife nur zwei Momente der Dobu heraus: die Hinterhältigkeit und die brüchige Sexualität. «Wenn wir jemand töten wollen, dann begeben wir uns in seine Nähe, wir essen, trinken, schlafen, arbeiten und ruhen mit ihm. Vielleicht mehrere Monde lang. Wir warten den richtigen Zeitpunkt ab, wir nennen ihn Freund.»[110] Das Besondere an dieser «Methode» ist die Tatsache, daß mit dem Opfer eine Freundschaft geschlossen wird, bevor man es tötet. Für mein Empfinden ist das genau das Kehrbild dessen, was der Täter selbst in seiner unbewußten Phantasie erlebte. Die Dobu bewohnen die Dobu-Inseln mit kargem vulkanischem Boden und geringem Ertrag an Fischen. Das allein aber kann ihr menschliches Elend nicht erläutern. Es gibt unter ähnlich unwirtlichen Bedingungen auch friedliche Stämme.

Das ganze Leben der Dobu ist ein mörderischer Rivalitätskampf. Das Ideal eines guten und erfolgreichen Mannes ist einer, der einen anderen heimtückisch von seinem Platz vertrieben hat. Die zwischenmenschlichen Beziehungen der Dobu beruhen auf dem Prinzip, einem jeden als einem möglichen Feind zu mißtrauen. Und das bezieht sich auch auf die Mann-Frau-Beziehung. Selbst eine Heirat vermindert nicht die Feindseligkeit zwischen beiden Familien – was angesichts der biologisch angelegten friedensstiftenden Kraft erotischer Beziehungen besonders erstaunt.[111] «Treue wird nicht vorausgesetzt und kein Dobuaner wird je zugeben, daß ein Mann und eine Frau auch nur für kurze Zeit außer aus sexuellen Gründen zusammen sind.» Entsprechend bleibt die sexuelle Beziehung voll Argwohn und Feindseligkeit. Die allgemeine Freudlosigkeit des Lebens macht die Sexualität zu einem komplizierten Problem. «Das Wichtigste, was man einem jungen Mädchen vor ihrer Ehe beibringt, ist, daß man seinen Mann am besten dadurch an sich fesselt, daß man ihn in einem Zustand sexueller Erschöpfung hält.»[112] So kommt es zu einem hochambivalenten Verhältnis zur Erotik: «Es hat den Anschein, daß die Sexualität, weil Glück und Freude tabu sind, die Eigenschaft von etwas Schlechtem, obwohl höchst Begehrenswertem, annehmen muß.»[113]

Mir scheint an diesem Paradebeispiel für eine destruktive Gesellschaft eine kollektive, zur Tradition gewordene Verwundung und Pervertierung der Liebesbindung das entscheidende Moment zu sein.

Es sei dahingestellt, ob sich moderne Gesellschaften auf diese extreme Form einer zur Sozialstruktur gewordenen Aggressivierung hin entwickeln, die einer chronischen Enttäuschung der Liebesbindung entspricht. Die These Freuds, daß Kultur sich nur entfaltet, soweit der Trieb gebändigt und unterdrückt wird, könnte als erste allgemeine Grundlage für diese Kriegsquelle gelten. Untersuchungen ergaben, daß die Häufigkeit von Kriegen direkt abhängt von dem Grad der Entwicklung einer Zivilisation[114], das heißt auch vom Grad der Beherrschung, wenn nicht Repression freier libidinöser Wünsche. Denn die innere Unterdrückung durch seelische Abwehr – wie etwa durch Verdrängung – ist häufiger als die Chance und Reifung zur Sublimation. Die unterdrückende Lösung der Selbstbeherrschung hinterläßt allerdings auch eine stärkere aggressive Spannung, die – empirisch belegt – häufiger zum Kriegsausbruch führt. Der Soziologe Norbert Elias hat für Europa diesen zunehmenden «Zwang zum Selbstzwang» nachgewiesen.[115] Wir leiden also desto mehr in einer Zivilisation, je fortgeschrittener, komplexer und arbeitsteiliger sie ist. Hinzu kommt, daß sich menschliche Arbeit und menschliche Umwelt gleichermaßen von den ursprünglichen, natürlichen Formen entfernen und den Menschen immer mehr entfremden.

In «Wir wollen lieben, aber wir wissen nicht wie», dem zweiten Kapitel meines Buches «Die Liebe ist das Kind der Freiheit», bin ich auf diese Zusammenhänge ausführlicher eingegangen. Ich kann sie hier nur kursorisch zusammenfassen: Diese Umwelt als globales Technikum wird durch ihre Unnatürlichkeit und Maschinisierung für uns alle zum Stress, die Liebe uns selbst entfremdet. In einer so mißlungenen Gesellschaft kann Liebe auch da, wo sie gelebt wird, kaum noch gelingen. Damit ist der Enttäuschungszorn zweifach gegeben: durch die ungelebte und durch die gelebte Liebe. Unterdrückung der Liebe und ungestillte starke Sehnsucht nach Liebe sind also zwei Seiten ein und desselben Geschehens. Die große Menge ungelebter Liebe ist heute die stärkste Quelle menschlicher Destruktivität. Sie ist die Logik der Hochleistung entwickelter Industrienationen.

Ich beziehe mich hier nur auf den Aspekt einer sozial-strukturell bedingten Behinderung der erotischen Entwicklung. Daß hier eine weitere Komponente im fließenden Übergang angrenzt, wird bei der narzißtischen Lust erörtert (vgl. Seite 130 ff).

Analog dem Phänomen «Verliebtheit» müßte man auf diesem Hintergrund eine «Verhaßtheit» darstellen können, deren Grund eben die Liebesenttäuschung ist. Tatsächlich ist die Haßbindung auf eine geradezu unheimliche Weise gesichert. Sie beruht auf der Enttäuschung der Liebe und bildet einen kriegstreibenden Selbstverstärkerkreis: Wer die Mutter als Ursprung menschlichen Glücks sieht – und das ist berechtigt –, muß sie eben deswegen notwendigerweise auch als den Ursprung menschlichen Unglücks erkennen. Sie ist die erste Vertraute und Geliebte wie auch im Falle der notwendigen oder unerträglichen Enttäuschung die erste, der wir Mißtrauen und Feindschaft entgegenbringen.

Es gibt das zunächst unverständliche Phänomen, daß Menschen an denen, die sie schlecht behandeln, mehr hängen als an denen, die ihnen Gutes tun. So klagen die Verantwortlichen von Frauenhäusern über die unbegreifliche Schwierigkeit, Frauen zu einer Trennung beispielsweise von einem mißhandelnden Trinker zu motivieren. Natürlich ist ein solches Verhältnis sehr komplex. Es wirken zahlreiche Momente zusammen – vor allem auch die des unbewußten Zusammenspiels, der Kollusion. Doch hat die Verhaltensforschung bei Tieren diesen Zusammenhang ebenfalls festgestellt: Hunde hängen an einem Herrn, der sie schlecht behandelt, mehr als an einem, der gut mit ihnen umgeht. Affenkinder, die von ihrer Mutter gequält werden, hängen an ihr mehr als andere Affenjungen an ihren guten Müttern.[116] Für Menschen ist das ebenfalls sehr wahrscheinlich.

Was hat es mit dieser fatalen Liaison auf sich? Sie sieht von außen aus wie eine Haßbindung. Sie könnte auch folgendes bedeuten: In der Bindung an einen Menschen, der einen schlecht behandelt, oder – was auf dasselbe herauskommt – in der Bindung an eine Situation wie den Krieg, in dem es einem schlecht geht, kann sich natürlich leicht ein latentes Strafbedürfnis befriedigen. Wir alle müssen sehr viele Schuldgefühle aus unserem alltäglichen libidinösen und aggressiven Eigennutz abtragen. Um diese Gewissensspannung auf ein erträgliches Maß zu lindern, schaffen wir uns mißliche Situationen, mit denen wir Buße leisten. Eine belastende Beziehung wäre mithin eine ins Leben eingebaute Buße (es gibt natürlich noch genügend andere Methoden – vom Sichabrackern bis zur Unfallneigung, die im Zuge eines Krieges reiche Anwendung finden können; ganz zu schweigen vom unbewußten Suizid).

Ich will weitere wesentliche Zuströme bei anderen Komponenten besprechen und hier nur ein zentrales Moment herausgreifen: Eine schlechte Beziehung nimmt mir die lebensnotwendige Geborgenheit und erhöht damit die Sehnsucht nach dieser Geborgenheit. Dieses durch schlechte Behandlung intensiver gewordene Geborgenheitsbedürfnis dürfte mich nun fatalerweise stärker an den binden, der mich schlecht behandelt. Daß ich nicht einfach die Beziehung wechseln kann, liegt an mehreren Momenten. Erstens daran, daß ich den intensiven Geborgenheitswunsch dort in mir mobilisiert fühle, wo ich Geborgenheit nicht bekomme. Zweitens scheint es eine sogenannte «Feldspannung» (Bally) zu geben, die mich in diesem psychischen Raum der prekären Beziehung gefangenhält. Zum dritten aber könnte auch ein Wiederholungszwang wirksam sein, der von der latenten Hoffnung getragen ist, es werde doch noch einmal die vermißte Grundsicherheit aufkommen und alles wieder gut sein.

Tierbeobachtungen zeigen allerdings, daß schon einfacher Schmerz und Angst für die stärkere Bindung ausreichen.[116] Beim Menschen ist die seelische Lage nur weiter entfaltet: Angst und Schmerz werden von ihm auch als Verlust der Geborgenheit – im Sinne einer inneren Mutterabwesenheit – erlebt und bewirken seine stärkere Bindungsbereitschaft, also sein Verlangen nach Mutternähe.

Mir scheint Ähnliches nun auch im Krieg wirksam zu sein. Der Krieger gerät in eine Bedrohung, in eine «Mutterentfernung». Das zwingt ihn dazu, sich unbewußt stärker an seinen Auftrag, der letztlich auch die Mutter repräsentiert, und damit an den Krieg zu binden. Die Verhältnisse ähneln also der genannten «fatalen Liaison». Unseligerweise entsteht Kriegsbereitschaft als Geborgenheitsbedürfnis aus Geborgenheitsverlust – wobei Geborgenheit hier auch für eine Grundform der Liebe stehen kann. Denn die Mutter ist die erste Geliebte. Von der später sich entfaltenden Erotik ist diese Liebesbindung kaum zu trennen. Wer zum Schutze der Mutter für die Mutter in den Krieg zieht – und letztlich ist das die Basis der Loyalität zu Gruppe und Nation –, der muß den Krieg auch als Mutterauftrag verstehen und setzt somit unbewußt die Dynamik der negativen Bindung in Gang.

Mario Erdheim hat einen gesellschaftlichen Mechanismus entdeckt, der auf einem anderen Wege einen zweiten kriegstreibenden Selbstverstärkerkreis auf dem Hintergrund von Enttäuschung und Unfreiheit in Gang setzt und hält. Er weist auf die

Unbewußtmachung des sozialen Widerstandes hin und auf die Herstellung einer «tyrannischen Distanz». In dem Maße, wie es dem Individuum nicht gelingt, seine inneren Konflikte zu lösen, werden diese zu potentiellen Stützpunkten der Herrschaft. Die Aggression, die ursprünglich der herrschenden Gewalt hätte Grenzen setzen sollen, wird durch die Wendung nach innen zum Vehikel, das den Machtbereich der Herrschaft nun auf die Psyche des Individuums ausdehnt.[117] Je stärker die Gewaltausübung der Herrschaft ist, desto stärker werden die Aggressionen, die die Beherrschten in sich verspüren, aber nicht äußern dürfen, und desto mächtigere, primitivere, frühere Abwehrformen müssen eingesetzt werden. Wie Erdheim es bei der üblichen gesellschaftlichen Arbeit beschreibt – «Die Wiederkehr der verdrängten Aggression gegen die Herrschaft äußert sich in der Arbeitswut, die die Leistung vorantreibt»[118] –, dürfte sich auch für die Kriegsarbeit eine ähnliche Dynamik ergeben. Darüber hinaus sorgen die immer archaischer und primitiver werdenden Abwehrmechanismen für eine Regression, in der schließlich sogar die Herrschaft ihren Objektcharakter verliert, in der Phantasie und Realität zusammenfallen und innere und äußere Verfolger identisch werden. Damit wird die Verleugnung der Realität durch die Beherrschten das letzte Stadium der Herrschaft. «Was übrigbleibt, ist nur noch eine richtungslose Aggression, die alles vernichtet, worauf sie trifft.»[119] Das dürfte der psychische Explosivstoff für eine diffuse, frei verfügbare Kriegsbereitschaft sein.

17

*Jede Angstsituation kann durch die seelische
Abwehrmethode der Erotisierung entschärft werden:
Kriegsgeilheit.*

Jeder Krieger ist nicht nur kampfentschlossen, er fühlt sich auch
bedroht. Es geht immer um sein Leben. Die Reaktion auf Bedrohung ist die Angst.[120] Jede bedrohliche Situation kann angstfreier
gemacht werden durch Sexualisierung. Das ist ein bekannter seelischer Abwehrvorgang. So bekannt und klar diese seelische Methode ist, so schwierig ist sie von allen anderen Komponenten
abzugrenzen. Denn der große Strom der Erotik menschlicher
Kriegsbereitschaft, der aus zahllosen Zuflüssen entsteht, kann
als Ganzes der Sexualisierung von Bedrohung entsprechen. Häufig geht diese Erotisierung im Dienste der Angstbewältigung
nicht tief. Sogar in der Friedensbewegung ist die Sexualisierung
des Kriegsgeschehens zu finden. So etwa in der Aufforderung
«Petting statt Pershing».

Der Schweizer Dichter Hans Halb-Suter (15. Jh.) besang in
66 Strophen «Von dem Sempacher Streit am 8. Juli 1386»:

> Sie fingen an zu ziehen
> in köstlichem Gewand.
> Das Volk fing an zu fliehen,
> bis daß es Sempach fand.
> Hei, was da auf den Äckern war,
> entfloh vor diesem Herzog
> und seiner großen Schar.
>
> Den Frauen half kein Bitten,
> man fing sie auf zum Leid,
> und schnitt denselben mitten
> am Gürtel ab ihr Kleid.

Hei, also schmählich ließ man sie,
die baten Gott im Himmel,
um Rache spät und früh.[121]

Diese Szene ist unbewußt sicherlich mehrfach determiniert, doch scheint mir die Sexualisierung des Kampfes eine wesentliche Rolle zu spielen.

Selbst Ernst Jünger, der – wie erwähnt (vgl. Seite 106) – im Krieg die «Wollust des Blutes» wirksam sieht, erkennt die tödliche Bedrohung: «Soweit der Mensch hier Individuum ist, ist er nur aus Angst zusammengesetzt.»[122] Ja, man kann sich fragen, inwieweit die Kampflust selbst auf besondere Weise Momente dieser Sexualisierung in sich trägt: indem sie die unbewußt mobilisierte Todesangst, also die eigene Bedrohung, durch den Abwehrmechanismus «Wendung in die Aktivität» zur Bedrohung des Gegners macht. Daß sich in diesem Moment Lust einmischen kann, ermittelten die erwähnten psychoanalytischen Untersuchungen: Die unlustorientierte Destruktivität im ersten Lebensjahr verwandelt sich zur lustbetonten Destruktivität des etwa 12 Monate alten Kindes.[123] Allerdings ist zu unterscheiden: Hier geht es nicht um die sadistische Lust, sondern um das Gefühl tiefer Bedrohung, das durch Sexualisierung abgefangen wird – so wie viele Menschen ihre Angstzustände, etwa vor Prüfungen, durch sexuelle Handlungen erträglicher zu machen suchen. Auch in Beziehungen zeigt sich dieses Phänomen. In der psychoanalytischen Therapie beispielsweise kennt man die sogenannte erotische Übertragung, ein Verliebtsein in den Analytiker oder die Analytikerin, das eine tieferliegende Bedrohung abwenden soll.

Diesem seelischen Verfahren kommt die Beschaffenheit des Unbewußten entgegen. Sigmund Freud machte darauf aufmerksam, daß unser Unbewußtes zum Tode «genau die nämliche Stellung einnimmt, wie der Mensch der Vorzeit... also das Unbewußte in uns glaubt nicht an den eigenen Tod. Es ist gezwungen, sich wie unsterblich zu gebärden. Vielleicht ist dies sogar das Geheimnis des Heldentums.»[124] Das «instinktive Heldentum» überläßt sich «einfach dem Unsterblichkeitsglauben des Unbewußten». «Die Todesangst, an der wir viel häufiger leiden, als wir wissen, ist ein unlogischer Gegensatz zu dieser Sicherheit. Sie ist übrigens lange nicht so ursprünglich und meist aus Schuldbewußtsein hervorgegangen.»[125]

Soweit die Bedrohung, die wir als Todesangst erleben, unseren unbewußten Schuldgefühlen entspringt, hat diese Komponente der Kriegslust auch eine enge Verbindung zur später beschriebenen masochistischen Lust. Doch geht es mir hier zunächst darum, die Doppelgesichtigkeit des Krieges deutlich zu machen, die zur Erotisierung führt. Ich skizziere den großen Zusammenhang.

Die Dynamik des Kriegsgeschehens kann man von Anfang an als Ausscheidungskampf zwischen politisch strukturierten Gruppen oder Nationen auffassen. Norbert Elias hat für die europäische Geschichte aufgezeigt, daß es friedliche Koexistenz über längere Zeit nicht gibt. Früher oder später kommt es zu einer Auseinandersetzung um die Vormacht. Beim Ringen um die Hegemonie werden eine Lebens- und eine Todesperspektive deutlich.

In der Lebensperspektive setzt der Kampf der Nationen Momente der biologischen Evolution fort: Der Krieg erringt bessere Ressourcen, eröffnet für die eigene Lebensform erweiterte Chancen, setzt das eigene Wirklichkeitsmodell – früher die Religion, heute die «Wertegemeinschaft» – durch oder sorgt wenigstens für die Anerkennung der Autonomie. Das ist das alte Lied des Lebenskampfes seit Anbeginn – selbst wenn der Zufall der historischen Ereignisnetzwerke (nach der Kontingenztheorie) kräftig mitzubestimmen scheint.

In der Todesperspektive, die ja die Kehrseite der Medaille darstellt, entsteht der Krieg aus der Angst, vom anderen vernichtet zu werden, aus einem fundamentalen Bedrohtheitsgefühl, das oftmals geringfügige Abhängigkeiten gleich zu kommenden Katastrophen des eigenen Untergangs aufbläht. Im Golfkrieg 1991 war es sogar die Angst vor der bevorstehenden Atombombe des Irak oder vor der Beherrschung des Weltölmarktes durch einen Diktator.

Für diese Auslöschungsfurcht finden sich stets reale und eingebildete Argumente. Die Angst, vom anderen überwältigt zu werden, hat Norbert Elias als das entscheidende Moment der zwischenstaatlichen Mechanik im Vormachtstreben für die europäischen Jahrhunderte dargelegt.

Dadurch aber läßt sich der Krieg überraschend verstehen: Er ist eine Methode, *dem eigenen Tod zuvorzukommen, indem ich ihn gegen den Konkurrenten richte. So gesehen ist jeder Krieg eine Todesflucht nach vorn, die Umkehr der menschlichen Todesangst. Vielleicht durchzieht er deswegen unsere ganze Geschichte.*[126]

In der unbewußten Phantasie der Bedrohung sehe ich mich schon sterben, bringe mich also gleichsam mit Hilfe des Gegnerbildes selbst um. Nun aber wende ich im Kriegsentschluß diese gegen mich gerichtete Destruktion nach außen und bin darauf aus, den Gegner zu töten, statt selbst zu sterben. Diese «Wendung in die Aktivität» – eine klassische Abwehrmethode – liegt ursächlich allen Hegemonialkriegen zugrunde. Ja, es wird nun eine Selbstverständlichkeit sichtbar: Die Vormachtstellung selbst, die Herrschaft, ist ein Gegengift gegen den Tod. Sie ist so begehrenswert, weil sie als ein Zustand geminderter Letalität angesehen werden kann. Und das ist nun nichts anderes als der Zustand vorzüglicheren Lebens. Womit wir die Medaille wieder umgedreht hätten.

In dieser Sicht wird der Krieg zu einer sozialen Einrichtung, die sich aus der Überwindung der Todesfurcht ergibt – wie nach Ernest Becker[127] alle anderen Kulturschöpfungen auch.

Bemerkenswerterweise entspricht diese Perspektive der so umstrittenen und heiklen Todestrieb-Hypothese von Freud, die er 1920 in «Jenseits des Lustprinzips» zuerst vorgestellt und bis zum Ende seines Lebens 1939 ausgebaut hat. Freud nahm einen «Urmasochismus» an, eine in das Leben eingebaute Neigung zum

Tode. Sie wird ja heute von den Genforschern als erbliche Festlegung des Alters mit recht gutem Erfolg freigelegt. In jeder aggressiven Handlung werde – so Freud – die urmasochistische Spannung nach außen gekehrt. Da wir es hier mit dem Tod zu tun haben, den wir nicht sehen wollen, bleibt unsere unbewußte Abwehr nicht aus: die Hypothese gilt als vernebelt und wird von den allermeisten Psychoanalytikern heute verworfen. Anatol Rapoport machte darauf aufmerksam, daß sie genau zu einer Zeit entstand, in der die Intellektuellen Europas unter dem Schock des Ersten Weltkrieges standen. Er hält sie also für ein Symptom der damaligen Zeit.

Die Todestrieb-Hypothese kann aber auf der Ebene der Beziehung aufgehoben werden. Die beziehungsorientierte Psychoanalyse, die ich vertrete, sieht nicht isoliert das Individuum, sondern die Beziehung als die psychologische Grundeinheit an. Es gilt also jeweils zu fragen, was die beobachteten Phänomene des Individuums in der Perspektive der Wechselseitigkeit einer Beziehung heißen. Es scheint mir, als ob sich die Todestrieb-Hypothese als eine der zahlreichen Artefakte der individualisierenden Sicht entpuppen könnte, die nicht mit dem wirklichen Leben in Beziehungen übereinstimmt und deshalb auf unnötige Annahmen angewiesen ist. Denn wenn man die vermeintlich innerseelischen Vorgänge als Beziehungsgeschehen begreift, wird der sogenannte Todestrieb plötzlich zum Kampf ums Leben, und zwar auf folgende Weise: Der andere ringt mit mir um die bessere Position, härter formuliert: er bedroht mich, und ich bin auf diese jahrmilliardenalte Konkurrenz adaptiert – sei es nun mit, sei es ohne biologischen Boden meiner kulturellen Prägung. Die Gewalt ist ein integraler Bestandteil der Evolution von Anfang an, weil die Population einer Art stets dazu tendiert, größer zu werden, als es den natürlichen Ressourcen entspricht.[128] Ich kann diese andauernde Bedrohung in der Phantasie vorwegnehmen – das ist mein «Todestrieb» – und bin in der Lage, auf sie mit agonalem Verhalten zu reagieren (die aggressive Handlung).

Kurz: der Todestrieb ist die individualisierte Erscheinungsform des Bewußtseins meiner Sterblichkeit angesichts meiner allgegenwärtigen Bedrohung, die sich aus dem Kampf um die nicht für alle gleichen Lebenschancen ergibt. So gesehen resultiert er notgedrungen aus dem evolutionären Schritt zum Selbstbewußtsein, was Gewinn zu nennen manche ablehnen dürften. Es ist jedoch so gekommen und nicht zu ändern.

Allerdings bringt es die kulturelle Entwicklung über Jahrtausende mit sich, daß diese Bedrohung meiner selbst intensiver erlebt wird: Zum einen wird das Menschenleben wertvoller und sein Verlust schmerzlicher; zum anderen wird die früher offenere Aggressivität verinnerlicht, gerät unter Bewachung des Gewissens, wendet sich also intensiver gegen einen selbst. Das meint die Bemerkung Freuds, daß die Todesangst auch aus unbewußtem Schuldbewußtsein hervorgeht. Und auf diesem doppelten Wege wird das, was individuell als Todestrieb erscheint, in Wirklichkeit aber der Schatten der aggressiven Beziehung ist, mächtiger.

Ob sich auch daraus die höhere Kriegsintensität der neueren und neuesten Zeit ableiten läßt, müßte detaillierter überprüft werden. Zunächst sehe ich den Fortschritt der Technik, das heißt der Waffen, für die immer größere Kriegszerstörung als verantwortlich an und dann die internationale Dynamik, die zur Bildung immer mächtigerer Staaten führte. Beide Ursachen entspringen demselben Geschehen: Sie hängen direkt mit der Lebensgewinnung oder Todesabwendung zusammen. Es läßt sich dieses Geflecht nicht in Einzelteile zerlegen.

Die Sexualisierung der Bedrohung bekommt in dieser Perspektive einen dialektischen Boden: Denn Todesabwendung ist Lebens- und Lustgewinn. Und wir sahen schon in den biologisch angelegten Phänomenen des «phallischen Drohens» und des «Aufreitens» Urformen, bei denen es nicht um eine nachträgliche Sexualisierung der Bedrohung geht, sondern die Bedrohung selbst sexuell ist.

18

Was die Männerwelt im Innersten zusammenhält:
homosexuelle Kriegslibido.

Der Krieg ist bis heute eine fast ausschließlich männliche Wirklichkeit. Der gemeinsame Kampf unter Todesbedrohung muß in jedem Mann – so verpönt es auch sein mag – die homosexuellen Neigungen mobilisieren. Das ist keine Perversion oder, wie man heute weniger wertend sagt, keine sexuelle Abweichung. Vielmehr entspricht es der grundlegenden Bisexualität aller Menschen. Die vieljährige, tiefe Verbundenheit von Männern, die Kriegskameraden waren, ist dafür ein Beleg. Der größte Teil der Homosexualität zeigt sich heute als Freundschaft der Männer unter Aussparung des konkreten sexuellen Ziels.

Ein Blick in frühere Zeiten zeigt die erotischen Fundamente deutlicher. Schon das Aufreiten findet ja meist unter Männern statt. Ihr «Gesäßweisen» kopiert die weibliche Position.

Die Beteiligung der Homosexualität zeigt sich in früheren kriegerischen Auseinandersetzungen drastisch: «So wurde der letzte algerische Konsul von den Aufständischen rituell vergewaltigt. Gleiches geschah bis vor kurzem bei Hirtenjungen in Ungarn, wenn sie in die Weidegebiete anderer eindrangen.»[129]

Auf diesem Hintergrund wird eine Schilderung des Psychoanalytikers Stavros Mentzos verständlich: Bei der Ausbildung griechischer Rekruten zu Zeiten einer Bedrohung durch Bulgarien forderte der Feldwebel die Soldaten auf, sich Griechenland als eine Frau vorzustellen, deren Anus sie verstopfen sollten, damit die Bulgaren nicht eindringen könnten. Mir scheint relativ unverhüllt die weibliche Position der Männer an das Vorstellungsbild «Frau = Griechenland» delegiert zu sein – vermutlich aufgrund der sehr starken Angst vor der eigenen Homosexualität.

Auch auf einer anderen Ebene, bei den erwähnten Wortgefechten türkischer Jungen beispielsweise, zielt die Auseinandersetzung darauf ab, «den Gegner in eine passive weibliche Rolle zu zwingen. Er wird als unterwürfiger Anus bezeichnet, der die verbalen phallischen Attacken zu ertragen habe.»[130] Der Gegner versucht gleichermaßen, den Partner in die Rolle der Frau zu zwingen. Interessant ist, daß bei diesen Wortkriegen sich die Erwiderung auf die eröffnende Beleidigung reimen muß. Dazu bietet schon die Tradition genügend Verse. Wer nicht mit einem Reim antworten kann, hat eine Niederlage erlitten. Meines Erachtens zeigen die Reime den Gleichklang der homosexuellen Bindung an. Dafür gibt es auch noch viel direktere Hinweise: «Ein großer Teil der Fertigkeit in diesen Duellen besteht darin, die Beckenstöße eines Angreifers zu parieren, den man dann damit verhöhnen kann, daß er selbst einen Penisstoß bekommen habe. Nach diesen Regeln verteidigt und sichert ein Junge seine Männlichkeitsposition in der Gruppe dadurch, daß er darauf achtet, daß sein Penis den Anus eines jeden Rivalen bedroht, der ihn vielleicht herausfordert.»[131]

Man kann der Auffassung sein, daß sich diese sozio-sexuellen Rituale von der sexuellen Grundlage weitgehend abgelöst haben. Ich bin allerdings der Meinung, daß sie nicht nur einer unbewußten kriegsbezogenen Phantasie entsprechen, sondern daß die kriegerische Gemeinschaft und die kriegerische Gegnerschaft von der homosexuellen Libido durchdrungen sind.

Da Krieg im wesentlichen eine Männerangelegenheit ist, erstaunt es besonders, daß die homosexuelle Lust nicht wenigstens bewußt geworden ist. Auf der (Seite 13) schon erwähnten Tagung zur Psychoanalyse des Krieges wurde auf diese Aussparung aufmerksam gemacht. Erst nach wiederholten Initiativen eines nicht nachgebenden Psychoanalytikers in der Zuhörerschaft wurde dieser Aspekt wenigstens zur Kenntnis genommen.

Den Psychohistorikern ist dieser Zusammenhang eher geläufig. Lloyd deMause präzisiert die in den USA aufkommende Aussicht auf einen Krieg gegen Nicaragua[132] in Bildern wachsender sexueller Erregung folgendermaßen: «Wie bei allen Kriegen

124

wurde die Aussicht auf ein militärisches Duell von zahllosen machistischen und versteckt homosexuellen Bildern begleitet.» Oder: Präsident Johnson sagte bei der Bombardierung Vietnams: «Ich habe Ho Chi Minh nicht bloß einfach gebumst; ich habe seinen Schwanz abgeschnitten.» Oder: «Wenn ich einen Bombardierungsstop anordne... schiebt er mir seine Laster direkt den Arsch hoch.» Deutlicher geht es nicht.

19.

Im Krieg befriedigt sich die masochistische Lust.

Wie der Masochist seinen Züchtiger aufsucht, zieht die in uns allen vorhandene masochistische Lust in das Schmerzensgebiet des Krieges.

Erfahrene Piloten eines Luftgeschwaders, das in Stalingrad zu gefährlichen Einsätzen kam, erkannten – ohne daß ein Wort vorher überhaupt gewechselt war – bei der Ankunft von Neuen allein am Gesicht, ob ein Mann aus dem nächsten Luftkampf zurückkehren würde oder nicht: «Der hat ein Absturzgesicht. Der kommt nicht wieder», lautete die geheime Formel, die sie offensichtlich auf dem Hintergrund einer großen Sensitivität für eine latente Opferbereitschaft geprägt hatten.[133]

Lloyd deMause deutete den Krieg als masochistisches Opfer einer ganzen Nation aus den von ihm entschlüsselten unbewußten kollektiven Phantasien. Er versucht, die Entstehungsgeschichte einer masochistischen Einstellung der USA, die regelmäßig zum sühnenden und entlastenden Krieg führt, folgendermaßen zu umreißen: «Stellen wir uns vor, Uncle Sam liegt da und beschreibt, was er für sein Hauptproblem hält: ‹Ich bin, glaube ich, unfähig, meine schwer erkämpften Erfolge wirklich zu genießen, egal, in welcher Sache. Immer wieder gerate ich in diese Depressionsperioden, in denen ich viel von dem wieder verliere, wofür ich so schwer geschuftet habe. Allein in diesem Jahrhundert bin ich durch zwölf große Zyklen von Erfolg und Mißerfolg gegangen, Hochs und Tiefs, und bin wohl verdammt, dies Muster endlos zu wiederholen. Um dem die Krone aufzusetzen: Jedes Mal, wenn es wieder bergauf zu gehen scheint, werde ich in einen Krieg verwickelt, der mich weiter zurückwirft, als ich vorher war, und da liege ich nun mit über einer Billion Dollar Schulden.»[134]

Ich will hier nicht auf den Gesamtzusammenhang eingehen und greife nur die wesentlichen Schritte heraus. «Wie alle Opferhandlungen sind auch Kriege Kämpfe gegen unser eigenes Es, in denen wir unsere Wünsche in der Person derer, die getötet werden, zuerst ausagieren und dann bestrafen. Die Jugendlichsten, sexuell Attraktivsten werden als Opfer ausgewählt, so wie in vielen Kulturen der hübscheste Krieger geopfert wird, direkt nach einem rituellen Sexualakt. Die dazugehörige Gruppenphantasie ist, daß mit ihrem Blut, mit ihrer Vitalität auch unsere gefährlichen Freuden, unsere Sexualität, im Boden versickern.»[135]

Dieser masochistische Opfergang läuft oft in mehreren Phasen ab. Vom Sommer 1982 an war Amerika drauf und dran, immer tiefer zu versinken. Der US-Verteidigungsminister Caspar Weinberger rechnete damit, «die Welt werde zugrunde gehen wie im Buch der Offenbarung… durch einen Akt Gottes… jeden Tag denke ich, die Zeit ist jetzt rum.»[136]

Drei Opferphasen sollten eingerichtet werden: Erstens das individuelle Opfer, für das die Vereinigten Staaten beschlossen, unbewaffnete Ledernacken in den Libanon abzustellen – ganz ähnlich, wie die Azteken in zyklischen Ritualen einzelne Männer, Frauen und Kinder opferten, um die gefräßigen Götter zu füttern.

Zweitens mußten Massenopfer inszeniert werden – so würden jugendliche Soldaten nach Mittelamerika und in die Karibik geschickt werden, um gegen die «Internationale Verschwörung» zu kämpfen. Aber auch das waren nicht genügend Opfer, um die USA zu reinigen, es folgte noch eine dritte Stufe: das Völkermord-Opfer – tatsächlich wurde damals ernsthaft ein Atomkrieg erwogen, um die «Internationale Verschwörung» endgültig zu vernichten (wobei die Phantasie herrschte, daß die USA teilweise überleben können).

In dieser Perspektive sind Kriege kollektive masochistische Akte. In reinster Form ist dieser Kriegsmasochismus bei den Azteken anzutreffen. Wenn sie nicht in Kämpfe gegen einen Feind verwickelt waren, veranstalteten sie einen «heiligen Krieg», den sogenannten «Blumenkrieg»: Die eigene Armee teilte sich in zwei gegnerische Hälften, die gegeneinander einen blutigen Kampf mit tödlichem Ausgang veranstalteten. Das Kehrbild formulierte der französische Schriftsteller und Pazifist Henri Barbusse (1873–1935): «Zwei Armeen, die gegeneinander kämpfen, sind eine große Armee, die sich selbst umbringt.»[137]

Der Masochismus ist dadurch gekennzeichnet, daß ihn körperliches oder seelisches Leiden befriedigt. Der Masochist ist also ein Mensch, dem es gutgeht, wenn es ihm schlechtgeht. In der Regel sind die seelischen Hintergründe, die zu einer masochistischen Einstellung führen, unbewußt. Es werden etliche Formen von Masochismus unterschieden (insgesamt fünf), von denen die beiden bedeutendsten als erogener und als moralischer Masochismus bezeichnet werden. Im moralischen Masochismus begibt sich der Mensch in die Position des Opfers aufgrund eines unbewußten Schuldgefühls. Unabhängig davon gibt es aber noch den erogenen Masochismus, in dem der Masochist die erotische Erregung im Schmerz, also die sexuelle Lust am Schmerz, sucht. Beide Formen können natürlich leicht ineinanderfließen. Wenn der russische Dichter Leo Tolstoi sich in seinen Pubertätsjahren auf dem Dachboden blutig peitschte wegen seiner sündigen sexuellen Phantasien, so liegt der moralische Masochismus (den er hier gleichsam selbst befriedigte) auf der Hand; der erogene Masochismus kann sich auf diesem Wege aber gleichzeitig erfüllen. Dem erogenen Masochismus dürften etwa Medeas Worte (aus dem gleichnamigen Drama von Hans

Henny Jahnn) entsprechen: «Du darfst mich töten, wenn du mich nur liebst.»

In dem schon einmal zitierten Werk von Lautréamont[138] heißt es nach dem sadistischen Akt in einer Art seelischer Wende:

«Selbst mit dem Tod wird meine Strafe nicht vollständig sein. Du wirst mich also zerfleischen, ohne je abzulassen, mit Zähnen und Nägeln zugleich. Ich werde meinen Leib mit duftenden Girlanden schmücken für dieses Sühneopfer; und beide werden wir leiden, ich, zerfleischt zu werden, du, mich zu zerfleischen... mein Mund auf deinen gepreßt. Oh Jüngling mit blonden Haaren, mit Augen so sanft, tust du nun, was ich dir rate? Selbst gegen deinen Willen sollst du es tun, und du wirst mein Gewissen beglücken.»

Diese Komponente der Kriegslust hat zahlreiche Verbindungen zu den anderen Formen. Sigmund Freud spricht auch von femininem Masochismus: «Hat man aber Gelegenheit, Fälle zu studieren, in denen die masochistischen Phantasien eine besonders reiche Verarbeitung erfahren haben, so macht man leicht die Entdeckung, daß sie die Person in eine für die Weiblichkeit charakteristische Situation versetzen...»[139] Damit wäre ein gewisser Zusammenhang mit der Homosexualität im vorigen Abschnitt deutlich gemacht. Man könnte die masochistische Lust auch als eine sexualisierte Suizidalität auffassen, womit sie eine Nähe zur Erotisierung der Bedrohung gewinnt. Und schließlich verbindet sie sich auch mit der weiter unten (im Abschnitt 21) behandelten Legierung von Liebe und Tod. Dennoch leuchtet sie als eigene Lustkomponente ein. Oft genug wird die moderne Menschheit, die zu jedem Zeitpunkt in durchschnittlich 30 Kriege verwickelt ist, mit Lemmingen verglichen, die einer Art kollektivem Masochismus anheimfallen und gemeinsam Selbstmord begehen.[140]

Auch hier kann man einen Selbstverstärkerkreis entdecken: Sigmund Freud sammelte in seinem Buch «Totem und Tabu»[141] Belege für die Annahme einer «Urschuld». Er leitete aus der christlichen Lehre, in der Gottes Sohn sein Leben opfern mußte, die ursprüngliche Erbsünde als einen Mord ab, der durch die Tötung von Jesus gesühnt wurde. Diese ältesten Verbrechen der

Menschheit, die Vatermorde, reichen bis in die historische Zeit und bilden eine Weltgeschichte, die eine «Reihenfolge von Völkermorden» darstellt. Wer nun glaubt, daß die Primitiven, beispielsweise «der wilde Australier, Feuerländer, Buschmann usw.», ein reueloser Mörder sei, habe sich geirrt: «Der Wilde ist in dieser Hinsicht sensitiver als der Zivilisierte.» Und Freud bemerkt 1915: «Nach glücklicher Beendigung des jetzt tobenden Weltkrieges werden die siegreichen deutschen Soldaten jeder in sein Heim, zu seinem Weib und zu seinen Kindern eilen, unverweilt und ungestört durch Gedanken an die Feinde, die sie getötet haben im Nahkampf oder durch fernwirkende Waffen.»[142] Wie wir nun allerdings auch an den Forschungen der Psychohistoriker sehen, wirkt latent und unbewußt ein starkes Schuldgefühl doch weiter. Bei der Unberechenbarkeit der Kriege und in der inneren Realität der unbewußten Phantasie können schnell Schuldgefühle aufkommen; denn man opferte sich ja nicht nur masochistisch, man sündigte abermals, indem man wieder selbst tötete und zerstörte. Das wäre eine psychodynamische Begründung für den alten Spruch, daß Gewalt Gewalt erzeuge oder Krieg Krieg. Das durch Kriegszerstörung anwachsende Schuldgefühl entlädt sich im nächsten Opfergang – nach Lloyd deMause übrigens in modernen Nationen durchschnittlich alle zwanzig Jahre.

Masochismus wird von vielen Psychoanalytikern je unterschiedlich interpretiert. Man kann in einer masochistischen Bindung eine Gleichung sehen, die folgendermaßen aufgeht: Eine schlechte Beziehung ist besser als gar keine. Darin liegt auch die Anerkennung unserer großen Abhängigkeit von anderen, als Resultat unseres vielleicht mächtigsten Bedürfnisses, unseres Beziehungsbedürfnisses.

20.

Erlösung, Jubel, Sieg, Triumph:
Die narzißtische Kriegslust.

«Zum Berserker werden», in eine rasende Kampfwut geraten, stammt aus einem germanischen Initiationsritus. Das altnordische *berserkr* leitet sich ab aus *beri* «Bär» und *serkr* «Gewand». In dem Ritus identifizierte sich der junge Krieger mit einem Bären und begann schließlich, die anderen anzugreifen. In diesem tranceähnlichen Zustand steht «das alldurchdringende Gefühl der Wut» im Mittelpunkt.[143] Um in die Ekstase zu kommen, «bedarf es der einigenden Kraft der absoluten Wut».

Ein Ritual ähnlicher Art hat sich in der kleinen spanischen Stadt Calanda erhalten, wo einmal im Jahr zu Mitternacht Männer mit einer großen und kleinen Trommel erscheinen, um sich vierundzwanzig Stunden lang in eine Trance zu trommeln. Sie spüren die geschwollenen, oft blutigen Hände und die wachsende körperliche Erschöpfung nicht. Die Gesichter der Männer drükken im Trancezustand eine rasende Wut aus.[144]

Erich Fromm nennt diese Fälle «ekstatische Destruktivität». Ich stelle sie voran, weil nach heutiger Auffassung die verbreiteten narzißtischen Störungen ein ähnliches Moment enthalten. Die narzißtische Störung wird in den frühesten Kindheitsjahren angelegt – vor allem in den ersten drei Lebensjahren – und resultiert in einem «ich-strukturellen Schaden», einem Defekt, weniger in einem Konflikt, wie er für Neurosen typisch ist.

Der Psychoanalytiker Michael Balint spricht von Grundstörung, um deutlich zu machen, daß gleichsam der Boden unseres seelischen Lebens brüchig geworden ist. Eine solche tiefe Beeinträchtigung des Ichs entwickelt sich im wesentlichen aus einer uneinfühlsamen Mutter-Kind-Beziehung. Die Mutter ist nicht schuld, sie ist vielmehr die Vermittlerin des Schadens, an dem sie selber leidet. Ich kann auf die komplexe Genese hier nicht weiter eingehen.[145]

130

Im verdrängten seelischen Zentrum der narzißtisch gestörten Menschen spielen aufgrund der inneren Hilflosigkeit, Entwertung und Panik drei archaische Gefühlsturbulenzen eine wesentliche Rolle: extreme Destruktivität gegen andere; großer Neid auf alle, denen es besser geht; und große Angst vor dem Selbstzerfall. Der narzißtische Defekt, die «innere Lücke», wird gleichsam von außen gestopft oder – wie der Psychoanalytiker Fritz Morgenthaler sagt – «mit einer Plombe» versehen. Diese Plombe besteht aus allem, was dem Ich ein intensives Gefühl von Größe, Macht und Überlegenheit gibt (und sei es auch scheinbar), meist verbunden mit einer gleichzeitigen, oft indirekten Entwertung aller anderen. Ein solcher Triumph – oft in Gestalt der Vernichtung des vermeintlich Bösen – hat zugleich auch noch die Funktion des Schutzes vor der Panik, selbst zu zerfallen. Im einzelnen betrachtet sind zwar die psychodynamischen Verhältnisse noch viel komplizierter, doch geht es mir hier um die erlösende Bedeutung der narzißtischen Lust, die einen aus allem inneren – und in der Projektion oftmals auch äußerlich scheinendem – Elend befreit. Das gegen die eigene innere Ohnmacht errichtete pathologische Größenselbst feiert dann sozusagen sein eigenes Fest. Das Grauen und das Böse werden nicht innen gesehen, sondern nach außen projiziert und dort vernichtet: Der Sieg über den Feind wird ein scheinbarer Triumph über das innere narzißtische Elend.

«Brandwolken verdüsterten den Himmel, Sturzbomber kippten auf ihr Ziel, man konnte den Flug der ausgeklinkten Bomben, das Hochziehen der Maschinen und die ins Riesige anwachsende Explosionswolke in einer durch filmische Raffung bewirkten Steigerung verfolgen. Hitler war fasziniert. Den Abschluß des Films bildete eine Montage, auf der ein Flugzeug sich auf die Umrisse der britischen Inseln stürzte; ein Feuerschlag folgte und die Insel flog zerfetzt in Stücke. Hitlers Begeisterung kannte keine Grenzen mehr: ‹So wird es ihnen gehen!› rief er hingerissen aus, ‹so werden wir sie vernichten!›»[146]

Der italienische Schriftsteller Filippo Tommaso Marinetti, Begründer und Anführer des Futurismus und Faschist bis zu seinem Tode 1944, verkündet im Ersten Futuristischen Manifest 1909 unter Punkt 9:

«Wir wollen den Krieg verherrlichen – diese einzige Hygiene der Welt –, den Militarismus, den Patriotismus, die Vernichtungstat der Anarchisten...»

Genereller faßt Alan Bullock in seinem großen Werk über Hitler und Stalin [147] den zentralen Gehalt eines Tyrannen zusammen: «Der Exzeß war das Wesen des geschichtlichen Stalinismus.» [148]

In welcher bedeutenden oder unbedeutenden Position ein einzelner Mensch angesichts eines Krieges auch stehe: er kann – wie die großen Tyrannen und Führer – eine tief lustvolle, erlösende Befreiung vom eigenen narzißtischen Schaden erhoffen. So vielfach determiniert das Triumphgefühl bei einem Sieg auch sein mag: ein mächtiger Zustrom kommt aus dem latenten Allmachtsgefühl, das die tiefe innere Ohnmacht verdeckt.

«Ihr werdet in eurem Blute schwimmen», rief Saddam Hussein vor Ausbruch des Golfkrieges 1991 den Amerikanern entgegen. Mit dieser Triumphpose riß er große Teile der arabischen Bevölkerungen mit sich, die sich für ihre lange politische, gesellschaftliche und individuelle Entwertung eine strahlende Genugtuung erhofften.

Auf amerikanischer Seite ist der narzißtische Stolz in andere Bilder gegossen: «Der Krieg, der in etwa sechs Wochen beginnen könnte, dürfte so viele Waffen umfassen, die niemals zuvor im Zorn abgefeuert wurden *(fired in anger)*, und so viele strategische und taktische Doktrinen, die noch nie dem letzten Test unterworfen wurden, daß er keinem gleichen dürfte, der jemals vorher ausgefochten wurde.» [149]

Die angerufene geschichtliche Einmaligkeit und Größe sind das Kehrbild der aktuellen gesellschaftspolitischen Lage in den USA und der dadurch mobilisierten lebensgeschichten Defekte. Lloyd deMause hat aufgezeigt, daß sich in kriegerischen Auseinandersetzungen stets die ursprünglichen traumatischen Kindheitsbeziehungen kollektiv reïnszenieren.[150] Für die Führungsfiguren analysierte Volker Elis Pilgrim die lebensgeschichtlichen Defekte unter dem Titel «Muttersöhne».[151]

Der Heroismus und der Triumph in kleinen und großen Siegen dürften heute die mächtigsten Formen der Kriegslust sein. Denn die Brüchigkeit der frühen Entwicklungszeit ist heute die seelische Mitgift auch in allen modernen Nationen. Sie hat zu dem grundlegenden Wandel seelischer Symptomatik von den neurotischen zu den narzißtischen Störungen geführt.

Ich möchte noch einige Gedanken skizzieren, um ein späteres Kapitel («Der Soldat und die Mutter», Seite 186 ff) vorzubereiten. Die allgegenwärtige narzißtische Störung hat eine familiäre wie auch eine politische Genese. Dabei versteht sich von selbst, daß die familiäre Genese letztlich gesellschaftlich, das heißt politisch bedingt ist. Doch wirkt sie über mehrere Generationen hin, als «vertikales Unbewußtes».

Mario Erdheim[152] hat darauf aufmerksam gemacht, daß die Unterdrückungsmechanismen in heutigen Gesellschaften auch direkt, sozusagen horizontal, zu einem Regressionsprozeß führen, welcher die narzißtische Beeinträchtigung, die aus dem Aufwachsen der Menschen stammt, spezifisch aktualisiert und verstärkt. Es ist zu erwarten, daß sich die seelischen Frühschäden des Menschen noch mehr ausbreiten und vertiefen werden. Angesichts der Einhelligkeit der psychoanalytischen Gemeinschaft, was die Bedeutung des destruktiven Narzißmus für die menschliche Kriegsbereitschaft betrifft, ist es erstaunlich, daß ein Aspekt geradezu systematisch übersehen wird, nämlich die Mutter als unbewußte Zentralfigur des Kriegsgeschehens. Was Pilgrim in der Lebensgeschichte der kriegerischen Führer als «Muttersöhne» aufdeckte, bleibt nicht in den individuellen Lebensgeschichten und den daraus folgenden Bluttaten eingekapselt, vielmehr liefert es gleichermaßen die Ursprungsgestalt und Zielfigur des Krieges. Die brüchige Basisbeziehung zur Mutter wird also zur Achse der unbewußten Kriegsphantasie. Die Urangst ist die Angst vor dem Absorbiertwerden, dem Verschlungenwerden durch das andere, das Weibliche, durch die Mutter [153]. Gleichzeitig droht die Zersplitterung des eigenen Ichs. Die Soldaten und die kriegsbereiten Menschen sind Söhne der Mütter, das heißt in den seelischen Grundlagen von ihnen geprägt. Eben deswegen formulierte Einstein mit Recht: «Mütter in der ganzen Welt sind verpflichtet, die Samen des Friedens in die Seelen ihrer Kinder zu säen.» [154]

Noch scheinen sie mehrheitlich Krieg zu säen. Die Charakterisierung der Mütter von Vietnam-Kriegsfreiwilligen, den Green Berets, zeigt beispielsweise die Grundzüge der narzißtisch gestörten Mütter: Sie sind den kindlichen Gefühlen gegenüber rücksichtslos, propagieren ihren Kindern gegenüber als strengstes Gebot jedoch die Rücksichtslosigkeit gegen andere. Ihre Unfähigkeit, auf die emotionalen Bedürfnisse ihres Kindes einzugehen, bedeutet für es die tiefste Kränkung. Im Talmud steht, daß jemand, der einen anderen vor Zeugen demütigt, als dessen Mörder anzusehen ist. Elfriede Jelinek hat diese zerstörte Mutter-Kind-Beziehung in zwei einfachen, abgründigen Sätzen definiert:

«Das Kind ist der Abgott seiner Mutter, welche dem Kind dafür nur geringe Gebühr abverlangt: sein Leben. Die Mutter will das Kinderleben selbst auswerten dürfen.» [155]

Die archaische Mutter zerfällt durch den seelischen Vorgang der Spaltung in eine vernichtende feindliche und in eine idealisierte, nahezu göttliche Gestalt. Sie steht damit auf beiden Seiten des Schlachtfeldes, eine gigantische Externalisierung. Das ist der tiefste Gehalt, der Inbegriff von Krieg – ganz genau wie Saddam Hussein 1991 den Golfkrieg proklamierte als «die Mutter aller Schlachten». Hat man diesen Blick einmal gewonnen, so scheint es nicht mehr erstaunlich, daß Punkt 9 des Ersten Futuristischen Manifestes, das ich zitiert habe, mit der «Verherrlichung der Verachtung des Weibes» endet.

Ich habe in ganz anderem Zusammenhang auf die Dynamik und die gesellschaftliche Entstehung der narzißtischen Störungen aufmerksam gemacht, die in einer besonderen gesellschaftlichen Figuration, dem «Männermatriarchat», ihren Ursprung haben.[156] Kurz zusammengefaßt bezeichnet dieser Begriff einen Kreisvorgang: Die Männer machen das Matriarchat, wie das Matriarchat die Männer macht. Die Männergesellschaft hinterläßt zu Hause in Form einer Mutter-Einzelkind-Union ein Miniaturmatriarchat. Da dieses Matriarchat jedoch das Entwicklungsmilieu der Kinder darstellt, prägt fast ausschließlich die Mutter ihre Söhne und damit die später herrschenden Männer. Mit anderen Worten: In der vaterlosen Gesellschaft, wider Willen isoliert, bestimmt nur noch die Mutter die Entwicklung zum Mann.

Einige Momente der narzißtischen Lust werden in einem Essay über Saddam Hussein von Hans Magnus Enzensberger «Hitlers Wiedergänger» prägnant herausgestellt.[157] Enzensberger vergleicht Hitler und Saddam Hussein als «Alles-Vernichter». Der Todeswunsch ist ihr Motiv, ihr Modus der Herrschaft ist der Untergang. Diesem Ziel dienen alle seine Handlungen. «In der Geschichte kann ein Hitler, ein Saddam nur dadurch eintreten, daß ganze Völker ihr Kommen herbeiwünschen.» «Die Massen, die sich dem einen oder dem anderen als Schlächter und Schlachtopfer zur Verfügung stellen, entsprechen ihren todesberauschten Führern.» Als Hitler, von Hindenburg zum Reichskanzler ernannt, die vernichtungsfähige Machtposition erreicht hatte, erklärte er beim Eintritt in die Reichskanzlei am Nachmittag des 30. Januar 1933 dementsprechend doppeldeutig: «Keine Macht der Welt wird mich jemals lebend hier wieder herausbringen.»[158]

Die Bevölkerung aber – wie wir heute an der Zunahme des Rechtsextremismus, der Ausländerfeindlichkeit und Gewaltorientierung beobachten können – entspricht dem. Langzeituntersuchungen zur jugendlichen Gewaltbereitschaft haben ergeben, daß die sogenannte «instrumentalistische Einstellung» sowohl zu Ausländerfeindlichkeit und Gewaltlust einerseits, wie zu einer Berufsauffassung führt, die «nur vom Geldverdienen, Aufstiegs- und Karrieredenken geprägt ist. Die Beziehungen der Eltern zu ihren Kindern sind oft selber schon in dieser Form funktionalisiert.»[159]

Der Psychoanalytiker Stavros Mentzos sieht die narzißtische Bedürftigkeit in einem besonderen Licht. Er nimmt an, daß ein primärer Ambivalenzkonflikt zwischen zugewandten und selbstbezogenen (narzißtischen) Bedürfnissen entsteht: wie sehr wende ich mich den Partnern zu – wie sehr wende ich mich mir selbst zu. Im Falle einer narzißtischen Beeinträchtigung entstehen nun durch die einseitige Betonung des Eigennutzes mächtige latente Schuldgefühle. Sie entsprechen der Tatsache, daß man die andere Seite der ursprünglichen und konflikthaften psychischen Konstellation unbeachtet ließ, nämlich, sich den anderen zuzuwenden. «Diese Schuldgefühle müssen irgendwie erledigt werden und hierzu haben sich die Projektion, die Feindbildung und schließlich der Krieg als die ‹besten Mittel› erwiesen.»[160] So gesehen hängt die narzißtische Lustkomponente eng zusammen mit dem vorgenannten moralischen Masochismus. Sie ist natürlich auch legiert mit der sadistischen Kriegslibido. Viel bedeutsamer ist es aber, daß sich die narzißtische Lust in zahllosen Momenten versteckt. Etwa in den ‹edlen Maximen›, die Henry Kissinger im Mai 1982 in einer Londoner Rede so formulierte: «In der Falkland-Krise erinnert Britannien uns alle daran, daß gewisse Grundprinzipien, solche wie Ehre, Gerechtigkeit und Patriotismus, gültig bleiben und durch mehr als bloße Worte erhalten werden müssen.»[161]

Lloyd deMause berichtet, daß die zu den Falkland-Inseln losgeschickte britische Streitmacht «durch das Jubelgeschrei des Parlaments (‹Taten, nicht Worte›)» begleitet wurde «und daß es auf der argentinischen Seite, auf der Plaza de Mayo, auch Freudentränen gab».[162] Noch erlöster – wie mehrfach erwähnt – schien die britische Bevölkerung und die ihr Ausdruck gebende

Massenpresse im Golfkrieg 1991 zu sein: «Happy days are here again.»

21.

«Der höchste Sinn der Erotik ist der Tod» (Georges Bataille[163]):
Der Krieg als erotisches Fest.

«Gerade, als ich mich mitten im Sprung über einen etwas sorgfältiger ausgestochenen Graben befand, riß mich ein durchdringender Stoß vor die Brust wie ein Flugwild aus der Luft. Mit einem lauten Schrei, mit dessen Gellen die Lebensluft auszuströmen schien, wirbelte ich um die Achse und klirrte zu Boden.

Nun hatte es mich endlich erwischt. Gleichzeitig mit der Wahrnehmung des Treffers fühlte ich, wie das Geschoß ins Leben schnitt. Schon an der Straße nach Mory hatte ich die Hand des Todes gespürt – diesmal griff er fester und deutlicher zu. Als ich schwer auf die Sohle des Grabens schlug, hatte ich die Überzeugung, daß es unwiderruflich zu Ende war. Und seltsamerweise gehört dieser Augenblick zu den ganz wenigen, von denen ich sagen kann, daß sie wirklich glücklich gewesen sind. In ihm begriff ich, wie durch einen Blitz erleuchtet, mein Leben in seiner innersten Gestalt. Ich spürte ein ungläubiges Erstaunen darüber, daß es gerade hier zu Ende sein sollte, aber dieses Erstaunen war von einer sehr heiteren Art. Da hörte ich das Feuer immer schwächer werden, als sänke ich wie ein Stein tief unter die Oberfläche eines brausenden Wassers hinab. Dort war weder Krieg, noch Feindschaft mehr.»[164]

Dieser Bezug zwischen Liebe und Krieg scheint mir am tiefsten zu gehen: Es ist die Einheit der letzten Hingabe. Der Krieg ist auf den Tod aus. Der Tod ist heute vielleicht nicht mehr das offizielle Ziel des Krieges. Denn längst ist erkannt, daß die Macht des Siegers erhöht wird, wenn der Besiegte nicht getötet und seine Habe nicht zerstört, sondern genutzt wird. Der Tod bleibt aber das Geheimziel.

Menschen, die intensiv das Leben erfahren haben, vor allem Dichter, wissen um die tiefe Einheit von Liebe und Tod. Georges Bataille hat diesen innigsten Zusammenhang in seinem Hauptwerk «Der heilige Eros»[165] am deutlichsten formuliert. Denn wenn wir uns auf die Liebe wirklich in aller Tiefe einlassen – was

137

uns vielleicht nur sehr selten gelingt –, dann wollen wir unsere abgegrenzte Individualität aufheben und in eine große, als unendlich erlebte Ganzheit eingehen. Wir verschmelzen nicht nur mit dem geliebten Menschen, sondern mit dem ganzen Leben, mit dem Kosmos. Dieses «Eingehen» hat in der deutschen Sprache eine doppelte Bedeutung: «eingehen» ist auch ein Wort für «sterben». Wir erleben nämlich den Tod ebenso: als ein Eingehen in das kosmische «Kontinuum» (Bataille). Wir verschmelzen wieder mit unserem Ursprung. Dementsprechend wird im Französischen der Orgasmus manchmal mit der Wendung «la petite mort» umschrieben.

So enthält der Krieg als Todesbringer eine fundamentale, meist unbewußte Identität mit einer großen Liebe. Die Kriegsbereitschaft wird Bereitschaft zum Liebestod. Das meint ja auch das Opfer, das selbst bei nüchternster Funktionalität vom Mann im Krieg verlangt wird für diejenigen, die er liebt.

Georges Bataille schreibt: «De Sade – das, was er sagen wollte, flößt gewöhnlich denen Schrecken ein, die ihn zu bewundern vorgeben, und die jene beängstigende Tatsache von allein nicht erkannt haben: daß nämlich der Trieb der Liebe, bis zum äußersten gesteigert, ein Todestrieb ist. Diese Verbindung sollte nicht paradox erscheinen: Der Exzeß, aus dem die Zeugung hervorgeht, und der Exzeß des Todes können nur der eine mit Hilfe des anderen verstanden werden.»[166] «Das Leben hört nicht auf zu zeugen, aber nur, um zu vernichten, was es zeugt.»[167] «Das Leben ist seinem Wesen nach ein Exzeß, es ist die Verschwendung von Leben.» – «Im äußersten jedoch sind wir entschlossen, zu bejahen, was unser Leben in Gefahr bringt.»[168]

Batailles erotische Einsicht macht deutlich, daß der Ursprung von Krieg, Opfer und Orgie derselbe ist: «Er liegt in der Existenz von Verboten, die sich der Freiheit der mörderischen oder der sexuellen Gewalttätigkeit widersetzten. Diese Verbote bestimmten unvermeidlich den explosiven Ausbruch der Übertretung.»[169]

«Der Charakter des archaischen Krieges erinnert an den des

Festes. Selbst der moderne Krieg ist von diesem Paradox nie ganz fern. Das Gefallen am prächtigen und auffallenden Kriegs-gewand ist archaisch. Ursprünglich scheint der Krieg sehr wohl ein Luxus zu sein. Er ist kein Mittel, durch Eroberung den Reich-tum eines Herrschers oder eines Volkes zu vermehren: Er ist ein aggressiver Überschwang, der die großzügige Freigiebigkeit der Exuberanz beibehält.»[170]

Man mag an dieser These, Krieg sei luxurierender Über-schwang, zweifeln. An seinem Festcharakter kann man nicht vor-beigehen. Freud bemerkte dazu: «Bei allen Verzichten und Ein-schränkungen, die dem Ich auferlegt werden, ist der periodische Durchbruch der Verbote-Regel, wie ja die Institution der Feste zeigt, die ursprünglich nichts anderes sind als vom Gesetz gebo-tene Exzesse und dieser Befreiung auch ihren heiteren Charakter verdanken.»[171]

Den Zusammenbruch des portugiesischen Weltreiches besie-gelte die Schlacht bei Alcacer am 4. 8. 1578 gegen das marokkani-sche Sultanat. Reinhold Schneider schildert die Vorbereitungen zu diesem Krieg:

«Langsam gehen die Rüstungen vorwärts... Die Adligen stellen ein beson-deres Corps und überbieten sich mit allem erdenklichen Prunk, als gälte es eine Hochzeit zu feiern. Ihre Zelte sind aus Seide und mit Gold und Silber bestickt, die Kleider von Spitzen verschleierter Brokat, auf den Hüten flak-kern Diamanten. Schwere goldene Ketten klirren bei jedem Tritt der dama-stenen Schuhe, an denen silberne Sporen blitzen.»[172]

Ernst Jünger im Weltkrieg 1914–1918:

«Es ging zum letzten Sturm. Wie oft waren wir in den verflossenen Jahren in ähnlicher Stimmung in die westliche Sonne geschritten! Les Epargnes, Guillemont, St. Pierre-Vaast, Langemarck, Passchendaele, Mœuvres, Vraucourt, Mory! Wieder winkte ein blutiges Fest.»[173]

Wir feiern dieses Fest unblutig vor dem Bildschirm oder dem Kino. «Die schnellste Verbindung zwischen Liebe und Tod führt im Kino durch den Lauf der Feuerwaffen ins Herz der Zuschauer.»[174]

Das schon zitierte Wort, das Hans Henny Jahnn seine Medea sprechen läßt: «Du darfst mich töten, wenn du mich nur liebst» ist das Pendant zur psychoanalytischen Einsicht, wie sie beispielsweise Kurt R. Eissler ausführt: Die allgegenwärtige Ambivalenz bahnt den Weg für die «Abfuhr von Aggression gegen geliebte Objekte, und der Mensch wird gerade da zerstörerisch, wo er liebt.[175] Das sind zwei Aspekte eines gemeinsamen großen Geschehens, einer Hingabe, die mir gleichsam aus der Tiefe der Evolution eine Spiegelung des sogenannten «Lebensstromes»[176] zu sein scheint. Dessen erstes Ziel ist weder Selbsterhaltung noch Arterhaltung, sondern die vielgestaltige Weiterentwicklung des Lebens.

22.

Als Aktion des Beutetriebs stillt der Krieg kannibalistische Lüste.

«Alle Könige wären gerne Löwen», bemerkt Elias Canetti in seinem Hauptwerk «Masse und Macht».[177] Sie sind die großen Ergreifer. «Das Lauern, der Sprung, das Einschlagen der Tatzen, das Zerfleischen, alles ist bei ihnen noch in einem zusammen.» Im Ergreifen und Einverleiben ist das Urbild der Macht gegeben, das im Verschlingen, Verdauen und Ausscheiden genaue Parallelen aufweist. Wenn der König von Uganda auf den Thron kam, hieß es, er habe «Uganda gegessen».[178] Bei der Inthronisierung fand eine Jagd statt. Eine Gazelle wurde gebracht und freigelassen, der König mußte sie jagen. Dann griff man zwei Männer von der Straße auf, zufällige Passanten: Der eine wurde erdrosselt, dem anderen das Leben geschenkt. Es gab die merkwürdige Sitte, daß Opfer paarweise mit verbundenen Augen vor den König geführt wurden. Der eine wurde getötet, dem anderen wurde das Leben geschenkt. Die feste Einrichtung von Menschenopfern beruhte darauf, daß dem König durch diese Tode Kraft zugeführt wurde. Im Nachbarreich von Kitara schoß der

König mit einem Bogen vier Pfeile in die vier Himmelsrichtungen ab und sagte dazu: «Ich erschieße die Nationen, um sie zu überwinden.»[179] Zu Beginn jeden Jahres wurde dieses «Erschießen der Nationen» vom König wiederholt.

Der Krieg hat viele Gemeinsamkeiten mit der Jagd – mit dem allerdings entscheidenden Unterschied: daß zwei Gruppen Jagd aufeinander machen. Ernst Jünger zitiert aus einem Brief, den er bei einem gefallenen Amerikaner fand, Krieg sei für viele «sehr interessant, noch interessanter als Tigerjagd».[180] Ich zitierte oben schon eine Kampfepisode des Ersten Weltkrieges, als auf Schotten «Jagd gemacht» wurde.

Das ist keine oberflächliche Parallele, sondern tief verankert in unserer unbewußten Phantasie vom Krieg und wahrscheinlich auch ein Aspekt der Urgeschichte des Krieges. Eine Kriegsform bezeichnen die Melanesier der San Cristóbal-Insel als «Surumä». Sie erfolgt ohne Ankündigung. Man tötet jeden, auch Frauen, Kinder und Alte, und verzehrt sie anschließend. Das ist in ganz Melanesien und Neuguinea üblich.[181]

Die Maori suchten ebenfalls bei solchen Überfällen so viele Gegner wie möglich zu töten. «War der Feind erst einmal geschlagen und flüchtete, und waren die Kämpfenden dicht beieinander, konnte ein schneller Läufer in kurzer Zeit ein Dutzend Gegner bewußtlos schlagen; das Hauptziel dieser schnellfüßigen Krieger war, den Gegner ständig zu verfolgen, nicht mit dem Rennen aufzuhören, und immer nur einen Schlag pro Mann zu führen, um ihn zum Krüppel zu machen, damit die Nachfolgenden ihn dann einholen und restlos erledigen konnten. Es war nicht ungewöhnlich für einen Mann, der kräftig und schnell zu Fuß war, zehn oder ein Dutzend Männer des etwa in eine Richtung fliehenden Gegners mit einem leichten Speer so zu verwunden, daß sie auf jeden Fall eingeholt und getötet wurden. Die getöteten Feinde wurden verspeist.»[182]

Der tiefere Zusammenhang zwischen Jagd und Krieg liegt eben darin, daß es im Ursprung um eßbare Beute ging. In einigen afrikanischen Stämmen wurden die Besiegten zu Eßsklaven gemacht, die als lebende Nahrung im Troß hinter den Kriegführenden hergingen, um zu gegebener Zeit verzehrt zu werden. Es soll in dieser lebenden Proviantgruppe zu Rangordnungen gekommen sein. Die erste Position war begehrt: aus Stolz, wegen des besten Fleisches als nächster dran zu sein.[183]

Auch moderne Kriegsdarstellungen wimmeln von kannibalistischen Begriffen. Zum chinesischen Bürgerkrieg 1919 heißt es in einer Bildreportage: «In den späten dreißiger Jahren überrannten japanische Truppen einen großen Teil Chinas, konnten es aber nicht schlucken» *(could not swallow it all)*[184]. Oder: In einem Fazit von Richard Ruffine, Pentagon-Analytiker: «Wenn beide Seiten alle verfügbaren Technologien der Raketenabwehr und für die Überwindung der gegnerischen Abwehr einsetzen würden, könnten wir die Sowjets schlucken.»[185] Oder: Nach der Invasion von Grenada häuften sich «kannibalistische Phantasien in den Medien – eine Repräsentation unserer ‹beißenden Wut›, entsprechend den ‹Menschenfresser›-Phantasien primitiver Rituale. Gewöhnlich lebten wir unsere beißende Wut nur in projizierter Form durch», bemerkt Lloyd deMause.[186] Oder: Der amerikanische Präsident antwortete auf Fragen von Präsidentschaftskandidaten: «Wie ein streunender Wolf starrt Castros Kuba mit hungrigen Augen und scharfen Zähnen auf seine friedliebenden Nachbarn.»[187]

Der blutige Kannibalismus zeigte sich noch in Postkartenformat vor Beginn des Ersten Weltkrieges auf beiden Seiten der Gegner, als in Frankreich die Deutschen und in Deutschland die Franzosen in zahllosen Varianten als kommende Opfer des eigenen Kannibalismus dargestellt wurden.

Auch in heutigen Kriegen geht es nach wie vor um eine Beute, wenn sie auch nicht mehr unmittelbar Freßbeute ist. Es geht um Eroberungen oder andere Güter – nur verschobene Ziele. Wir vergessen gern, daß die ursprünglichen Waffen die Ernährung sicherten und daß auch Krieg ernährte. Im Krieg ging es um die

– wie auch immer definierte – «Sicherung der Existenzgrundlagen», eine Funktion des Kampfes, die ein Frieden auf anderem Wege erreichen müßte.[188]

Ich habe ja bereits darauf aufmerksam gemacht, daß auch jenseits der individuellen Motivation die Ernährung die geheime Absicht des Krieges darstellt (am Beispiel des Spacings, das die natürlichen Ressourcen für eine Gruppe garantiert, siehe Seite 76 f).

So ist es kein Wunder, daß man im Rahmen der phallischen Drohung zum Schutz vor Angreifern, wie sie Figuren und Amulette in allen Erdteilen aufzeigen, auch die kannibalistische Drohmiene mit entblößten Zähnen vorfindet. Im übrigen gibt auch die Etymologie einen Hinweis: Während «kriegen» in seiner Grundbedeutung «Krieg führen» heißt, steht es umgangssprachlich – aus «erkriegen» gekürzt – für das hochsprachliche Wort «bekommen».[189] Auf diesem Hintergrund ist dann der Krieg auch als «organisierter Diebstahl» (Jacob Bronowski[190]) zu verstehen.

Wenn Horst-Eberhard Richter[191] also formuliert, «der elementare Wille, zu leben und Leben zu erhalten, ist die eigentliche Gegenkraft, mit der man sich der in Gang befindlichen und noch bevorstehenden Destruktion entgegenstemmen will und muß», so muß man ebenso erkennen, daß fatalerweise ein solcher Wille zu leben auch dem Krieg ursprünglich innewohnt.

Der Kulturpsychologe Christian Kellerer[192] nimmt neben dem Sexualtrieb, den die Psychoanalyse als zentral für jedes menschliche Verhalten ansieht, einen bisher aus verständlichen Gründen verdrängten zweiten Elementartrieb an: den Ernährungstrieb. Aggressiver und praxisnäher formuliert: den Beutetrieb. Er bezieht sich heute im wesentlichen auf die «abstrakte Nahrung», beispielsweise das Geld, und ist wie der Sexualtrieb allgegenwärtig in jedem Verhalten. Da er letztlich auf Tötung hinausläuft – der Pflanze, des Tieres oder des Menschen –, könnte er einige Chancen haben, eben jenen zweiten Trieb darzustellen, um den Freud zeitlebens rang: den sogenannten Aggressionstrieb. Der Vorteil der neuen Definition wäre seine eindeutigere Einbettung in die Evolution, in der das Prinzip der Gewalt im Sinne von «Fressen und Gefressenwerden» unverkennbar ist. Allerdings hat es dieser Beutetrieb noch schwerer, ausformuliert und bewußt zu werden, weil er sehr viel stärker unter Tabu steht als sein erotisches Pendant. Die neueste Aggressionsforschung aus der psychoanalytischen Säuglingsbeobachtung scheint das wie erwähnt zu bestätigen: Eine wesentliche Komponente der Aggressivität wurzelt in einem ursprünglichen Beutetrieb.[193]

Das Nahrungsziel des Krieges kann natürlich bis zur Unkenntlichkeit variiert sein. Ich erwähnte schon, daß die Mundurucu angeben, sie führten nur wegen der Kopfjagd Krieg.[194] Auf einer höheren Kriegszielebene entpuppte sich, daß sie die Nicht-Mundurucu als Nahrungskonkurrenten ausschalteten und damit tatsächlich ihre eigene Ernährung sicherten. Allerdings ist diese Argumentation noch zu rational. Viel lebendiger wird ihr Beutetrieb, wenn man hört, daß ihre Feinde als «Pariwat» bezeichnet werden. «Pariwat» ist ein Sammelname für Peccari-Schweine und Tapire, ihr Jagdwild. Ihr Sprachgebrauch macht also deutlich, daß der Gegner selbst wenigstens in der unbewußten Phantasie, wahrscheinlich aber auch in der früheren Realität, die Freßbeute gewesen ist. Alles spricht dafür, daß massiver Kannibalismus auch in Europa üblich gewesen ist.[195] «Es kann aber als gesichert gelten, daß der Pithekanthropus und die Menschen des Paläolithikums Menschenfresserei praktizierten[196] und daß der Kannibalismus eine der wichtigsten Praktiken aller Institutionen am Anfang der Menschheitsgeschichte darstellt.»[197]

Die Tupinamba Brasiliens beweisen erstaunliche Langmut beim Essen ihrer Gefangenen. Denn bis zur Verspeisung können sich die besiegten Krieger oft über mehrere Jahrzehnte frei im Stamm bewegen. Ja, sie können sogar heiraten und Kinder haben.[198] Auf verblüffende Weise wird hier der Kriegstod mit Vermehrung der eigenen Gruppe kombiniert, ein Kraftzuwachs des Stammes, der deutlich über das kannibalistische Mahl hinausgeht. Das geschieht auch in den mythologischen Vorstellungen, in der Psychologie dieser Jäger und Sammler: Der Körper des Gefangenen wird zum gegebenen Zeitpunkt sorgfältig von den Ältesten aufgeteilt. Sein Verzehren ist gleichzeitig Kriegsrache, Wiederaneignung der Vorfahren, die von den Feinden gegessen wurden, und Schutz gegen künftig drohende Gefahren. «Kannibalismus und Krieg treffen hier aufeinander»[199], schreibt Jacques Attali in seinem Werk «Die kannibalische Ordnung». Andere Stämme wählen eine Variante, die sich mit einem ursprünglicheren Familienkannibalismus verbindet: Die Leidenschaft der Eingeborenen für das menschliche Fleisch trifft nicht nur die geschlagenen Gegner, sondern auch eine besondere Gruppe der eigenen Kinder. Es waren jene Kinder, die aus der Verbindung mit den im Krieg erbeuteten Frauen hervorgingen. Diese zum Essen bestimmten Kinder wurden bis zu ihrem zwölften Lebensjahr aufgezogen[200], und man kann sich nicht des Eindrucks erwehren, daß diese Kinderherde eine abartige Analogie von Rinderherde darstellt. Familienkannibalismus war nicht nur in Peru vor der Herrschaft der Inka, sondern auch bei den Stämmen Australiens und bei den Ibo im Nigerdelta in Afrika üblich.[201]

Märchen von Menschenfressern oder auch Hänsel und Gretel spiegeln vielleicht eine urgeschichtliche Realität. Es ist wahrscheinlich die brisante Nähe zu uns gefährlich scheinenden inneren Impulsen, die den Zwang zum Selbstzwang besonders streng einsetzen ließen. Norbert Elias hat das an den zunehmend eingeschränkten Sitten beim Verzehr von Fleisch deutlich gemacht[202], die es in der um Jahrtausende längeren Zivilisationszeit Chinas sogar so weit brachten, daß das Messer vom Tisch gänzlich verschwand. Dort kursiert nun die Redewendung, daß die Europäer «mit den Schwertern essen»[203]. «Während des zwanzigsten Jahrhunderts bis hinein in unsere Gegenwart», schreibt Attali, «blieb das Phänomen des Kannibalismus verschwommen: Es wird abgelehnt, vergessen, banalisiert und verharmlost.»[204]

Es scheint aber für einige frühe Kulturen sogar eine Zeit des «wilden Kannibalismus» gegeben zu haben, der erst später gezähmt und ritualisiert wurde.[205] Die Stämme im Norden Australiens fressen nach Géza Roheim fast alle ihre Kinder, die im Süden jedes zweite.[206] Dennoch ist natürlich der Kannibalismus «während sehr langer Zeit weder etwas Schwerwiegendes noch Traumatisierendes oder Außergewöhnliches, sondern etwas Banales, ja Notwendiges, weise und heiter»[207]. Bleibt noch zu vermerken, daß Menschenfleisch nach Aussagen aller Tupinamba «herrlich gut und köstlich» schmeckt.[208]

Während der Epoche des ritualisierten Kannibalismus werden Götter die «privilegierten Esser»[209]. Noch im 15. Jahrhundert bestehen kannibalistische Reiche wie etwa die der Azteken. Da ihre Armeen um ein Tausendfaches größer waren als die Gegner, konnten sie entsprechend mehr Gefangene machen. Sie waren die Hauptnahrungsquelle für die Aztekengötter. «Anläßlich der Weihe der großen Pyramide von Tenochtitlán im Jahre 1487 wurden vier Reihen Kriegsgefangener, jede Reihe drei Kilometer lang, von einer Mannschaft von Henkern geopfert, die vier Tage lang Tag und Nacht arbeitete.»[210] Es waren etwa 14000 Menschen. Die Pyramiden der Azteken sind offensichtlich so steil angelegt, damit nach dem Entreißen des oft noch pochenden Herzens als Opfergabe der Körper des Kriegsgefangenen leicht abwärts gerollt werden konnte, um das Fleisch der Menge zugute kommen zu lassen.[211] Aber auch in Europa ist bei vergleichsweise jungen militärischen Zivilisationen Kriegskannibalismus üblich: «Nach Pausanias von Lydien sollen die Gallier unter dem Kommando von Combutis und Orestorius die gesamte männliche Bevölkerung von Callieas getötet, dann deren Blut getrunken und ihr Fleisch gegessen haben.»[212]

Nach Attali zeigt sich übrigens eine direkte Verbindung zwischen Kannibalismus und Sexualität in den ersten Einschränkungen der Menschenfresserei. Diese verhinderten die Bedrohung der Gruppe durch sich selbst. Bei den Guayaki können beispielsweise nicht alle Toten von allen Lebenden gegessen werden. Väter und Mütter essen nicht ihre Söhne und Töchter; Brüder und Schwestern essen sich nicht untereinander. Das entspricht genau den Inzestschranken. Bei den Tupi steht dasselbe Wort für «Miteinanderschlafen» und «Essen». Bei ihnen ist das Verbot schon weiter gefaßt: Verwandte dürfen sich nicht essen. Am deutlichsten zeigt sich der innige Zusammenhang des auch noch bei uns umgangssprachlichen «Ich könnte dich vor Liebe fressen» in einer Strafe der Guayaki: Hat ein Vater dort Inzest begangen, wird er von einer Frau des Stammes verspeist, weil er «seine Tochter gegessen» hat.[213] Die psychoanalytische Erkenntnis der sexuellen Entwicklung, die Oralität und Genitalität verbunden sieht[214], liegt hier in gleichsam roher, konkreter Form vor.

Wer sich zu einer kannibalistischen Triebtheorie nicht entscheiden kann, findet auch in der Frustrationstheorie genügend Material für eine kollektive orale Aggressivität. Der Entzug wesentlicher Geborgenheit (letztlich die große Verlustzone, sich selbst wirklich als handelndes und erlebendes Subjekt verstehen zu können – siehe unten) bei gleichzeitigem Anheizen eines verschlingenden Konsums in unserer Gesellschaft dürfte zu einem starken latenten Druck kannibalistischer Aggressivität führen. Die Kompensation von Enttäuschungen durch Essen ist ein bekanntes Muster. Im übrigen hängt diese Komponente der Lüste auch mit der aggressiven Erotik zusammen. Als in den Vereinigten Staaten die kannibalistischen Phantasien nach der Grenada-Invasion aufkamen, traten gleichzeitig auch Vergewaltigungsphantasien auf.

23

Die Lust am Überleben.

«Der Augenblick des Überlebens ist der Augenblick der Macht. Der Schrekken über den Anblick des Todes löst sich in Befriedigung auf, denn man ist nicht selbst der Tote.»[215]

So führt Elias Canetti eine Lustform ein, von der ich nicht genau weiß, ob ich sie hier noch unter die triebnahen Lüste rechnen kann oder lieber dem nächsten Kapitel zuweisen soll. «Die Genugtuung des Überlebens, die eine Art von Lust ist, kann zu einer gefährlichen und unersättlichen Leidenschaft werden. Sie wächst an ihren Gelegenheiten. Je größer der Haufen der Toten ist, unter denen man lebend steht, je öfter man solche Haufen erlebt, um so stärker und unabweislicher wird das Bedürfnis nach ihm. Die Karrieren von Helden und Söldnern sprechen dafür, daß eine Art von Süchtigkeit entsteht, der nicht mehr abzuhelfen ist.»[216] Canetti bestreitet die übliche Erklärung, daß solche Menschen «nur noch in Gefahren atmen können». Er meint, «was sie wirklich brauchen, was sie nicht mehr entbehren können, ist die wieder und wieder erneute Lust am Überleben».[217]

Es ist schwer von der Hand zu weisen, daß es eine solche Lust gibt. In der heutigen psychodynamischen Psychologie werden die bewußten und unbewußten Schuldgefühle der Überlebenden stark beachtet. Aber gerade sie könnten auch gut ein Beweis für diese Leidenschaft zu überleben sein. Ihre Bedeutung wird – nach Canetti – an der Zahl der Toten gemessen. Und man mag unabhängig vom Krieg im Alltag alter Menschen das begehrlicher werdende Lesen der Todesanzeigen auf eine ähnlich verstohlene Lust zurückführen.

«Alle Kriegshelden und Feldherren zusammen übertraf Cäsar dadurch, daß er die meisten Schlachten geliefert und die größte Menge von Feinden erlegt hat. Denn in nicht vollen zehn Jahren, während welchen er den Krieg mit Gallien führte, hat er über achthundert Städte im Sturm erobert, dreihundert Völkerschaften unterjocht, sich nach und nach mit drei Millionen Menschen geschlagen und von diesen eine Million im Streit getötet und ebenso viele zu Gefangenen gemacht.» Diese Bilanz stammt von Plutarch – nach Canetti einem der humansten Geister, welche die Menschheit hervorgebracht hat. So viele Feinde also hat Cäsar glücklich überlebt. Dem Feldherrn werden sie allein zugeschrieben, doch werden die Soldaten nicht frei von dieser Lust sein.

Es handelt sich hier nicht um das, was früher einmal Selbsterhaltungstrieb genannt wurde – so Canetti. Zum einen gehe es nicht darum, den einzelnen Menschen allein zu betrachten, zum anderen sei der Begriff «Erhaltung» – wir müssen essen und uns verteidigen – zu friedlich. «Die Art, wie er sich seine Beute verschafft, ist tückisch, blutig und zäh, und schon gar nicht ist er passiv dabei. Feinde hält er sich nicht mild vom Leib, sondern er greift sie schon an, wenn er sie in der Ferne wittert. Seine Angriffswaffen sind besser entwickelt als die Waffen, die der Verteidigung dienen... Der Mensch will töten, um andere zu überleben.»[218]

Im Glauben der Naturvölker gibt es den Begriff «Mana», unter dem man in der Südsee eine Art übernatürlicher und unpersönlicher Macht versteht, die von einem Menschen auf den anderen übergehen kann. «Sie ist sehr erstrebenswert und es ist möglich, sie in einzelnen Individuen anzureichern.» Das Mana eines erschlagenen Feindes geht auf einen tapferen Krieger über.[219] So könnte man auch einen subtilen Zusammenhang dieser Überlebenslust mit der kannibalistischen Komponente der Kriegslust vermuten.

VI.

Vielfältige Formen triebferner oder funktionaler Lüste: Kriegsarbeit, Abenteuer, Gemeinschaft, Sieg.

24.

«Es waren ihrer nur hundert, aber sie ritten und schossen wie tausend»[220] :
Die Lust an der Masse.

«Die Maori stellten sich in einer verlängerten Linie auf, vier Mann tief. Der Tanz, Haka genannt, mußte jeden, der ihn zum ersten Mal erlebte, mit Schrecken und Angst erfüllen. Die ganze Gesellschaft, Männer und Frauen, Freie und Sklaven, waren durcheinandergemischt, ohne Rücksicht auf den Rang, den sie in der Gemeinde einnahmen... Der Takt des Gesanges, der den Tanz begleitete, wurde sehr streng eingehalten. Ihre Beweglichkeit war erstaunlich. Plötzlich sprangen sie vom Boden senkrecht in die Höhe, alle genau zugleich, als wären die Tanzenden alle zusammen von einem Willen belebt.»[221] «Schließlich hat man den Eindruck, ein einziges Geschöpf mit fünfzig Köpfen, hundert Beinen und hundert Armen ausgestattet vor sich zu sehen, die alle genau auf dieselbe Weise oder in einer Absicht agieren. Die gemeinsame Präzision ist verblüffend. Es ist, als würde jeder Körper in alle seine einzelnen Teile auseinandergelegt, nicht nur in Beine und Arme, denn das ist oft der Fall, sondern auch in Zehen, Finger, Zungen und Augen, und nun tun sich alle Zungen etwa zusammen und vollführen im selben Augenblick genau dasselbe... Der Anblick von dreihundertfünfzig Menschen, die zugleich in die Höhe springen, zugleich die Zunge herausstrekken, zugleich die Augen rollen, muß einen Eindruck von Einheit geben, die unüberwindlich ist.»[222] Solche Tänze werden von klein auf eingeübt.

Es geht hier um die hochintensive Lust, einer Masse anzuge-
hören, beispielsweise einer kriegerischen Gruppe oder einem
Heer. Die Masse hat nach Canetti vier entscheidende Merkmale:
einen unwiderstehlichen Drang zu wachsen; die vollkommene
Gleichheit herzustellen; die Dichte zu lieben; und eine spezielle
Richtung einzuschlagen, die wiederum die Gleichheit stärkt. Ein
weiteres Charakteristikum ist das, was Canetti die «Zerstörungssucht» einer Masse nennt – gerichtet im Krieg wie im Frieden auf
Gebäude, Gegenstände, Bildwerke usw. Diese Zerstörungssucht
manifestiert sich in einer Entladung, dem wichtigsten Vorgang,
der sich in der Masse abspielt. Die Entladung macht die Masse
erst wirklich zur Masse. Die Masse hat zum Ziel, alle Trennun-
gen abzuwerfen, alle Grenzen zu zerstören, alle Rangordnungen
zu beseitigen. «Ungeheuer ist die Erleichterung darüber. Um
dieses glücklichen Augenblickes willen, da keiner mehr, keiner
besser als der andere ist, werden die Menschen zur Masse.»[223]

Psychoanalytisch gesehen kommt es hier zu einer Regression
im Sinne einer Entdifferenzierung der psychischen Struktur, ja,
ich meine sogar, zu einer Symbiose mit den anderen, die eine
wechselseitige Identifikation noch überschreitet. Das wesentliche Merkmal einer Masse, sich zu vergrößern, findet sich meines Erachtens auch im Individuum: auch die Person wächst in
dieser Entgrenzung über sich hinaus, sie wird in der Verschmelzung mit dem Massenkörper größer als sie selbst.

Sigmund Freud hat 1921 in «Massenpsychologie und Ich-
Analyse» diese Vorgänge von einem anderen Zugang her zu verstehen gesucht. Er spricht von einer speziellen Bindung, der
wechselseitigen Identifikation, und einem gemeinsamen Ich-
Ideal in Gestalt des Führers, das alle eint. Doch hebt er den Lust-
charakter dieser Massenbildung nicht sonderlich hervor. Er erwähnt zunächst eher kursorisch: «Es hat kaum einen Sinn, zu
fragen, ob die Libido, welche die Massen zusammenhält, homo-
sexueller oder heterosexueller Natur ist, denn sie ist nicht nach
den Geschlechtern differenziert und sieht insbesondere von den

Zielen der Genitalorganisation der Libido völlig ab.» Eben deswegen bestehe eine Gegnerschaft zwischen Geschlechtsliebe und Massenbindung.[224] Dann aber präzisiert er: «Es scheint gesichert, daß sich die homosexuelle Liebe mit den Massenbindungen weit besser verträgt, auch wo sie als ungehemmte Sexualstrebung auftritt; eine merkwürdige Tatsache, deren Aufklärung weit führen dürfte.»[225] So gesehen enthält die Massenlust auch Momente, die mit der oben genannten homosexuellen Komponente im Krieg zusammengehen.

Da nach Canetti die sicherste und oft die einzige Möglichkeit für die Masse, sich zu erhalten, das Vorhandensein einer zweiten Masse ist, auf die sie sich bezieht, ist die Kriegssituation eine besonders starke Gelegenheit zur Bildung von Massen. Genauer gesagt sind es zwei doppelt verschränkte Massen, nämlich einerseits die beiden Gegner und andererseits die lebenden Krieger und die potentiellen Toten, die man meist dem Gegner zuschreibt. Die Massenbildung beginnt im Krieg damit, daß «man beschließt, man sei mit physischer Vernichtung bedroht. Das allerdings sei nur ein Ergebnis des unbewußten Wunsches, die anderen zu töten.» So ist auch die Begeisterung, angesichts einer solchen Deklaration des Todes eine Masse zu bilden, ein Ergebnis der Feigheit des einzelnen vor dem Tod. «Man will dem Tod zuvorkommen, und man handelt in der Masse. Ohne das letztere hat man auf Erfolg mit dem ersteren überhaupt keine Aussicht.»[226]

Der Ursprung liegt nach Canetti im Wunsch nach mehr, nach einer größeren Zahl von Leuten, zu denen man gehört. Er ergibt sich aus einer Art seelischer Gegenbewegung zur verletzbaren kleinen Gruppe. «Die Schwäche des Menschen war seine geringe Zahl.»[227] Eine Kriegsmeute verwandelt sich so in eine Vermehrungsmeute, die von ungeheurer Bedeutung ist, weil sie die eigentliche Triebkraft zum Umsichgreifen des Menschen war.[228] Ihre Wirksamkeit sei nie voll erfaßt worden, weil der Begriff der Fortpflanzung diese Art von Vermehrung verdunkelt und verstellt hat. Im Zentrum der Nichtfortpflanzungsvermehrung stehe die Fähigkeit des Menschen zur Verwandlung, zur Identifizierung mit allen anderen Geschöpfen, was sich im Ahnenkult und in den Totenriten gut nachweisen läßt.

Die Analyse Canettis zu dieser besonderen Lust auf Massenbildung erinnert erstaunlich an eine der frühesten Geselligkeitsbildungen, die sich im Laufe der Evolution unter Tieren entwickelt hat: die Schwarmbildung von Fischen und Vögeln beispielsweise, die ja tatsächlich eine Form der Massenentstehung als Schutz gegen räuberische Feinde darstellt. Gleichzeitig aber dürfte heute die Massenbildung ihre große Faszination auf die Bevölkerung dadurch gewinnen, daß sie aus den komplizierten inneren und äußeren Strukturen und der anwachsenden Fremdheit untereinander mit einem Schlag herausführt in eine Egalität, die anders kaum noch erlebt werden kann.

25.

Funktionslust der Kriegsarbeit.

Samuel Cohen, der Erfinder der Neutronenbombe, im Interview mit einem niederländischen Fernsehreporter im Herbst 1981:

«Frage: Wann haben Sie die Bombe erfunden?
Cohen: Das geschah im Sommer 1958. Ein Komitee des Verteidigungsministeriums hatte mich aufgefordert, die Möglichkeit der Herstellung von Kernwaffen für den Einsatz im Schlachtfeld zu untersuchen. Ich bin dann zu einem der Laboratorien gefahren, und da habe ich eine bestimmte Entdeckung gemacht, woraus die Neutronenbombe entstanden ist. Also, da war sie geboren: Also, es ist eigentlich ein riesiger Röntgenapparat. Das ist meine künstlerische Vorstellung *(zeichnet eine Reihe Häuser)* von der Silhouette einer Stadt. Und hoch oben in der Luft, so ungefähr tausend Meter über der Stadt, laß' ich meine Neutronenbombe explodieren.
Frage: Machen Sie gerne Waffen?
Cohen: Ehrlich gesagt, ja, es ist eine Herausforderung. Eine sehr fesselnde Beschäftigung.»[229]

Das gilt nicht nur für die Waffenkonstrukteure. Die sogenannte Funktionslust ergibt sich einfach daraus, daß man eine Handlung, eine Aufgabe gut erledigt. Es geht nicht um den konkreten Gewinn, den die Handlung vielleicht abwirft. Es geht um die Handlung selbst. Alle Leistungen im Krieg sind Arbeit. Der Krieg ist Arbeit wie andere Leistungen auch.[230]

Ernst Jünger schreibt: «Man wird begreifen, daß dieses ungewohnte Leben *(im Krieg)* uns sehr hart ankam, besonders, da den meisten von uns wirkliche Arbeit bislang nur dem Namen nach bekannt gewesen war.»[231]

Oder: «Ich hatte eine dem Handwerk, das wir auszuüben gedachten, angemessene Arbeitstracht angelegt: Vor der Brust zwei Sandsäcke mit je vier Spielhandgranaten, links mit Aufschlag-, rechts mit Brennzünder, in der rechten Rocktasche eine Pistole 08 am langen Bande, in der rechten Hosentasche eine kleine Mauserpistole, in der linken Rocktasche fünf Eierhandgranaten, in der linken Hosentasche Leuchtkompaß und Trillerpfeife, am Koppel Karabinerhaken zum Abreißen der Handgranaten, Dolch und Drahtschere.»

Diese Kriegsarbeit befriedigt, wenn sie gut getan ist. Die Kriegsauszeichnungen, der ungeheure Stolz der tapferen Soldaten, aber auch jede der tausend kleinen und großen Handlungen können eine solche Befriedigung mit sich bringen. Robert Oppenheimer, erklärte Carl Friedrich von Weizsäcker in einem «Spiegel»-Interview, habe «das Bombenunternehmen *(Entwicklung der Atombombe)* als technically sweet» bezeichnet.

Das Einüben gut sitzender Handgriffe, das reibungslose Funktionieren während einer gemeinsamen Aktion, der schlichte Gleichklang beim Marsch, das alles gehört zu dieser Funktionslust. Man könnte sie ableiten von jener Komponente nichtdestruktiver aggressiver Abfuhr, die dazu dient, sich selbst und die Umwelt zu kontrollieren und zu meistern.[232]

26.

Faszination der Kriegsgeräte: Waffenvernarrtheit.

Im fließenden Übergang führt die Funktionslust zur Begeisterung angesichts der neuesten Militärtechnik. Das schwingt schon in der Bemerkung Robert Kahns vom Pentagon mit, die Möglichkeiten der Großcomputer hörten sich für Militärs «ausgesprochen sexy» an. Die modernste Geschoßgeneration – knapp fünf Meter lange Projektile, die wahlweise von Fernsehkameras oder Infrarotsensoren ins Ziel gesteuert werden – erhielt von Waffentechnikern den Namen «smarte Raketen». Das Fasziniertsein von aggressiven Geräten kennt keine Grenzen. Es wird zum festen Bestandteil des Denkens: Beispielsweise werden die «Waffenvernarrtheit» der Welt und die «Gefahren der Neuen Weltordnung» (als vorgebliche Konspiration des Westens) aufgewogen gegen das viel bedeutendere Problem des Analphabetentums in der Arabischen Liga (21 Länder, 230 Millionen Einwohner).

Im zitierten Interview mit dem Erfinder der Neutronenbombe ist Samuel Cohens Begeisterung kaum gebremst:

«Frage: Haben Sie in Verbindung damit in den letzten 20 Jahren nie gedacht: O Gott, was hab ich erfunden?
Cohen: Nein, niemals. Es ist mit Abstand die genaueste Waffe, die jemals erfunden worden ist. Das klingt angeberisch. Aber es ist zufällig wahr. So etwas hat es noch niemals gegeben.»[233]

Der Glanz im Auge der Erfinder leuchtet auch in den Augen der Krieger: Der irakische Diktator Saddam Hussein gilt als «minenverliebt»[234]. Ernst Jünger, waffenbegeistert: «Und alles, was das Hirn im Laufe der Jahrhunderte in immer schärfere Formen gestaltet hatte, diente nur dazu, die Wucht der Faust ins Ungemessene zu steigern.»[235]

Zu Beginn des Golfkrieges 1991 ergriff die technische Faszination so gut wie alle. Der Kampf galt als ein von der Supermacht USA geführter «High-Tech-Krieg» vom Typ Dritter Weltkrieg gegen einen veralteten Maschinenpark nach Art des Ersten Weltkrieges[236]: laserstrahlgeführte Bomben; Raketen, die wie Schlangen feinste Temperaturgrade im Zielgebiet ausmachen können und punktförmige Zerstörungen anrichten sollten; «elektronische Decken», die über das Feindgebiet gelegt werden und sämtliche Kommunikation zwischen Führungszentralen und Truppen ersticken; Infrarotgeräte, welche die Nacht zum Tag machen, so daß der Bodenkampf vor allem während der Dunkelheit stattfinden sollte. Satelliten überwachten jede kleinste Bewegung auf irakischer Seite. Diese Genauigkeit und Transparenz fördert die Illusion eines Entkommens aus dem Ungewissen. Admiral William Crowe warnte deshalb: «Der Krieg ist eine unvorhersagbare Kunst, keine kalkulierbare Wissenschaft.»[237]

Zähne und Hände gelten Elias Canetti als Urbilder dieser Werkzeuglust. «Glätte und Ordnung als manifeste Eigenschaften der Zähne sind in das Wesen der Macht überhaupt eingegangen... Mit den primitiven Werkzeugen fing es an... Der Sprung vom Stein zum Metall war vielleicht der größte Sprung in dieser Richtung zunehmender Glätte. Der Stein mochte noch so gut geschliffen sein, das Schwert, erst aus Bronze und dann aus Eisen, war glatter. Es ist das eigentlich Anziehende und Bestechende am Metall, daß es so glatt ist wie sonst nichts. In den Maschinen und Fahrzeugen unserer modernen Welt hat sich diese Glätte gesteigert; sie ist zu einer Glätte der Funktion überhaupt geworden. Die Sprache drückt den Sachverhalt am einfachsten aus, man sagt, daß etwas glatt geht oder glatt funktioniert. Man meint damit, daß man einen Vorgang – welcher Art immer – völlig und ungestört in der Gewalt hat... Man spricht von Funktion, von Klarheit und Nützlichkeit, aber was in Wirklichkeit triumphiert hat, ist die Glätte und das geheime Prestige der Macht, die ihr innewohnt.»[238]

Eine andere Ableitung versucht er über die Hände, die mit Stock und Stein die ersten Waffen, die ersten harten Werkzeuge, faßten. «Es gibt also eine separate Zerstörungssucht der Hände, die nicht unmittelbar auf Beute und Töten ausgeht. Sie ist rein mechanischer Art und hat sich in mechanischen Erfindungen fortgesetzt. Sie ist eben in ihrer Unschuld besonders gefährlich geworden. Sie weiß sich von der Absicht, zu töten, frei und kann sich darum jede Unternehmung erlauben... Wo immer diese mechanische Zerstörungssucht der Hände, nun zu einem komplexen, technischen System ausgewachsen, sich mit der wirklichen Absicht, zu töten, verbindet, liefert sie den automatischen, den gedankenlosen Teil des resultierenden Vorgangs...»[239] Im Privaten und Kleinen erleben wir das beim gedankenlosen Spiel der Finger, wenn sie Zündhölzchen zerbrechen oder Papier zerknüllen.

Erich Fromm geißelt die Vergötterung der Technik als «Nekrophilie», als Lust, Lebendes in Totes zu verwandeln. Das auffälligste Merkmal des heutigen Industriemenschen sei die Tatsache, daß nicht mehr Menschen, Natur und lebendige Strukturen, sondern mechanische, nicht-lebendige Artefakte im Brennpunkt seines Interesses stehen. «Überall in unserer industrialisierten Welt gibt es Männer, die für ihren Wagen zärtlichere Gefühle und ein größeres Interesse hegen als für ihre Frau.»[240] In diesem Geiste heißt es in Punkt 4 des Ersten Futuristischen Manifestes von Filippo Tommaso Marinetti: «Ein Rennwagen, dessen Karosserie große Rohre schmücken, die Schlangen mit explosivem Atem gleichen... Ein aufheulendes Auto, das auf Kartätschen zu laufen scheint, ist schöner als die Nike von Samothrake.»[241]

Die Anbetung des globalen Technikums, die Lust, sich dieser Geräte im Krieg zu bedienen – in jeder Spielothek schon als moderne Massensucht erkennbar –, trägt nicht unwesentlich zur Kriegslust bei. Ja, diese Lustkomponente gewinnt bereits nostalgische Züge. So etwa, wenn die alten Kämpen des Luftkrieges von den «fliegenden Festungen», den B-52-G-Bombern, schwärmen: «Sie hat etwas Mystisches an sich», meint General John Borling, der Vizechef des Strategic Air Command in Omaha im US-Staat Nebraska, «wegen ihrer zerstörerischen Kraft besitzt sie etwas Entrücktes, das Ehrfurcht gebietet.»

157

Die Dinge, sagt Günther Anders, werden «zu Vertretern einer höheren Seins-Klasse»[242]. Sie spielen für den Menschen die gleiche Rolle wie Autoritätspersonen. «In seiner fleischlichen Tölpelhaftigkeit, in seiner kreatürlichen Ungenauigkeit vor den Augen der perfekten Apparaturen stehen zu müssen», erweckt die «prometheische Scham», «die Scham vor der ‹beschämend› hohen Qualität der selbstgemachten Dinge».[243]

Der unbewußte Grundmakel des sich Schämenden ist seine Herkunft: Der Mensch schämt sich, geworden statt gemacht zu sein. Und tatsächlich sieht ja das Konzept der neuesten Kriege vor, daß Geräte, die besser als der Mensch sind, den Menschen im Krieg ersetzen: die Roboter. Man kann sich also jetzt schon fragen, ob dann wirklich der Roboter den Menschen begleitet oder nicht umgekehrt: der Mensch den Roboter.

In jedem Falle erhalten die Geräte eine heute weitgehend verleugnete unbewußte Führungsfunktion, mit welcher sie – wie die Flöte des Rattenfängers von Hameln – die Menschen in den Krieg zu locken fähig sind.

27.

Lust an der Gewaltästhetik :
militärische Prachtentfaltung.

Der schöne Schein des Dritten Reiches zeigt die Ästhetik der Gewalt als Lebensprinzip und die Verführbarkeit des Menschen durch das Bündnis von Macht und Schönheit.[244] Die Pracht von Paraden und Parteitagen überwölbt jeden Militarismus. Es ist eigenartig, wie seit alters die Inszenierungen der Macht ihre Anhänger in Bann schlugen – man denke an die Propagandafilme über die Berliner Olympiade 1936 und den Nürnberger Parteitag der NSDAP von Leni Riefenstahl. Oder an die betörenden Szenen aus dem Vietnam-Film «Apocalypse now» von Francis Coppola.

Prunkvolle Uniformen gehörten stets zur ästhetischen Lust am

Krieg. «Männer gingen im Schmuck ihrer Kriegsrüstung einher», heißt es schon in der Bibel.[245] Im Golfkrieg 1991 entstand auch «die Modeschlacht: Es sah aus, als wäre der Krieg auch eine Modenschau gewesen: maßgeschneiderte Tarnanzüge und Soldatinnen mit Barett. Die GIs am Golf haben Mode gemacht.» Amerikanische Importwaren – wie Tarnhosen, Bomberjacken und Flieger-Kombis – waren sofort ausverkauft.[246]

Darüber hinaus wurde der Golfkrieg 1991 weltweit als Video-Clip technischer Schönheit vermarktet. Im amerikanischen Fernsehsender ABC begeisterte sich der Reporter über die ersten Bombenangriffe auf Bagdad: «Es ist das größte Feuerwerk, das ich je sah. Das ist wie Neujahr und 4. Juli zusammen... Das ist phantastisch!»[247]

Es geht mir hier nicht primär um die imposante Vermittlung der eigenen Macht im Sinne eines Propagandaeffektes. Bei der Ernennung Hitlers zum Reichskanzler schlug beispielsweise das deutsche Avantgarde-Künsterkollektiv ein «gigantisches Tonfilmwerk» vor: «Dieses Tonfilmwerk als monumentales Denkmal und Dokument für alle Zeiten soll in allen Sprachen der Welt erscheinen.»[248] Um diesen Zweck also geht es primär nicht. Vielmehr dürften Gewalt und Schönheit einen tieferen inneren Zusammenhang haben.

Die eine Wurzel beginnt im Exhibitionismus des phallischen Drohens. Dieser Zeigelust muß natürlich korrespondierend eine entsprechende Schaulust oder ein Schaudern entsprechen. Es geht also um prägenitale Lüste.

Sie verbinden sich bei Machtdemonstrationen mit ursprünglichen Gesetzen der Wahrnehmung in Richtung auf Regelmäßigkeit und Symmetrie. In der Verhaltensforschung spricht man von einer Neigung, Regelmäßigkeiten zu entdecken – wie sie in der Gewaltästhetik dominieren –, um das Maß an Informationen zu reduzieren. Dieser Neigung zu «Superzeichen», zu allgemeinen Schemata kommt die Gewaltästhetik entgegen. «Die Entdeckung von Superzeichen ist lustbetont.»[249]

Ein sehr einfaches Superzeichen ist beispielsweise die Geschwindigkeit. So heißt es im Ersten Futuristischen Manifest unter Punkt 4: «Wir erklären, daß sich die Herrlichkeit der Welt um eine neue Schönheit bereichert hat: die Schönheit der Geschwindigkeit.» Ein Jahr später wird im Zweiten Futuristischen Manifest sogar der Gedanke der neuen «Religion der Geschwindigkeit» entwickelt: «Die Geschwindigkeit = die Synthese eines jeden Mutes in Aktion. Aggressiv und kriegerisch.»[250] Und unter Punkt 7 des Manifestes heißt es schließlich: «Schönheit gibt es nur noch im Kampf. Ein Werk ohne aggressiven Charakter kann kein Meisterwerk sein.»

28.

Die Lust an perfekter Organisation und Ordnung.

Diese Lust hängt mit der Gewaltästhetik eng zusammen, ist aber nicht dasselbe. Sie wird spürbar, wenn man ergriffen das Voranschreiten einer geordneten Phalanx betrachtet, die wie ein Wald marschiert. Die Nationalsozialisten haben in Nachfolge der weltberühmten «preußischen Kriegsmaschine», die Mitte des 19. Jahrhunderts zum internationalen Modell einer neuen Militärmethode wurde, durch ihre perfekte Kriegsorganisation Erstaunen und durch ihre ordnungsbesessene Verwaltung der Endlösung Entsetzen verbreitet.

Das Prinzip glatter Ordnung kennzeichnet alle kriegführenden Nationen. Elias Canetti führt aus, wie schwer es ist, Glätte von Ordnung zu trennen:

«Ihre gemeinsame Geschichte ist alt, so alt wie die Zähne. Die Gleichheit einer ganzen Reihe von Vorderzähnen, die sauberen Abstände, in denen sie eingesetzt sind, waren vorbildlich für viele Anordnungen. Geregelte Gruppen aller Art, die uns heute selbstverständlich sind, mochten ursprünglich daraus abzuleiten sein. Die Anordnung von Truppenabteilungen, wie der Mensch selber sie künstlich schafft, wird von der Sage mit Zähnen in Verbindung gebracht. Die Soldaten des Kadmos, die aus dem Boden sprangen, waren als Drachenzähne gesät.»[251]

Kursbuch

Vierteljahres-
zeitschrift
für Kultur
und Politik

ROWOHLT
BERLIN

Das Kursbuch,
»eine der führenden intellektuellen
Zeitschriften im deutschen Sprachraum
und längst legendenumwoben« (*FAZ*),
ist »ein Fahrplan durch die Wirren
der Gegenwart« (*FR*).

◀ Ihr Lesezeichen zum Heraustrennen

Ja, ich abonniere das Kursbuch ab _____ als
Jahresabonnement zum Vorzugspreis von DM 40,–
plus Porto (Statt DM 13,– jetzt nur DM 10,– für das
Einzelheft).

Name _____

Adresse _____

Datum, Unterschrift _____

Ich wünsche Bankeinzug:

Kontonummer _____

BLZ, Bank _____

Als Begrüßungsgeschenk erhalte ich das Kunst-
plakat von A. und B. Blume *Alles Design.*

☐ Ich möchte zuerst das Kursbuch kennenlernen.
Schicken Sie mir ein Probeheft.

Kursbuch

Begründet von Hans Magnus Enzensberger Herausgegeben von Karl Markus Michel und Tilman Spengler. Redaktion: Ingrid Karsunke

ROWOHLT
BERLIN

Adresse:

Datum/Unterschrift

Widerrufsgarantie:
Diese Bestellung kann ich innerhalb von 10 Tagen bei Rowohlt·Berlin, Einsteinufer 63a, 1000 Berlin 10 widerrufen. Zur Wahrung der Frist gehört die rechtzeitige Absendung (Datum des Poststempels).

An
Rowohlt · Berlin
Einsteinufer 63 a
1000 Berlin 10

Ernst Jünger beschreibt den Anmarsch zur großen Schlacht im Ersten Weltkrieg: «Trotzdem herrschte genaue Ordnung nach einem sorgfältig ausgearbeiteten Mobilmachungsplan. Wehe der Truppe, die nicht peinlich Weg- und Marschzeit innehielt; sie wurde in den Straßengraben gedrängt und mußte stundenlang warten, ehe sie sich in eine Lücke zwängen konnte.»[252]

Pünktlichkeit, Ordnung und Sauberkeit, diese Kernmerkmale eines militäristischen Preußen, entsprechen psychoanalytisch den zentralen Eigenschaften der sogenannten analen Persönlichkeit und in diesem Zusammenhang auch dem «autoritären Charakter»[253].

Der «Bluthund Europas», Heinrich Himmler, wird von Erich Fromm als klinischer Fall des «anal-hortenden Sadismus», vor allem unter dem Aspekt seiner pedantischen bürokratischen Ordnungssucht, beschrieben.[254]

Die allgemein verbreiteten Sammelleidenschaften der Menschen lassen ahnen, wie stark diese Dimension auch jenseits der extremen pathologischen Ausprägungen verbreitet ist. Die regelmäßigen Formen, die in Ordnung und guter Organisation überwiegen, entsprechen den ästhetischen Präferenzen der Menschen. Selbst Tiere «ziehen regelmäßige Formen unregelmäßigen und Symmetrie der Asymmetrie vor».[255] Wir haben es hier also ebenfalls mit einer tief in die Evolution gehenden Lustform zu tun.

29.

Erfolgslust.

Neben der Lust, eine Funktion auszuführen, und neben der tiefen Befriedigung, eine konkrete Beute zu machen, scheint es noch eine eigene Lust zu geben, am Ende einer Handlung einen Erfolg verbuchen zu können, ein Ergebnis in der Hand zu haben. Es ist das Selbstgemachte, und nicht das anderen Geraubte, was hier zählt.

Der englische Dichter Robert Southey (1774–1843) dichtete in «The Battle of Blenheim»[256]:

> «But what good came of it at last?»
> quoth Little Peterkin.
> «Why that I cannot tell», sad he;
> «but 'twas a famous victory».

Tausende solcher kleinen befriedigenden Abschlüsse von Tätigkeiten bilden die Gesamthandlung des Krieges. Sie sind unabhängig davon, ob der Krieg als eine «spezifisch menschliche Form der Zwischengruppenaggression, mit deren Hilfe Menschengruppen um Land und Naturgüter konkurrieren», sein großes Ziel erreicht.[257] Schon die Erledigung einer aufgetragenen Aufgabe als Ganzes erhöht das Lustmoment.

30.

Abenteuerlust.

Als der jugoslawische Bürgerkrieg im Herbst 1991 voll entbrannte, verblüffte mich der 12jährige Freund Timo meines Sohnes Nikolas mit der Bemerkung, daß junge Männer seines Bekanntenkreises sich freiwillig für den Jugoslawien-Krieg gemeldet hätten, «nur, um einmal Spaß zu haben». Das allerdings stimmt völlig überein mit einer älteren Untersuchung der Friedensforscherin Hanne Birckenbach (1982), in der durch Analyse von 640 Aufsätzen bundesrepublikanischer Schülerinnen und Schüler aller Schultypen des 6. bis 10. Schuljahres herauskam, daß alle sich die militärische Ausbildung als «Abenteuer» vorstellten.[258] Die «Verletzung der gewohnten zivilüblichen Normen» sei das Reizvolle, und wenn die Schüler auch nicht mit allem einverstanden waren, was die Bundeswehr bietet, so äußerten sie doch ihren Erlebnishunger im Frieden.

Härter, aber ganz ähnlich sagte Leutnant Calley, der im Vietnamkrieg mit seiner Truppe die Bewohner des Dorfes My Lai IV niedermetzelte, in seinem Buch «Ich war gern in Vietnam»: «Ich wußte, ich kann hier getötet werden, aber ich konnte auch mehr erleben als in Amerika».[259]

Ein solches Abenteuer gewinnt höhere Faszination in einer Zeit, in der das Leben der Durchschnittsmenschen routinemäßig, verplant und langweilig verläuft. Die Lust am Krieg entsteht auch aus dem Wunsch, dieser öden Routine zu entfliehen. Erich Fromm: «Es ist das einzige Abenteuer, das sich der Durchschnittsmensch praktisch in seinem Leben erhoffen kann.»[260]

Und Heiko Ernst, Chefredakteur von «Psychologie heute», schreibt in seinem Editorial zum Golfkrieg: «In diesem Schwall aus Wörtern und Bildern... blitzt gelegentlich die psychologische Wahrheit dieses Kriegs, aller Kriege auf: Krieg ist auch *Thrill*, ist Aufhebung der Langeweile, ist ‹Stunde der Wahrheit›, wie etwa Peter Scholl-Latour mit leuchtenden Augen in einer Talk-Show meinte.»[261]

In einem Artikel von Peter Weigelt und Lutz Flörke[262] wird darauf aufmerksam gemacht, daß es ein Verständnis von Frieden gibt, welches sich aus der Vorstellung von Friedhofsruhe ableitet, also einer verordneten Ruhe entspricht. Der Frieden, den die Staatsmacht im Kontrast zu vielen Bürgern meint, sei in dieser Weise unterdrückend. Die herrschende Friedenspolitik sei «kriegsschöpfend», weil sie davon ausgeht, daß alle das eingeschränkte Leben führen sollen. Nach außen soll also verteidigt werden, was im Inneren nicht zugelassen wird. Und zum Abschluß heißt es: «Wo der Friede selbst als Tod erlebt wird, bringt am Ende das Abenteuer des Krieges die Erlösung.»

Diese Lustkomponente hat bei höherer Intensität einen unmittelbaren Zusammenhang mit dem Gewinn des ganzen Lebens und dem Wiedererlangen der eigenen Subjektivität, läßt sich aber meines Erachtens doch als eigene Kriegsverlockung abgrenzen.

31

Lust an der Kriegskameradschaft.

«Der Krieg eröffnet allen Tugenden das fruchtbarste Feld; denn in jedem Augenblick können Standhaftigkeit, Mitleid, Seelengröße, Edelmut, Mildtätigkeit auf ihm glänzen; jeder Augenblick bietet uns Gelegenheit, eine dieser Tugenden auszuüben.»[263] Diese Sätze stammen von dem kriegerischen König Friedrich II. von Preußen. Es sind die nachdenklichen Betrachtungen über den «edlen Krieg». Der Friedenswissenschaftler Anatol Rapoport vermerkt ähnlich: «Es wird weithin vergessen, daß eine Fülle positiver menschlicher Eigenschaften, von denen man annehmen kann, daß sie psychologisch Befriedigung verschaffen, im Rahmen des Krieges und damit der konkreten Arbeit innerhalb einer kleinen Gruppe und Gemeinschaft ebenfalls zum Zuge kommen: Mut, Selbstkontrolle, Kameradschaftlichkeit, gesellschaftlicher Zusammenhalt, Loyalität und Kreativität.»[264]

Erich Fromm: «Der Krieg bewirkt bis zu einem gewissen Grad eine Umwertung aller Werte. Er bewirkt, daß tief eingewurzelte menschliche Impulse, wie Altruismus und Solidaritätsgefühl, zum Ausdruck kommen – Impulse, die durch den Egoismus und den Konkurrenzkampf des modernen Menschen in Friedenszeiten unterdrückt werden... Im Krieg ist der Mensch wieder Mensch... Akzentuierter ausgedrückt: Der Krieg ist eine indirekte Rebellion gegen Ungerechtigkeit, Ungleichheit und Langeweile, wie sie das gesellschaftliche Leben in Friedenszeiten beherrschen... Daß der Krieg diese positiven Züge aufweist, ist ein trauriger Kommentar zu unserer Zivilisation.»[265]

Es geht bei dieser Lustform, die ich behelfsmäßig unter dem Begriff Kriegskameradschaft zusammenfassen möchte, also nicht um die oben gemeinte Loyalität der Gruppenbindung. Denn sie meinte, *für* wen ich in den Krieg ziehe. Vielmehr geht es hier um das konkrete tätige Zusammenwachsen einer Gruppe von Menschen, mit denen ich Aufgaben und Gefahren teile, also um die Loyalität zu denen, *mit* denen ich in den Krieg ziehe. Natürlich wird diese konkrete Bindungslust an die kleine Gruppe beispielsweise in Unabhängigkeitskämpfen besonders gesteigert – wie der Psychoanalytiker Paul Parin beim ursprünglichen Pro-Tito-Partisanenkampf formulierte: «Es ist Krieg und wir gehen hin.»[266]

32.

«Hier bin ich Mensch, hier darf ich's sein!»
Die Verlockung des Scheinlebens im Krieg.

Eine Komponente der Kriegslust, vielleicht die umfassendste, beruht in einer viel stärkeren Weise, als beispielsweise bei der Abenteuerlust erwähnt, auf dem dumpfen Protest gegen den durchorganisierten Alltag, gegen den ansteigenden Zwang zum Selbstzwang, gegen die immer komplexer, verflochtener und unübersichtlicher werdende Lebenssituation in modernen Industriegesellschaften, die einem nicht mehr genügend Chancen bieten, wirklich zu sich selbst zu kommen. Es geht um mehr als nur um das Spannungsverhältnis zwischen kriegsverbundener, naturhafter Sinnlichkeit und ihrer inneren wie äußeren Beschränkung (d. h. den Normen der als Über-Ich und Gewissen verinnerlichten Gesellschaft wie den tatsächlichen äußeren Behinderungen). Es geht vielmehr um die Chance, sich in diesem Spannungsfeld so zu gestalten und zu leben, daß die Lust, sich selbst, seine Beziehungen und die Verhältnisse zu entwikkeln, überhaupt eine Chance findet. Demnach geht es auch nicht nur um den Anteil, das Leben zu riskieren und zu töten, dessen Ausleben ein Krieg erlaubt und sogar fordert. Vielmehr geht es um die Entwicklung der ganzen seelischen Struktur, wie sie lebensgeschichtlich und gesellschaftlich mehr behindert als ermöglicht wird. Wir können uns selbst nicht mehr ausreichend wahrnehmen und haben auch kaum noch die Hoffnung, die von uns selbst gemachten gesellschaftlichen Verhältnisse entsprechend zu ändern. Kurz: Wir können uns nicht genügend als erlebende und handelnde Menschen erfahren. Wir kommen so weder mit den Verhältnissen noch mit uns selbst einigermaßen zu Rande. Wir sind die Funktionäre der inneren und äußeren Verhältnisse, die wir nicht mehr genügend einzusehen in der Lage sind.

Die schwindende Lust der Bevölkerung auf ein langes Leben ist dafür ein deutliches Symptom. 1985 wollten nach eigenen Angaben nur 38 Prozent der befragten Bundesbürger eine lebensverlängernde Pille schlucken, mit der man in geistiger und körperlicher Frische 150 Jahre alt werden könnte – 1956 hätten es noch 55 Prozent getan. Das demoskopische Ergebnis «schokkierte» die Forscher. Es beruhte auf einem «Symptom einer merkwürdigen Verstimmtheit», die sich etwa darin äußert, daß immer weniger Menschen glauben, daß der technische Fortschritt das Leben einfacher macht.[267]

Der psychoanalytisch orientierte Sozialpsychologe Klaus Horn bemerkt: «Wir wissen gerade heute nicht, wie wir Probleme, die mit der Selbstbeherrschung verbunden sind, selber beherrschen können.»[268] Es ist also eine doppelte Apathie entstanden: dem Sich-selbst-Verstehen und dem politischen Handeln gegenüber. Dennoch schlummert unter der Apathie eine Lebensunzufriedenheit, eine Enttäuschung über das eigene ungelebte Leben – wie gesagt, nicht nur das triebgebundene, sondern das sich trotz aller Verwerfungen und Konflikte selbst gestaltende Leben –, und genau sie könnte sich einen Weg bahnen als ein gleichsam undifferenzierter hilfloser Freiheitsdrang, der sich dementsprechend illusionär die Fata Morgana des einfachen und in dieser Form scheinbar ganzheitlichen Kriegslebens erschafft.

Während ich an diesem Text arbeite, brechen in Los Angeles die Aufstände der Schwarzen los. Die weißen Polizisten, die vor einiger Zeit einen Schwarzen brutal zusammengeschlagen hatten, wurden überraschend freigesprochen. Das Verbrechen war durch eine private Videoaufzeichnung festgehalten worden und hatte ganz Amerika erregt. Diese Rebellion gegen die allseitig ungerechten Bedingungen, die sich in den sadistischen Ordnungshütern personifizierten, kann als Bild stehen für das, was sich in allen aufbäumt.

Sigmund Freud: «Was sich in einer menschlichen Gemeinschaft als Freiheitsdrang rührt, kann Auflehnung gegen eine bestehende Ungerechtigkeit sein und so einer weiteren Entwicklung der Kultur günstig werden, mit der Kultur verträglich bleiben. Es kann aber auch dem Rest der ursprünglichen, von der Kultur ungebändigten Persönlichkeit entstammen und so Grundlage der Kulturfeindseligkeit werden. Der Freiheitsdrang richtet sich also gegen bestimmte Formen und Ansprüche der Kultur oder gegen Kultur überhaupt. Es scheint nicht, daß man den Menschen durch irgendwelche Beeinflussung dazu bringen kann, seine Natur in die eines Termiten umzuwandeln, er wird wohl immer seinen Anspruch auf individuelle Freiheit gegen den Willen der Masse verteidigen. Ein gut Teil des Ringens der Menschheit staut sich um die eine Aufgabe, einen zweckmäßigen, das heißt beglückenden Ausgleich zwischen diesen individuellen und den kulturellen Massenansprüchen zu finden, es ist eines ihrer Schicksalsprobleme, ob dieser Ausgleich durch eine bestimmte Gestaltung der Kultur erreichbar oder ob der Konflikt unversöhnlich ist.»[269]

Der Unterschied, den ich hier akzentuiere, liegt darin, daß ich den Freiheitsdrang nicht nur von einer ungebändigten Persönlichkeit ausgehen sehe, sondern von einer durch sich selbst und die Gesellschaftsstruktur behinderten Persönlichkeit. Es geht also gleichsam auf einer weiterentwickelten Ebene der seelischen Strukturbildung um den nichtbewältigten Gegensatz zwischen Wünschen und Normen der Alltagsverplantheit, in der nach wie vor der weitgehend funktionalisierte Arbeitsbereich den Schwerpunkt bilden dürfte.

Der Wunsch, wieder als einigermaßen ganzheitlicher und sich selbst gestaltender Mensch leben zu können, verzerrt sich durch ungenügende Selbstwahrnehmung und Ungeübtheit, die lebenssteuernden Verhältnisse der Gesellschaft zu durchschauen, zum Ruf nach dem einfachen und ganzheitlichen Dasein, das als Scheinleben gar nicht mehr entschlüsselt werden kann. Man erhofft, «wieder einmal (vermeintlich) unmittelbar zur Geltung kommen» zu dürfen, und will «das eigene ‹Schicksal› auch wieder in eigene Hände nehmen». [270] Diese Art «Reprimitivisierung» ist verlockend. Doch «mit dem Kampf als Aktivität und der möglichen Vernichtung des Feindes erfüllt sich nicht die Hoffnung, daß aus dem Objekt der gesellschaftlichen Verhältnisse wieder ein bürgerliches Subjekt, ein Weltgestalter geworden wäre.» [271] Und doch entsteht in der Bewußtlosigkeit ein seelischer Kriegsgewinn, ganz analog dem von der Psychoanalyse sogenannten Krankheitsgewinn. Es ist eine kurzfristige psychoökonomische Entlastung, eine Befreiung, die viel mehr umfaßt als nur die Befreiung der Triebe und das menschliche Abenteuer.

In diese Komponente – so könnte ich sagen – drängen alle anderen. Die Vielfalt der Kriegslüste ist ja die jeweils gesellschaftliche Gestalt lebensgeschichtlich wirksamer Triebkräfte. Im Menschen sind Natur und Gesellschaft überhaupt nicht auseinanderzuhalten. Kriegslüste sind stets Ergebnisse der alles gestaltenden Spannung zwischen den inneren und äußeren Forderungen. Das aber heißt nicht, daß sich die Menschen, die durch ihre unbewußten Phantasien auf lustvolle Weise kriegsbereit werden, sich dieses Zusammenhanges bewußt sind.

VII.

Der Blick weitet sich:
Das erotische Panorama des Krieges

Wir sehen: Jeder Atemzug, jeder Handgriff, jede Entscheidung im komplexen Geschehen des Krieges ist vom unbewußten Seelenleben her auch erotisch bestimmt. Die genannten Elemente der Kriegslust sind allerdings nur Bruchstücke großer Szenarien. Zusammengefügt ergeben sie das erotische Panorama des Krieges. Das Wort «Panorama» bedeutet wörtlich «Ganzheitsanschauung», «Allschau».[272]

Ich versuche, dieses einheitliche Panorama in vier Dimensionen einzufangen. Unser Blick fällt auf die Urszenen des Krieges. Mit Absicht verwende ich diesen psychoanalytischen Begriff «Urszene». Er bezeichnet üblicherweise die «Szene der sexuellen Beziehung zwischen den Eltern, die beobachtet oder aufgrund bestimmter Anzeichen vom Kind vermutet und phantasiert wird. Es deutet sie im allgemeinen als einen Akt der Gewalt von seiten des Vaters.»[273] Der Koitus wird also vom Kind als eine Aggression des Vaters in einer sadomasochistischen Beziehung (fehl)verstanden, die Urszene bewirkt bei jedem eine sexuelle Erregung und wird im Rahmen der sogenannten «infantilen Sexualtheorie» als analer Koitus interpretiert. Das erscheint mir nicht unwichtig. Denn es erlaubt, die schon in der Säugetierreihe entwickelten Phänomene des phallischen Drohens, des Aufreitens und die vereinzelten Bruchstücke eines größeren kollektiven Dramas wie die rituelle Vergewaltigung zusammenzusehen als Momente eines Geschehens aus einem Guß. Heterosexuelle und homosexuelle Beziehungsformen fließen ineinander: Die Urszene enthält letztlich alle Positionen und sämtliche seelischen Organisationsstufen, also «alle inneren Beziehungen und alle Einstellungen, heterosexuelle, homosexuelle, orale, anale, genitale, liebevolle Vereinigungen und aggressive... Der Kosmos ist die Urszene.»[274] Beispielsweise ahmen die homosexuellen Akte den heterosexuellen Zeugungsakt direkt nach, wobei natürlich auch das ursprünglich heterosexuelle Muster in den Dienst der Männerbindung gestellt wird.

Die Urszene gehört zu den *Urphantasien*. Es handelt sich dabei um «typische Phantasiestrukturen (intrauterines Leben, Urszene, Kastration, Verführung), die der Psychoanalyse zufolge das Phantasieleben gestalten, welches die persönlichen Erfahrungen des Subjekts auch sein mögen; nach Freud erklärt sich die Universalität dieser Phantasien durch die Tatsache, daß sie ein phylogenetisch übermitteltes Erbteil darstellen».[275] Freud geht davon aus, daß diese Phantasien in Urzeiten einmal materielle Realität waren, daß sie also einer «prähistorischen Wahrheit» entsprechen.[276]

Es gibt einen gemeinsamen Zug der Urphantasien: «Alle beziehen sich auf die Ursprünge.»[277] «In der ‹Urszene› ist es der Ursprung des Subjektes, der dargestellt wird; in den Verführungsphantasien der Ursprung, das Auftauchen der Sexualität; in den Kastrationsphantasien der Geschlechtsunterschied.»[278]

Was uns als eine Realität erscheint, die nach einer Erklärung verlangt, nach einer «Theorie», dramatisieren wir mit der Urphantasie «zum Erscheinungsmoment, zum Ursprung einer Geschichte»[279]. Das muß keine «angeborene Erfahrung» sein, also auf einer hereditären genetischen Übermittlung beruhen. Vielmehr reicht es, von Strukturen auszugehen, die nicht auf die Zufälligkeiten des individuellen Lebens reduziert werden können. Die weithin unterschätzte Tradierung unbewußten Seelenlebens über Tausende von Generationen hinweg, also die sogenannte Mehrgenerationenperspektive, dürfte für eine solche Universalie wahrscheinlich ausreichen.

Welchen Ursprung nun dramatisiert die Urszene des Krieges? Es könnte der Ursprung der Vermehrung, der Kollektivität sein – bescheidener gesagt: der Gruppe. In die Kriegs-Urszene sind somit andere Urszenen eingebettet: der Ursprung des Subjekts, der Ursprung der Sexualität und der Ursprung des Geschlechtsunterschiedes. Wie alle unbewußten Phantasien ist auch die Kriegsphantasie dynamisch. Sie steht in engster Beziehung zu einem Wunsch, der potentiell zur Aktion strebt. Habe ich einen Wunsch zur Phantasie ausgebildet, so handelt es sich um ein Szenarium, in dem ich selbst immer gegenwärtig bin, wenn ich auch Rollen und Funktionen austauschen kann. Vor allem aber sind in der Phantasie schon die frühesten Abwehrvorgänge gegen den Wunsch enthalten (wie Wendung gegen die eigene Person, Verkehrung ins Gegenteil, Verneinung, Projektion).[280]

Unbewußte Phantasien sind der dynamische Kern der gesamtgesellschaftlich bedingten und individuell wirksam werdenden Kriegsbereitschaft. Jeder Manipulator muß dort ansetzen – und tut es auch mit wachsendem Geschick.

Ich beleuchte ein und dieselbe Urszene – wie gesagt – zunächst in drei Aufnahmen:

● als Aspekt des «Lebensstromes»;
● als kollektive Exogamie;
● als kollektiven kannibalistischen Akt.

Dann mache ich den Versuch, die vierte Dimension, die Konturen des primären Krieges darzustellen, mich also der tiefsten Kriegsphantasie im «Primärprozeß» anzunähern. Der Primärprozeß ist eine seelische Funktionsweise des Unbewußten, in der Verschiebung und Verdichtung vorherrschen (wie etwa im Traum und in den Verwandlungen der Märchen). Er folgt dem Lustprinzip, mobilisiert aber auch die stärkste Abwehr – nicht nur beim Leser, auch bei mir. «Der Soldat und die Mutter» hat sich mir während der langen Zeit intensiver Beschäftigung mit dem Krieg eines Tages wie ein Traum ergeben. Er integrierte für mich viele noch unzusammenhängende Aspekte in ein Geschehen. Er fasziniert mich noch heute und sollte als Anregung gelesen werden.

33

Erstes erotisches Panorama:
Wie die Sexualität treibt der Krieg als evolutionäre
Entwicklung den Lebensstrom voran:
Verbreitung und Mischung der Gene.

«Navigare necesse est, vivere non necesse est» (Zur See fahren ist nötig, nicht aber zu leben) – dieser berühmte Spruch der Hanse symbolisiert genau, worum es hier geht. Versucht man, die Evolution in einer großen Perspektive zu sehen, so geht es ihr vom Ursprung an in erster Linie nicht um Selbsterhaltung und Arterhaltung – das sind gleichsam sekundäre Ziele –, sondern um die Weiterentwicklung des Lebens, um das Vorantreiben des «Lebensstromes» – nach einem Begriff von Hans Hass[281]. Das bedeutet mehr als nur die Verbreitung der Gene. Es heißt vor allem eine Vermischung der Gene, ein Garantieren der Genvielfalt. Auf diesem Wege haben nicht nur Individuen, sondern auch Arten ihre begrenzte Lebensdauer. So beginnt auch der Evolutionstheoretiker Stephen Jay Gould seinen Bericht «Zufall Mensch» (1991) über eine fundamental neue Sicht des Lebens mit zwei Kernaussagen: «Die Geschichte des Lebens ist eine Geschichte der massenhaften Beseitigung» und «Das Hauptthema der Natur ist Vielfalt».

Die relativ späte «Erfindung» der Sexualität in der Evolution dient genau diesem Ziel. Ihre vergleichsweise umständliche Methode zur fälschlich so genannten «identischen Reduplikation» der Individuen (denn es ist ja gerade die nicht ganz identische Vervielfältigung, um die es geht) hat den enormen Vorteil: die Variabilität der Gensätze drastisch zu erhöhen. Damit gelingt eine viel schnellere Anpassung an Umweltveränderungen. «Bei nur identischer unveränderter Reduplikation der Individuen würde der Lebensstrom schließlich in Sackgassen enden.»[282] Der große Vorgang scheint nur nachträglich gesehen eine bestimmte Richtung zu haben, etwa auf den Menschen zu. Das ist eine Fehlwahrnehmung – der Prozeß ist ungerichtet. «Der ungerichtet sich vortastende Mechanismus der Evolution ist die einzig mögliche Antwort auf die unvoraussagbaren Umweltveränderungen, mit denen sich Organismen auseinanderzusetzen haben.»[283]

Weil nun jede Spezies in dieser Dynamik des Lebensstromes dazu neigt, eine größere Population zu erzeugen, als Ressourcen (im wesentlichen Ernährungschancen) vorhanden sind, ist in die Evolution von Anfang an die Gewalt integriert. Die Jäger-Freßbeute-Beziehung zweier Arten repräsentiert das am deutlichsten. «In evolutionärer Perspektive können die artspezifischen agonalen [kämpferischen] Systeme als Antwort auf die Kluft zwischen Populationsdynamik und Ökosystem begriffen werden. Innerhalb der Arten wird durch agonales Verhalten die Verteilung der erstrebten und knappen Güter geregelt, anders gewendet der individuelle Erfolg beim Wettbewerb um Nahrung und Reproduktion entschieden.»[284] Milder ausgedrückt enthält der Evolutionsprozeß ein Moment des Wettbewerbes.

Der Krieg nun erscheint wie eine Vereinigung von Sexualität und Gewalt. Er erreicht beides: die Genvermischung und die Existenzsicherung. Das Beispiel der Yanomami zeigt das wie in einem Modell: Die Krieger sind nur auf Frauenraub aus, der Krieg als ganzes System aber erreicht eine genaue und angemessene Verteilung der Dörfer über das fruchtbare Land, er sichert die Ernährung. Wenn kein Raum mehr zur Verfügung steht, dann richtet sich der Kampf gegen den Nahrungskonkurrenten. Wenn einige Kriege – wie die Geschichte lehrt – aus dem Antrieb entstehen, andere zu überwältigen, um nicht selbst überwältigt zu werden, dann führt (unter diesem Argument, das wahrscheinlich gar nicht die ganze Wahrheit enthält und auch nicht enthalten muß) diese Kriegsdynamik nach und nach unweigerlich zu immer größeren Nationen, Staatsverbänden und schließlich zur Weltgemeinschaft. Was aber das Geheimnis des ganzen Blutvergießens ist, könnte erst unter erotischer Perspektive klar werden: Es ist der unaufhaltsame evolutionäre Drang zur möglichst variantenreicher Genvermischung. Selbstverständlich ist mit dem Menschen ein völlig neues Evolutionsprinzip aufgekommen: die kulturelle Evolution. Der «langsame Weg des Erfahrungen-sammelns über das Genom wird durch einen viel schneller arbei-tenden Mechanismus des Informationserwerbs und der Informa-tionsweitergabe abgelöst».[285] Und doch täuscht man sich, wenn man nun annimmt, alles sei grundsätzlich anders geworden. Es ist vielfach gesichert, wie sehr bisher die kulturelle Evolution des Menschen auf der biologischen Evolution aufbaut, sie nachahmt und sie fortsetzt. «Sicher wären auch andere Mechanismen der Evolution denkbar, zum Beispiel eine vernunftgesteuerte Evolu-tion. Ihr Gelingen setzt jedoch Kenntnisse und Einsichten voraus, die uns heute wahrscheinlich noch fehlen.»[286]

Eine von C. G. Jung angeregte Untersuchung soll ergeben ha-ben, daß sich die eingewanderten Weißen und die nordamerikani-schen Indianer inzwischen so vermischt haben, daß sich aus Tausenden von überlagerten Fotografien nordamerikanischer Gesichter die Züge eines Indianers abzeichnete. Darum geht es hier. Dieses Ergebnis – ob es nun wissenschaftlich zweifelsfrei ist oder nicht, dieses Vorstellungsbild –, wirft das richtige Licht auf die pausenlose Kriegsdynamik. Zur Zeit wüten weltweit wenigstens 30 gewaltsame Konflikte. Wenn alle Nationen mit allen durch Kriege vereint sind, ist das Endziel des kulturell fort-gesetzten evolutionären Programms erreicht: die große Genver-mischung.

Der Krieg hat eindeutige Funktionen. Er ist nicht nur als patho-logisches Phänomen zu begreifen. Er dient der Existenzsicherung, indem Gruppen um lebensnotwendige Güter konkurrieren.[287] Das aber ist eben noch nicht alles. Ich würde darüber hinaus sagen: Er dient der *Existenzerweiterung*. Immer wieder verleugnen wir diesen Impuls in uns, der eben auch eine aggressive Aktivität von uns bedingt – gleichgültig, ob man sie nun triebhaft auffaßt oder nicht. Wenn die internationale Dynamik um die Vormacht-stellung bedingt ist – wie Norbert Elias es meint – durch die schließlich doch anschwellende Angst, vom anderen abhängig zu werden, dann ist eine solche Begründung im Sinne einer «Opfertheorie» eben nicht das Ganze. Denn woher soll die Angst stammen, wenn nicht auch ein Überwältigungsimpuls vorhanden ist? Die Geschichte als menschlicher Kriegspfad zeigt das deutlich.

Daß die Kämpfe nicht nur um die Sicherung der Ernährung im weitesten Sinne gehen, sondern in seltenen Zusammenhängen deutlich erkennbar auf die Vermehrung abzielen, wird beispielsweise an den Jivaros in Ecuador deutlich, dem kriegerischsten Volk von ganz Südamerika.[288] Weder von Ressourcenknappheit noch von Überbevölkerung kann bei ihnen die Rede sein. Sie leben in einem weiten Gebiet vereinzelt in Großfamilien. Es verbindet sie keine politische Organisation. Wie halten sie überhaupt zusammen? Die Bindung besteht aus wechselseitigen Überfällen, die wie Rachefeldzüge anmuten. Zu dieser Handlung sammeln sich einige Sippen, die in weiten Abständen doch immerhin benachbart sind, um eine spezielle andere Sippe zu überfallen. Warum? Anlaß ist stets das Sterben eines Gruppenmitglieds. Dieser Tod gilt nie als natürlich, sondern immer als ein Mord durch einen fernen Zauber aus einer anderen Gruppe. Man muß herausfinden, wer diese lebensgefährliche Zauberei über weite Entfernung hin getätigt hat. Man muß ihn aufsuchen und sich rächen. Das ferne Gebiet, in dem der vermeintliche Feind dann wohnt, hat keinerlei Bedeutung für die eigene Existenzsicherung. In einem Überfall wird die andere Sippe zerstört – aber nun kommt das entscheidende Moment –: «bis auf ein paar junge Frauen und vielleicht einige Kinder, die man in die eigene Familie aufnimmt.»[288] Es ist klar, was hier geschieht: Die kleinen Gruppen werden durch den Tod eines Mitglieds sehr viel stärker bedroht, als es größere Verbände wären. Das Ziel des Krieges ist: die eigenen Gene zu vermehren und zu vermischen. Der eine Tod wird mit diesem aggressiven Akt und vielen Toten überkompensiert.

Wir reagieren immer empfindsamer auf aggressive Handlungen. Die in der Einleitung (siehe Seite 68 ff) genannte Abwehr gegen eine nur annähernd positive Sicht von Gewalt dürfte hier stark werden. Sie erschwert an dieser Stelle das Denken besonders. Deshalb noch einige Zahlen:

Von 652 untersuchten frühen Gesellschaften waren nur 4 Prozent «extrem friedlich». Bei der Mehrzahl der untersuchten Stämme verlor durchschnittlich ein Viertel der Mitglieder das Leben durch kriegsähnliche Handlungen.[289] Die Kriege der Neuzeit forderten 6 Prozent der Männer.[290] Die Mortalitätsrate einiger Formen des primitiven Krieges ist erst in der technologisch fortgeschrittenen Epoche des 20. Jahrhunderts wieder erreicht worden.[291] Die Überlebenden haben sich dramatisch vermehrt und bedrohen sich mit der Überbevölkerung gleichsam selbst. Der Kriegstod – so sinnlos er uns erscheinen mag – hat den Lebensstrom jedenfalls nicht gebremst.

Betrachten wir die von Kriegen durchzogene Menschheitsentwicklung, so sehen wir, was unsere Blutbäder anrichteten: Sie haben zu einer Vermischung zahlloser Völker geführt, zu einer ungeheuren Genvielfalt und Vermehrung. Da alle bisherigen Völker große Gemeinschaften sind, die aus Kriegen kleinerer Stämme gegeneinander erwachsen sind, kann man den eigenartigen Schluß kaum noch abweisen: daß der Krieg nicht den Tod als letztes Ziel vor Augen hat, sondern die Weiterentwicklung des Lebens.

Das klingt befremdlich und grausam. Mir scheint, daß der Krieg diese Funktion hat, was aber nicht heißt, daß sie nur durch Krieg erfüllbar wäre. Selbstverständlich gelänge die Vermengung der Völker auch friedlich, und das geschieht teilweise ja auch tatsächlich. Aber man kann deswegen nicht gerade behaupten, der Mensch gehe nun diesen friedlichen Weg. Den dunklen Ruf der Natur oder der in der Kultur weitergetragenen unbewußten Phantasie in sich agierend, ohne Rücksicht auf Verluste, scheint er morden zu müssen, um zu lieben. Unsere unfaßliche Beschränktheit sehen wir nicht, weil es uns wahrscheinlich zu sehr kränken würde. Der blutige Weg kommt uns bisher offensichtlich häufig genug noch als der einzige vor, der Akt mit dem «geringeren seelischen Aufwand».

«Der Wunsch nach mehr, nach einer größeren Zahl von Leuten, zu denen man gehört, muß immer tief und dringlich gewesen sein.» So formuliert Elias Canetti – wie oben dargestellt – den Vorgang der Vermehrung, der seinem Empfinden nach auch die Fortpflanzung längst überschritten hat. «Es kann keinem Zweifel unterliegen, daß der Mensch, sobald er es einmal war, *mehr* sein wollte.» Und der Mensch nahm die Vermehrung der anderen Geschöpfe – auch um ihn herum – als Anlaß, sich selbst über die totemistische Identifizierung zu vermehren. Vielleicht ist es tatsächlich geschehen, daß sich im seelischen Raum eine nichtsexuelle Vermehrung als eigener Drang etabliert hat. Sie trägt erst nachträglich durch sexuelle Verknüpfung zur Genvielfalt bei. Erst also werden in diesem hypothetischen Vermehrungsdrang die Scharen zusammengeführt, um dann ihre Hochzeiten abzuwarten.

«Wir haben in der Schule einen politischen Spruch der alten Lateiner gehört, der lautete: ‹Si vis pacem para bellum› – wenn du den Frieden erhalten willst, so rüste zum Krieg. Wir könnten ihn für unsere gegenwärtigen Bedürfnisse abändern: ‹Si vis vitam para mortem› – wenn du das Leben aushalten willst, richte dich auf den Tod ein.» So beendete Sigmund Freud 1915 seinen Vortrag «Wir und der Tod». Seine Variation des alten Satzes ist der Schritt zu einer nächsten Variante, die das Geschehen des ersten erotischen Panoramas auf den Punkt bringt: «Si vis vitam, para bellum» – wenn du das Leben willst, rüste zum Krieg. So jedenfalls scheint es bisher gewesen zu sein. Wir müssen uns darüber im klaren sein, um für die Zukunft einen anderen Weg zu finden.

34

Zweites erotisches Panorama:
Der Krieg gleicht verblüffend einer gewalttätigen Exogamie
der Nationen.

Dieses Panorama ist im Vergleich zum vorigen detaillierter: Der Krieg erscheint als getarnter kollektiver Geschlechtsakt. Die verborgene Absicht hinter der Zerstörung ist die Befruchtung. Die zahlreichen Komponenten der Kriegslibido machen das mehr als deutlich. Die Verbundenheit von Aphrodite/Venus und Ares/ Mars in der Mythologie; die ethnologischen Spuren der Kriegsziele in Gestalt von Frauenraub; die Kriegsrituale ritueller Vergewaltigungen als ein homosexuelles Bild für die zugrunde liegende Urphantasie des Zeugungsaktes (in dem unbewußt auch das Gebären mitenthalten sein dürfte – vergleiche Seite 197); die Assoziationen zu einer Schlacht wie «Hochzeitstag» (Karl von Clausewitz) oder «kontinentaler Flirt, bei dem es um das Ganze geht» (Sigmund Freud) – sie alle zielen in die eine große Richtung: Der Akt der Schlacht ist der Akt der Geschlechter.

Die schon evolutionär vorgegebene Vermengung von Gewalt und Liebe setzt sich auch kulturell fort. Die in der individuellen Entwicklung übliche Vorstellung der Urszene elterlichen Verkehrs als eines sadomasochistischen Angriffes findet ihre frühen historischen und wohl auch prähistorischen Vorläufer. Die Kriegsgeschichte der Menschheit ist eine ununterbrochene blutige Vermählung der Völker. Das setzt sich auch noch nach dem Krieg im Friedensschluß fort, wenn für jeden Toten eine Frau gegeben wird oder die gegnerischen Parteien ihre Frauen tauschen.

Das entscheidende Moment liegt schon vormenschlich im Phänomen des Aufreitens, das die jeweilige Gegenpartei gleichsam zur Frau macht. Das Gesamtbild ist der sexuelle Akt – wenn er auch gleichsam als Matrize für die Dominanzregelung (bei Säugetieren) benutzt wird. Noch heute sieht man in Kinder- und

Pubertätsspielen die kaum verhüllte erotische Lust beim «Kriegenspielen» und «Fangen».

Alle genannten Elemente der Libido und Lust im Krieg tragen zu dieser Figuration eines kollektiven Geschlechtsaktes bei – und sei sie nur in der Phantasie der «Waffenbegattung» spürbar.

Man könnte sogar die Berechnungen der Soziobiologen zur optimalen Verteilung von tödlich endenden und ritualisierten Kämpfen (Beschädigungskämpfe versus Kommentkämpfe)[292] unter diesem Gesichtspunkt deuten: Eine in Prozentzahlen festzulegende Ausgewogenheit beider Kampfarten dient der sexuellen Potenz einer Gruppe.

In neuester Zeit sieht man die Sexualität schon bei Primaten im Zentrum eines gleichsam biologisch vorgegebenen Friedenmachens. Schaut man genau hin, ergibt sich daraus leider keine schlüssige Methode zur Kriegsverhütung.[293] Denn es handelt sich durchweg um Versöhnung *nach* einem ausgebrochenen Kampf, nicht um Verhütung eines aggressiv ausgetragenen Konfliktes. Doch weist es vielleicht für Menschen einen Weg. Denn das, was sich der Krieg nach dem Motto nimmt «Und bist du nicht willig, so brauch ich Gewalt», wird im Versöhnungsverhalten aus eigenem Antrieb gegeben. Dieses Einlenken setzt nun allerdings voraus, daß beide Seiten nachgeben, das heißt, bereit sind, «sich aufreiten zu lassen», wie Frans de Waal beispielsweise am wechselseitigen Gesäßweisen der Gegner belegt. Von dieser Biegsamkeit der allgemeinen Bisexualität sind Menschen allerdings weit entfernt.

Es gibt jedoch noch einen Gesichtspunkt, den ich kurz streifen möchte: Die Beziehung der Gegner zueinander ist nie nur ausschließlich feindselig, sie ist immer ambivalent. «Irgendein Vertrauen auf die Denkungsart des Feindes muß mitten im Krieg übrig bleiben, weil sonst kein Friede geschlossen werden kann», schreibt beispielsweise Immanuel Kant in «Zum ewigen Frieden».

Interessanter jedoch wird es, wenn wir folgende Passage von Elias Canetti zur zweifachen Anlage der Kriegsmeute lesen:

«Die Feinde sind nicht sehr voneinander verschieden. Es sind Menschen, Männer, Krieger. In der ursprünglichen Form der Kriegführung sind sich die beiden so nah, daß man Mühe hat, sie voneinander zu unterscheiden. Sie haben dieselbe Art, aufeinander loszugehen, ihre Bewaffnung ist ungefähr dieselbe. Auf beiden Seiden stoßen sie wilde drohende Rufe aus. Sie haben beide dieselbe Absicht gegeneinander.»[294] Eben das unterscheidet sie fundamental von der Jagdmeute.

Gehen wir noch einen Schritt weiter. Gehen wir von der zunächst absurd anmutenden Idee aus, daß hinter dem Krieg sich der geheime wechselseitige Wunsch verbirgt, dem Gegner nahe zu kommen. Ohne Zweifel ist ein *Krieg* eine *dramatische wechselseitige Annäherung*, was uns schon stutzig machen müßte. Kein Psychoanalytiker, schon gar nicht ein Paartherapeut, würde bei einer gewalttätigen Auseinandersetzung diesen Nähewunsch abstreiten. Noch viel mehr aber spricht das angestrebte Ziel der Kriege dafür, sich mit dem Gegner zu vereinen: sich nämlich den Gegner einzugemeinden – in welcher Variation auch immer, ihn beispielsweise zur Anerkennung zu zwingen oder seine Wirklichkeit mit Hilfe einer New World Order zweitrangig zu machen.

Ich glaube, die meisten manifesten Kriegsziele, die heute sorgfältig nach Häufigkeit geordnet vorliegen, enthalten diesen Nähewunsch. Nach Frank R. Pfetsch sind die Kriegsziele seit 1945 in 30 Prozent der Fälle die nationale Herrschaft, was in der unbewußten Phantasie einer großen Eingemeindung aller anderen unter einen selbst, also einer mächtigen Nähe entspricht; in 23 Prozent der Fälle Territorien (kleine Eingemeindung). In 15 Prozent der Fälle geht es um das politische Regime (was der nationalen Herrschaft in diesem Sinne ähnlich ist), ferner um Unabhängigkcit und Autonomie, in denen man gleichsam erst das Recht hat, sich nahe zu sein; und schließlich erst an sechster Stelle um Güter.[295]

Gehen wir vom Nähewunsch aus. Diese Nähe wird ersehnt und kann gleichzeitig nicht realisiert werden. Was man nämlich auf beiden Seiten stets übersieht, ist die Unterschiedlichkeit der bisher gewachsenen Realitäten, also ein Anderssein. Diese Differenz kann man nicht einfach per Beschluß zu einer neuen Gemeinsamkeit aufheben. Sie verhindert die Nähe, die man wünscht. Die Entwicklung einer gemeinsamen Wirklichkeit wäre ein Wachstumsprozeß über lange Zeit, über mehrere Generationen. Wir erlebten das bei der Proklamation einer «Neuen Weltordnung», in der die Industrienationen – allen voran die USA – die Nähe aller Völker zueinander beglückend preisen, während die Dritte Welt darin nur eine weitere Unterdrückungsmethode des reichen und arroganten Westens argwöhnt. Ein Krieg kürzt diesen mühsamen Prozeß der Annäherung ab. Das latente Motto des Krieges lautet also: Weil es anders – nämlich in friedlicher Verschmelzung – unmöglich scheint zusammenzukommen, führen wir kurzerhand Krieg, um eine schnelle Vereinigungschance zu haben.

Wenn man will, ist das die kulturelle Fortsetzung des Gen-Austausches: Ich will meine Gene durchsetzen und glaube, das gelinge dadurch, daß ich siege. Ich erkenne nicht, daß sie – ob siegend oder verlierend – sich mit dem anderen ohnehin mischen. Wenn man will, kann man ganz analog zu der einst nicht sicher erkennbaren Vaterschaft hinter diesem Geschehen einen nicht erkannten Gen-Austausch entdecken. Diese Unwissenheit hat viel Elend über die Erde und in die Familien gebracht.

Beispielsweise glauben noch heute Inder, daß ein Mädchen entsteht statt des auch ökonomisch erwünschten Sohnes, wenn die Frau bei der Zeugung sehr aktiv ist. [296] Ganz im Kontrast zu der Idealisierung indischer Liebe durch die Europäer muß die Frau nach indischer Sitte sexuell still, ja teilnahmlos sein. Sie sei nach dieser Vorstellung die Passive, das heißt in der unbewußten Phantasie, die sich für die allermeisten Inderinnen und Inder als ehernes bewußtes Gesetz auftut, die Verliererin. Dann entstehe kein Ebenbild von ihr, also kein Mädchen, sondern ein Sohn, nämlich das Ebenbild desjenigen, der aktiv ist, der siegt. «Der

Sieger pflanzt sich fort», lautet das «Wissen in der Unwissenheit» über den Gen-Austausch.

Ganz ähnlich – könnte ich argumentieren – entsteht Krieg aus der Unwissenheit, daß sich die Völker so oder so mischen. Der latente Falschglaube des Siegers heißt: «Meine Wirklichkeit wird sich *allein* fortsetzen.» So denken nicht nur die meisten US-Amerikaner, so denkt man in fast allen Staaten. Das bedeutet: Der andere kommt in meine Gemeinschaft, wird zu meiner Familie, wird assimiliert. Dabei wird nicht erkannt, daß ich mit ihm unweigerlich und immer eine *neue* Familie werde, daß mich, den Sieger, der Verlierer in gleichem Maße verändert, wie ich ihn. Das klassische Beispiel dafür ist die kulturelle Hellenisierung der militärisch siegreichen Römer. Cicero, Cäsar und ihresgleichen sprachen in ihren Kreisen meist griechisch, nicht lateinisch!

Vielleicht ist diese Unwissenheit auch ein Akt der Verdrängung. Was ich beherrsche, fliehe ich. Die Wahrheit wird unterschlagen: Wenn ich mich durchsetze, ist es stets nur *ein* Anteil von mir, der zu meinem Anteil am neuen Ganzen wird – nach dem Maße des Verhältnisses zum Gegner. Kriege finden nun per definitionem stets zwischen einigermaßen gleichstarken Parteien statt. Krieg, als Verschmelzungsakt zweier Nationen, als Vermählungsakt, als internationaler Geschlechtsakt, führt also zu einer Geburt einer neuen Wirklichkeit. Vielleicht sogar zu einer neuen Nation, auf jeden Fall zur Einverleibung, die den Sieger ebenso verwandelt wie den Besiegten. Wir sind noch immer auf diesem Wege – hoffentlich nicht nur durch Kriege –, bis sich die Weltgemeinschaft formiert hat.

Die Geschichte zeigt, daß bisher weit mehr Menschen überlebten als im Krieg getötet wurden. Kriege beruhen in neuerer Zeit ganz wesentlich darauf, daß der Gegner entwertet, dehumanisiert wird – der Golfkrieg 1991 bot dafür reichlich Material. Das ist der Vorgang der *Pseudospeziation*, wie ihn der Psychoanalytiker Erik H. Erikson herausarbeitete. Früher habe ich auch angenommen, daß durch diesen Vorgang eine entscheidende Tötungshemmung entfällt, nämlich die gegenüber anderen, die mir doch so ähnlich sehen. Wie schnell sich die Pseudospeziation allerdings wieder auflöst, zeigen beispielsweise die Fraternisierungsverbote im Stellungskampf des Ersten Weltkrieges. Sie untersagten es den Gegnern, wechselseitig Kontakt aufzunehmen. Die Macht des Annäherungswunsches ist also groß. Er ist in der ursprünglichen Ambivalenz des Menschen Fremden gegenüber genauso enthalten wie die Fremdenfurcht. Der Nähewunsch aber könnte in der Pseudospeziation selbst indirekt enthalten sein. Damit gewinnt man eine weitere Perspektive für die Pseudospeziation: Denn sie sorgt für eine schnelle, dramatische, blutige Vereinigung, die anders gar nicht zustande käme. Die europäischen Nationen sind auf diesem Wege zu dem geworden, was sie heute sind.

35.

Drittes erotisches Panorama:
Schlachten gleichen einem großen Freßakt kollektiven
Kannibalismus.

«Ich könnte dich vor Liebe fressen» – der einfache Satz zeigt den Zusammenhang zwischen Kannibalismus und Erotik. Genau besehen gibt er lebensgeschichtlich und stammesgeschichtlich eine noch frühere Organisationsform der Liebe wieder als den Sadomasochismus. Einzelne Stämme bringen keinen Unterschied zum Ausdruck zwischen essen und sexuell verkehren: Das Wort ist identisch. Für den Krieg trifft das real zu: Er ernährt, und er ist unbewußt gleichzeitig ein Geschlechtsakt. So kann man den oben genannten Nähewunsch in Gestalt der Eingemeindung anderer auch als ein «Verschlucken der anderen», als einen kannibalistischen Akt deuten. Bei Behandlung der Komponente «kannibalistische Libido» ist darüber schon gesprochen worden.

In einem phantastischen Ausmaß berichten noch aus dem 18. Jahrhundert europäische Reiseschriftsteller von jährlichen blutigen Festen im westafrikanischen Reiche Dahomai. Die gefan-

genen Feinde wurden am letzten Tag des Festes von der Platt-
form des Königs und der Würdenträger gebunden unter das
Volk geschleudert, «um den Leib riß sich das Volk, und es heißt,
daß diese Leiber von den Menschen im Taumel aufgegessen wurden. Jeder wollte ein Stück des getöteten Feindes abbekommen:
Man kann hier von einer Kommunion des Triumphes sprechen.»
Was diese Geschichte in unserem Zusammenhang auffällig
macht, ist ihr deutlicher Zusammenhang mit der Sexualität. Das
wird nur nebenbei bemerkt. «Es gab Prozessionen durch Straßen, an deren Seiten die nackten Leichen hingerichteter Feinde
von Galgen herunterhingen. Um das Schamgefühl der zahllosen
Frauen des Königs nicht zu verletzen, waren sie verstümmelt –
kastriert worden.» [297] Dem psychoanalytischen Blick zeigt sich
klar, was hier geschehen ist: Das männliche Geschlechtsorgan
(oder gar die Erektion, die beim Erhängen vor dem Tod auftritt),
war wohl nur vordergründig Anlaß zu Scham – bei einem afrikanischen Volk zur damaligen Zeit ohnehin kaum glaublich –, vielmehr war ihr Anblick eine Verführung, ein Aufblitzen unbewußter Phantasien über den sexuellen Akt, die sich hier mit dem
Kannibalismus legierten.

Der Krieg als organisierter Raubzug ist auf Beute aus – eine
Verschiebung auf andere Ziele, wie ich schon erwähnte. Wer
aber Beute hat, wird selbst zur Beute. Und auch das kennzeichnet die Dynamik des internationalen Parketts. Der Kampf um
die Vormachtstellung spielt sich eben zwischen annähernd
gleich großen Nationen ab: Fressen oder Gefressenwerden. So
gilt das Gesetz der Umkehrung natürlich auch für den kannibalistischen Akt. «Denn welche Speise der Mensch in dieser Welt ißt,
die ißt ihn in jener Welt wieder» – so erklären die Weisen Indiens
die «Fleischheit des Fleisches». «Verzehren wird mich, was ich
verzehre.» Die Wanderung des Sehers Bhrigu ins Jenseits (in das
kollektive und wohl auch individuelle Unbewußte der Seele)
macht diese Unheimlichkeit menschlicher Beziehungen deutlich. Er sollte in die verschiedenen Himmelsgegenden, nach

Osten, Süden, Westen und Norden wandern und darauf achten, was es zu sehen gäbe:

«Erst nämlich, im Osten, sah Bhrigu Menschen, welche anderen Menschen die Glieder eins nach dem anderen abhackten und die Stücke untereinander verteilten und dazu sagten: ‹Das gehört dir, das gehört mir.› Als Bhrigu das sah, war er ganz entsetzt, und die Leute, die da die anderen in Stücke hackten, gaben ihm die Erklärung, diese hätten es mit ihnen in der anderen Welt ebenso gemacht, und sie täten nun nichts weiter, als mit ihnen entsprechend zu verfahren...

Daraufhin trat Bhrigu die Wanderung nach Süden an. Und sah dort Menschen, die anderen Menschen die Glieder eines nach dem anderen abschnitten und mit ‹das gehört dir, das gehört mir› unter sich verteilten. Auf seine Frage erhielt Bhrigu wieder dieselbe Antwort: Die jetzt zerschnitten wurden, hatten es mit denen, die sie zerschnitten, in der anderen Welt ebenso gemacht.

Im Westen sah Bhrigu Leute, die schweigend andere Leute aufaßen, wobei die Aufgefressenen sich ebenfalls schweigend verhielten. So nämlich hätten es diese in der anderen Welt mit jenen gemacht.

Im Norden aber sah er Menschen, die, laut schreiend, andere Menschen aufaßen, die dabei auch laut schrien, so, wie diese es jenen in der anderen Welt angetan hätten.»[298]

Kurz: Das Opfer findet seinen Verzehrer, packt ihn, zerschneidet ihn und ißt ihn auf. Auch so kann man die Dynamik der Kriege verstehen.

Kannibalismus ist heute «sublimiert» zur Ausbeutung. Das Verhältnis des reichen Nordens zum armen Süden der Erde ist nicht anders als kannibalistisch zu nennen. Es ist heute das kriegstreibendste Moment in der Weltpolitik. Der Nationalökonom Hafez Sabet hat ausgerechnet, daß nach vorsichtiger Schätzung nicht der Süden dem Norden 1,3 Billionen schuldet, sondern der Norden dem Süden 50 Billionen Dollar.[299]

Kannibalistische Akte sind auch – obwohl selten und nicht zum Alltag gehörend – bei Schimpansen belegt. Die verhaltenssteuernden Wahrnehmungsgrenzen zwischen Beute und Artgenossen sind nicht scharf.[300] Die Jagd auf artfremde Beutetiere wird übrigens von der innerartlichen Aggression abgeleitet – ein Vorgang, den man bei Kriegen variiert sieht: Eine andere Nation wird als Pseudospezies angegriffen, wenn die ungelösten Konflikte und die daraus resultierende Aggressivität im Lande selbst nicht zu beherrschen sind.

Eigenartig berührte mich jedoch eine genaue Schilderung zweier kannibalistischer Vorfälle bei Schimpansen. «In beiden Fällen hatten erwachsene Männchen ein Jungtier in ihren Besitz bekommen und begannen, es – noch während es lebte – aufzufressen.»[301] In einem Fall wird nun ausführlich geschildert, wie insgesamt sechs Affen sich über den Körper des Jungen hermachten. Am Ende – nach sechs Stunden – «waren nur die Beine, eine Hand und die *Genitalregion* aufgefressen». Diese Auswahl macht in der Perspektive von Erotik und Kannibalismus immerhin stutzig. Noch heute ist in Italien zum Beispiel der Verzehr von Stierhoden als potenzfördernd üblich. Es gibt Berichte, in denen siegreiche Krieger Berge abgeschnittener Geschlechtsteile der getöteten Feinde nach Hause zurückbrachten.[302] Der Zusammenhang von Kannibalismus und Sexualität vermengt sich hier am stärksten. In dem japanischen Film «Im Reich der Sinne», der auf einer wahren Begebenheit beruht, ist dieser Zusammenhang noch als hochintensive Liebesbindung aufgezeigt: Die Frau, die ihren Geliebten auf dessen Wunsch erdrosselt, schneidet das Glied ab, um mit ihm zu sein. Es sieht so aus, als wolle diese Art von Kastration eine Vereinigung, die den schmerzhaften Geschlechtsunterschied aufhebt.

36.

Viertes erotisches Panorama:
Der Soldat und die Mutter.
Konturen des primären Krieges.

«Pariwat» – so hörten wir schon – ist nicht nur der mundurucische Sammelname für Peccaris und Tapire, ihr Jagdwild, sondern gleichermaßen die Bezeichnung aller Nicht-Mundurucu, also der Feinde. So läßt sich erkennen, daß der Feind, der heute nicht mehr gegessen wird, in der unbewußten Phantasie, wie sie im Sprachgebrauch noch deutlich wird, die Freßbeute ist.

Es gibt nun noch eine Steigerungsstufe der Erkenntnis. Tiefen Einblick in die kollektive Psychodynamik des Krieges erlaubt nämlich die Namenswürde eines erfolgreichen Kopfjägers. Er wird mit «dajeboisi» betitelt, das heißt «Mutter der Peccaris» (eine Art Schweine). Das kann nur heißen: Der Krieger ist unbewußt mit der ernährenden Mutter identifiziert, wenn er in den Kampf zieht. Die Urform jeder Beziehung, die Mutter-Kind-Beziehung, leuchtet hier durchs Kampfgeschehen.

Manchem wird das befremdlich vorkommen. Wir müssen uns allerdings darüber klar sein, daß Sprechweise und Denkform urtümlicher Stämme sehr viel weniger dem sogenannten Sekundärprozeß folgen – mit seinen Elementen von Kausalität, Logik, Raum, Zeit und Grenzen – als dem Primärprozeß, wie wir ihn aus unseren Träumen kennen. Auch in ihm ist die Verwandlung einer Figur in eine andere, also die fließende Identifikation, ein bedeutender Unterschied zur Trennschärfe und Begrifflichkeit des bewußten Lebens. Alles hängt noch viel direkter mit allem zusammen, die Assoziationen sind unmittelbarer, die Bildwelt dominiert. Das ist – wie erwähnt – die Funktionsweise unseres Unbewußten.

In dieser Perspektive wird nun der Zusammenhang von Krieg und Mutter fast mühelos erkennbar: Wenn Kriege dem Nahrungserwerb dienen – auf welche Weise auch immer –, dann wird der Mensch, der in den Kampf zieht, als Krieger zu einem Ernährer. Die Urform eines ernährenden Menschen ist aber die Mutter. Der Soldat wird also unbewußt mit der Mutter legiert. Er ist die Mutter – wie der Titel der Mundurucu sagt.

Damit endet die Aufschlüsselung nicht. Da nämlich im Primärprozeß der Handelnde und seine Handlung eins sind, ist nicht nur der Akteur, sondern auch die Aktion die Mutter, oder in gesteigerter Form der Inbegriff der Mutter, die Mutter aller Mütter, die «Mutter aller Schlachten», wie jüngst Saddam Hussein der Welt verkündete.[303]

Wenn es einem schwerfällt, diesen Ausführungen zu folgen, so gibt es noch einen anderen Zusammenhang zwischen Mutter und Krieg, der schließlich auf dasselbe hinausläuft und sehr viel leichter zu verstehen ist.

Die Gruppe, der ein Krieger dient, ist seine erweiterte Familie. Das Urbild dieser Heimat ist aber die Beziehung zur Mutter. Die Bedeutung der Mutterbeziehung für das ganze Menschenleben wird in der Regel deswegen gewaltig unterschätzt, weil wir darin unsere tiefste Abhängigkeit erkennen müßten, der sich unser Autonomiewunsch entgegengestellt. Auch noch in der Kriegspropaganda unserer rationalen Tage ziehe ich ins Feld, um meine Familie und die erweiterte Familie, die Nation, die Nationengemeinschaft, die Ideale dieser Gruppe zu sichern. Damit aber sichere ich in der unbewußten Phantasie meine Mutterbeziehung. Ich bewahre mir die Mutter, ich erhalte ihre Nähe. So nämlich bin auch ich selbst gesichert.

Auf dem tiefsten Boden der unbewußten Seele geht es also im Kampf: um die Mutter. Sie ist gleichbedeutend mit meiner eigenen seelischen Sicherheit, meiner psychischen Balance. Denn die äußere oder innere, gegenwärtige oder vergangene Mutter sind zweitrangige Unterscheidungen. Die Mutterbeziehung setzt sich fort in der Beziehung zum Vater, zu Geschwistern, zur Familie, zum Partner, zur Partnerin, zur Nation, zum Glauben, zur Welt, zur Wirklichkeit. Die Mutterbeziehung ist der Inbegriff aller Beziehungen. Ihre geborgenheitsspendende Dimension ist besonders in den Idealen, in der Ideologie und ganz profan gesagt im Wirklichkeitsbild enthalten. Religionskriege oder Ideologiekriege – im Nationalsozialismus oder Kommunismus beispielsweise – zeigen das Kriegsziel der (übertragenen) Muttergeborgenheit deutlich. Doch haben letztlich alle Kriege die Bewahrung der eigenen Wirklichkeit, der Urmutter, zum Ziel. Da die Schlacht dieser Grundsicherheit dient, ist sie im Primärprozeß eben selbst die Mutter. In der Mutter aber vereinen sich nun Ernährung, Bindung, Sicherheit – und Sexualität. Alle Momente sind zentrale Kriegsziele. Wenn der Krieg auch der Vater aller Dinge ist – ein offenes Geheimnis, dem der Vorsokratiker Heraklit (ca. 535–475) auf die Spur kam, dann steht hinter diesem Geheimnis ein noch tieferes: die Mutter ist die Urheberin des Krieges. Der Krieg ist tief mit der ernährenden, geborgenheitspendenden und sexuellen Mutter verbunden.

Nun aber öffnet sich auch der Ausblick auf eine unheimlichere Seite: Die Mutter als Ursprung menschlichen Glücks ist eben deswegen notwendigerweise auch der Ursprung des Unglücks. Sie ist die erste Geliebte und Vertraute, aber auch im Zuge der notwendigen Enttäuschungen die erste, an der wir Mißtrauen und Feindschaft erleben. Ich erwähnte schon das zunächst unverständliche Phänomen, daß Menschen an denen, die sie schlecht behandeln, mehr hängen als an denen, die ihnen Gutes tun. Ähnliches geschieht im Krieg. Der Krieger gerät – ich wiederhole es – in Bedrohung, das heißt in eine seelische Mutterferne, und bindet sich in Reaktion darauf stärker an seinen Auftrag, den Krieg, der letztlich die Mutter repräsentiert – ganz ähnlich demjenigen, der sich intensiver an den Menschen bindet, der ihn abweist. So steigert in dieser Dynamik der Krieg sich selbst.

Jetzt wird verständlicher, was im Ehrentitel der Mundurucu noch enthalten ist. Der Kopfjäger wird wie gesagt zur Mutter, zur Frau in ihrer mächtigsten, nämlich nahrungspendenden, lebenspendenden Form. Das ist angesichts des allgemein für eine Männerangelegenheit gehaltenen Krieges schon erstaunlich genug. Aber noch mehr: Er ist die Mutter derjenigen, die er getötet hat. Ja, noch mehr: Diese getöteten Kinder der Mutter, die Nahrung darstellen, sind im Ursprung die nahrungspendende Mutter selbst. Denn die Mutter der Peccaris muß selbst ein Peccari sein, sonst könnte sie nicht deren Mutter sein. Und da Peccari mit dem Nicht-Mundurucu, dem Feind, identisch ist, ergibt sich etwas Erstaunliches: Der überlebende Sieger ist zugleich der Getötete.

Wem jetzt bei diesem Karussell der Begriffe schwindelig wird, der spürt etwas vom Primärprozeß. Die Gesetze des Unbewußten können solche Widersprüche und Verdichtungen nebeneinander bestehen lassen. Sie ergeben sich im übrigen auch aus der Psychoanalyse der Beziehung, die davon ausgehen muß, daß jeder beide Seiten des aktuellen Verhältnisses in sich aktiviert haben muß, weil es anderenfalls gar keine Beziehung gäbe.

Damit ist zugegebenermaßen ein ungewohnter Blick in die unbewußte Phantasie des Krieges getan, ein Blick sozusagen auf den Boden der Seele, in die allerfrühesten Bereiche des Seelenlebens. Das ist heute deswegen so entscheidend, weil die Erosion der frühen Entwicklungszeit – wie ich mehrfach erwähnte –, also der große Wechsel von den neurotischen zu den narzißtischen Störungen, Kennzeichen der modernen Nationen ist. Die brüchige Basisbeziehung zur Mutter ist also heute die aktuelle Achse der unbewußten Kriegsphantasie.

Die archaische Mutter zerfällt aber durch den Vorgang des Splittings (Spaltung) in eine vernichtende feindliche und eine idealisierte, gleichsam göttliche Gestalt. Damit steht sie auf beiden Seiten des Schlachtfeldes, eine gigantische Externalisierung. Und eben das möchte ich in dem anschließenden Versuch eines «Engramms»[304] zu skizzieren versuchen.

Die Spaltung der Welt in die Erste und die Dritte Welt bietet sich als Realität dafür unheilvoll an. Der Golfkrieg 1991 galt manchen als der erste Kampf in diesen Auseinandersetzungen. Im übrigen gewinnt auch der Satz vom «ersten der letzten Kriege» eine neue Bedeutung. Es geht immer um den ersten Krieg in unserem Leben, den Mutter und Kind austragen müssen. Wenn man es ganz zu Ende denkt, wird hier sogar eine nicht-vollzogene menschliche Entwicklung im Krieg ausgehandelt, da es letztlich um die Spannungsintensität zwischen den beiden voneinander abgespaltenen Seiten in der Mutter geht, um das, was wir heute die «paranoide Position» zu nennen gewohnt sind: den Kampf zwischen Gut und Böse, die durch eine Behinderung der Entwicklung nicht integriert werden konnten.

Daß die Mutter beispielsweise die entscheidende Feindin ist, ergab sich schon aus einem ganz anderen Zusammenhang, den ich nannte: Die Uneinnehmbarkeit des Landes Irak – im Golf-krieg – wurde in den Medien so behandelt, als wäre dieses Land eine Frau.

Daß der Sieger der Getötete ist, läßt sich auch anderswo auf-zeigen: Bei Stämmen in Äthiopien muß ein Krieger, der getötet hat, sich in eine Hütte einschließen. Durch einen Frauentanz wird er wiedergeboren (also muß er im Unbewußten getötet worden sein – MLM) und erhält den Namen des Getöteten. Er hat ihn in sich aufgenommen.[305] Das ist ein blasser Abglanz der konkreten Inkorporation, wie ich sie als Verzehren der Feinde oft genug zitiert habe.

Im Zentrum einer narzißtischen Störung steht die tiefe Beein-trächtigung des Selbstwertgefühls. Sie geht mit spezifischen Stö-rungen in zwischenmenschlichen Beziehungen einher. Ein pa-thologisches Größenselbst entsteht (zusammengesetzt aus Stärke, Macht, Reichtum, Allwissenheit und zeitweise auch Schönheit), mit dem das Kind die finsteren Erfahrungen von schwerer oraler Frustration, Wut und Neid zu kompensieren versucht. In den Beziehungen führt das zu einer ständigen Ge-ringschätzung und Entwertung anderer Menschen, mit denen das Gefühl der eigenen Wertlosigkeit und gleichzeitig die tiefe Abhängigkeit von anderen Menschen abgewehrt wird. Die «zwischenmenschliche Welt» eines narzißtisch Gestörten ist be-völkert vom eigenen Größenselbst, von entwerteten Figuren (die gleichzeitig wertlose Selbstanteile und entwertete andere umfassen) sowie von potentiellen Verfolgern, die durch Projek-tion massiver oral-sadistischer Triebimpulse bedrohlich wer-den.[306]

Das zentrale Feindbild, die negative Mutter, wird also noch mit destruktiven Projektionen vollgestopft. Selbstverständlich existiert in dieser Welt weder Denken noch Selbstkritik – viel-mehr ein Impuls zum Handeln, wie außerhalb der psychoanaly-tischen Betrachtung beispielsweise Raoul Hilberg an einer typi-schen narzißtisch gestörten Ideologie, dem Nationalsozialismus, entdeckt: Er «war ja nicht auf Theorie aufgebaut, sondern ein Durchbruch, ein Handeln»[307].

Im Zentrum der narzißtischen Störung stehen eben nicht der Vater und der Ödipuskomplex, wie früher bei den Neurosen, sondern dort wirkt die uneinfühlsame, selbst geschädigte und durch zahllose Konflikte überlastete Mutter.

Wird schon die Mutter in ihrer zentralen Bedeutung für den Krieg nicht gesehen, so wird auch im alles bestimmenden Strom der unbewußten Phantasien die völlig andere Art der narzißtisch gestörten Wirklichkeit übersehen. Neben die ganzheitlich aus-phantasierten Figuren der entwickelten Phantasiebildung (die sogenannten Alpha-Funktionen nach dem Psychoanalytiker Bion) treten «Beta-Elemente», die – wie unendliches Fallen ins Nichts – kaum noch Objektcharakter haben. Diese Wirklichkeit ist so fremdartig, manchmal so bizarr, daß wir uns ihr gegenüber gerne abschotten.

In der Tiefe des Unbewußten, meist abgespalten, sehen sich diese Menschen permanent der Panik von Selbstvernichtung und Zerfall ausgeliefert. Selbst Krüppel, versuchen sie mit ungeheu-rem Kraftaufwand, andere zu Krüppeln zu machen. Die Todes-faszination ist aus diesem Grunde durchgängig. Das tiefste Emp-finden ist ein rasender Neid auf alles Lebendige, das es besser hatte. «Viva la muerte» – «Es lebe der Tod» ist ausgesprochen oder unausgesprochen der Hauptsatz der narzißtisch Gestörten. Er meint letztlich die Mutter. Und: er kommt aus der Mutter.

Hans Magnus Enzensberger hat, wie erwähnt, in seinem Essay[308] Saddam Hussein und Adolf Hitler mit Allesvernichtern verglichen: «Der Todeswunsch ist sein Motiv, sein Modus der Herrschaft ist der Untergang. Diesem Ziel dienen alle seine Handlungen... Die Massen, die sich dem einen oder dem anderen als Schlächter und Schlachtopfer zur Verfügung stellen, entsprechen ihren todesberauschten Führern.» «Was die Deut-schen begeisterte, war nicht allein die Lizenz zum Töten, son-dern mehr noch die Aussicht darauf, selbst getötet zu werden.»

«Unser Volk will das Gas Saddam Husseins riechen und sterben», äußerte sich Assad el Tamini, ein palästinensisch-muslimischer Prediger in Jordanien. Man darf also nicht in den Fehler verfallen, in dieser abgründigen Seelenverfassung seien alle Beteiligten an ihrem Überleben interessiert.

Das Geheimnis, daß der Tötende gleichzeitig der Getötete ist – wie wir es in Ritualen und Namengebungen sahen –, liegt eben an der entscheidenden frühen symbiotischen Entwicklungsstufe, die bei narzißtischen Störungen auch in das kollektive Geschehen des Krieges einfließt. Denn in der Symbiose gibt es noch keine Trennung zwischen Selbst und Objekt. Aktiv und passiv, Sterben und Töten, sind seelisch gar nicht auseinanderzuhalten. Der Todesrausch trifft das eigene Selbst wie den Feind mit jedem Schlag. Ja, es geht noch tiefer: Der narzißtische Gestörte, gedemütigt und selbst schon bei lebendigem Leibe (seelisch) tot, hat nichts zu verlieren. Er geht in selbstverständlicher Todesbereitschaft in den Kampf, weil er schon tot ist. Wenn das Ziel allen Lebens der Tod ist – was für uns alle gilt –, dann gilt für den narzißtisch Gestörten, daß er dieses Ziel schon zu Anfang seines Lebens seelisch erreicht hat: Denn schon die Abwesenheit seiner Mutter mußte er als Selbstvernichtung erleben. [309] Seine maßlose Zerstörungswut versucht, den Tod von sich auf andere abzuwenden in der Illusion, er wäre selbst nicht schon längst getötet.

Diese Verhältnisse sind durch die moderne narzißtische Seelenlage also extrem verschärft, sie entsprechen jedoch in ihrer Grundanlage uralten seelischen Vorgängen. In seiner enzyklopädischen Monographie «Die große Mutter» schreibt Erich Neumann:

«Und wenn Welt, Leben, Natur und Seele als gebärendes und nährendes, als schutzgebendes und wärmendes Weibliches erfahren wurden, dann wird auch der Gegensatz dazu am Bild des Weiblichen erlebt, und die Menschheit erfährt Tod und Abgrund, Gefahr und Not, Hunger und Schutzlosigkeit als Preisgegebensein an die dunkle und furchtbare Mutter... Denn dieses Weib, welches das Leben und alles Lebendige der Erde gebiert, ist zugleich auch die alles wieder Fressende und in sich Einschlingende, die ihre Opfer jagt und mit Schlinge und Netz einfängt. Krankheit, Hunger und Not, vor allem aber der Krieg sind ihre Gehilfen, und die Kriegs- und Jagdgöttinnen aller Völker sind der Ausdruck dafür, wie die Menschheit das Leben als ein blutforderndes weibliches erlebt.»[310]

Nach der Schilderung der großartigsten Gestalt einer furchtbaren Mutter in der Weltgeschichte, der indischen Kali, heißt es:

«All dies aber ist – man vergesse das nie – nicht nur Bild des Weiblichen, sondern es ist überall gerade das des Mütterlichen. Denn immer sind mit dem Tode und Untergang auf eine hintergründige Weise das Leben und die Geburt verbunden. Deswegen ist dieses schreckerregende und furchtbare Weibliche ‹die Große›, und so heißt auch die Ta-Urt, das schwangere Tierungeheuer, das Nilpferd und Krokodil, Löwin und Weib zugleich ist. Auch sie ist tödlich und schützend, und grauenhaft-sinnvoll streckt die gute Kuh- und Muttergöttin Hathor, die gleichzeitig Kriegs- und Todesgöttin ist und der Menschheit Verderben bringt, ihr Haupt hinter ihr hervor.»[311] «In den späteren Entwicklungen zu patriarchalen Werten – mythologisch zur Herrschaft der männlichen Licht- und Sonnengötter – wurde das negative Große Weibliche verdrängt und ist nur noch als Inhalt der Vorzeit oder des Unbewußten nachzuweisen.»[312]

«Die Notwendigkeit, die Erde und das als weiblich erschaute Leben durch Blut, Tod und Leichen zur Befruchtung und zum Wiederaufleben zu bringen – diese durch den Wechsel von Leben und Tod in der Natur immer wieder bekräftigte Konzeption konstelliert das Große Weibliche als furchtbar, zerstückelnd und tötend. Aus diesem Grunde sind die großen Göttinnen Jagd- und Kriegsgöttinnen, Verwalterinnen des Lebendigen und des Blutes. Deswegen ist die große aztekische Muttergottheit auch die Herrin des Obsidianmessers der Zerstückelung und heißt als Mondgöttin das ‹weiße Steinmesser›.»[313]

Das mag als Einleitung genügen.

Der Soldat und die Mutter

Ein Soldat zieht in den Krieg, weil er sich beraubt fühlt. Er will erobern, ist auf Beute aus. Er fühlt sich letztlich seiner selbst beraubt. Es gibt in der Tiefe seiner Seele keinen anderen Grund. Das Urbild dessen, was ihn sich selbst entwendet, ist die Mutter. Jener Anteil der Mutter, genauer gefaßt, der ihn nicht zu sich kommen ließ, die negative, destruktive Mutter. Der andere abgespaltene Teil, der Aspekt der guten, der idealisierten Mutter, gibt ihm die Kraft, in den Krieg zu ziehen. So zieht er gegen die beraubende, enttäuschende, negative Mutter ins Feld, mit der positiven Mutter im Herzen. Die gespaltene Mutter wird zum doppelten Urbild des Krieges. Sie ist die zweifache letzte Urheberin des Krieges, die «Mutter aller Schlachten».

Diese «Mutter aller Schlachten» mobilisiert in jedem Soldaten-Sohn die Erotik der Mutterbeziehung, deretwegen er vielfach zu sterben bereit ist: aus Verschmelzung von Liebe und Tod; aus Verschmelzung mit der Mutter, was seine Opferbereitschaft als Vereinigung im Tod aufdeckt, aus Schuldgefühl wegen der inzestuösen Neigung, in die sich seine eigene Destruktivität gegen die Mutter einmischt.

Dadurch wird der Gegner, die negative Mutter, aber zusätzlich überlagert: Von den Urrivalen um die mütterliche Liebe, dem Vater, dem Bruder als Feind. Hier sind sie nicht nur erotische Konkurrenten, vielmehr hat er sie wie eine Hyäne im Auge, die manchmal im gleichen Wurf nachkommende Geschwister tötet.

Diese archaische Ebene prägt alle späteren Entwicklungsschichten: Die Mutter hat seine Grundbedürfnisse während seiner Entwicklung zu sich selbst zuwenig beachtet, weil sie ihre eigenen Grundbedürfnisse beachten mußte, die ebenfalls schon zu kurz gekommen waren. So liegt der Ursprungskrieg, die Basis aller Schlachten, in der Mutter selbst: in ihrer narzißtischen Beschädigung, die zum Zeichen unserer Zeit geworden ist und in jedem ein ungeheures Maß an Lebensenttäuschung und Haß ansammelt.

Indem der Soldat nun seine Kriegsarbeit verrichtet, ist er Stellvertreter des inneren Kampfes der Mutter, stellt er diese Leistung über sein Leben, verliert er schon im Entschluß, zu leisten, die Chance, sich zu gewinnen. Das heißt: Mit den Schritten, die ihn zum Krieg führen, beraubt er sich seiner selbst. Er wird somit selbst zu dem, wogegen er zieht. Er selbst ist schon vor jedem

Schlag die Mutter, die ihn selbst beraubt. Das ist die tiefe Identität von Soldat und Gegnerin-Mutter.

Und noch mehr: Er ist schon tot, indem er zum Töten auszieht. Er ist schon dessen, nämlich seiner selbst, beraubt, was er doch gewinnen möchte, indem er es der Mutter abnimmt. Wenn er selbst aber schon tot ist, der er sich doch in tiefer Identifikation mit der ihn seiner selbst beraubenden Mutter befindet, dann hat er bereits vollzogen, wozu er auszog: die Muttertötung.

Im Krieg überdeckt nun diese Tat die gleichzeitig sich vollziehende Vereinigung mit der Mutter, genauer: Sie verschmilzt zu einem einzigen Tötungsakt. Der Mord ist gleichbedeutend mit dem Selbstmord.

Auf der Ebene der ursprünglichen Mutter-Kind-Symbiose und auch noch in der Tiefe unseres Unbewußten ist tatsächlich jede Destruktion zugleich Selbstdestruktion, Kamikaze. In der ursprünglichen Seelenschicht, die den Primärprozessen folgt, ist also der Soldat, der kämpft, wie auch der gefallene Soldat, mit der Mutter, für die und gegen die der Soldat kämpft, wie auch mit der getöteten Mutter identisch.

Das wird sichtbar, wenn wir in einem Krieg beide Seiten gleichrangig beachten, was selten geschieht, weil wir meist Partei ergreifen. Mit einem Blick auf die ganze Beziehung, deren beide Gegner mit denselben seelischen Grundlagen kämpfen, wird die primärprozeßhafte Einheit offenkundig: Der tötende und gefallene Soldat, die beraubende und ermordete Mutter liegen auf dem Schlachtfeld, und ihre libidinöse Vereinigung wurde durch die tiefliegende narzißtische Störung zum selben Todeskampf. So entspricht jedem Sieg eine tiefe Trauer: «Zwei Armeen, die gegeneinander kämpfen, sind wie eine große Armee, die sich selbst umbringt.»[314]

*

Die griechischen Schicksalsgöttinnen, die Moiren, ergreifen die Männer «als Krieger, denen sie den blutigen Tod weben», so wie die urtümliche mexikanische Symbolik den Krieger mit der gebärenden Frau als Heldin in schicksalshafter Einheit zusammen sieht. Die Natur des Großen Weiblichen als der webenden Schicksalsgöttin geht in die der blutigen Kriegs- und Todesgöttin über. Im Mythos der Germanen bezeichnet die Walstatt vor allem das Schlachtfeld, die Walkyren sind Weberinnen und singen. In der Vision eines Mannes aus Nordschottland, der zwölf Gestalten auf eine Webekammer zureiten und in ihr verschwinden sah, heißt es:

> Weit ist gespannt
> zum Waltode
> Webstuhls Wolke;
> Wundtau regnet...

Und zuletzt heißt es:

> Das Werk ist gewoben,
> Die Walstatt rot;
> Volksverderben
> fährt durch das Land.
> Nun ist Schrecken
> rings zu schauen:
> blutige Wolken
> wandern am Himmel;
> rot ist die Luft
> von der Recken Blut,
> denen unsere Lose
> zum Leid fielen,

«Das Weben des Schicksals als Blutweben ist für die düstere und grausame Todesverfallenheit der germanischen Mythologie ein charakteristischer Zug», sagt Erich Neumann.[315] Aber wir werden durch eine solche völkerspezifische Eingrenzung den schwer zu akzeptierenden Zusammenhang nicht los:

Zu Anfang hatte ich Aphrodite als Liebesgöttin in den Armen

von Ares, dem Kriegsgott, gezeigt. Uns schwant schon nichts Gutes, wenn wir hören, daß in Ägypten wie in Griechenland, in Mesopotamien wie in Mexiko Liebes-, Jagd- und Todesgöttinnen zusammengehören. So erfüllt sich schließlich, was der Text zur Erotik der Kriegsbereitschaft ahnen läßt: In Sparta und in Zypern ist *Aphrodite gleichzeitig Liebesgöttin und Kriegsgöttin*.[316]

VIII.

«Der archimedische Punkt, von dem aus ich an meinem Ort die Welt bewegen kann, ist die Wandlung meiner selbst.»[317]

Dieser Satz kann nicht heißen, daß Selbstveränderung sich in einer verstärkten Innenschau festfährt. Er kann im Zusammenhang von Krieg und Liebe nur heißen: sich doppelt zu engagieren, nämlich in persönlichen Beziehungen und in politischen Verhältnissen.

Wir sind gleichermaßen kriegsbereit wie friedensfähig. Und wir können nach den bisherigen Ausführungen nicht mehr hoffen, daß eine Steigerung von Lust und Liebe aus sich selbst heraus den Frieden mehrt. Krieg macht auf eine so überwältigende Weise unbewußte Lust, daß mir zwei daraus resultierende Gefahren bedeutsam scheinen:

Die Libido verstellt, ja betäubt das Gefühl für die ganz große Vernichtung, für die heute konkrete Drohung der Gesamtauslöschung, des Omnizids. Heute, im Zeitalter der Dritten industriellen Revolution, die mit der Erfindung der Atombombe begann und aller Wahrscheinlichkeit nach mit ihrer Anwendung enden wird (Günther Anders), ist aber die uralte Vermengung von Krieg und Lust so bedrohlich wie die Atombombe selbst.

Denn sie läßt die Angst – wie alle Engagierten immer wieder betonen – gar nicht jenen Wert erreichen, der unserer realen Bedrohung auch angemessen wäre. «Ängstige deinen Nächsten wie dich selbst» ist der Aufruf von Günther Anders, der für mich nach Einsicht in diese Zusammenhänge noch brisanter geworden ist.

Die zweite Gefahr liegt darin, daß wir nicht mehr hoffen können, den Frieden zu bewahren, indem wir die Destruktivität stärker mit Liebe vermischen. Vielmehr muß der Liebe und der Lust ein völlig anderer Weg gebahnt werden – und das bedeutet politische Arbeit. Wir werden uns nicht wie die «Wilden Diplomaten» Frans de Waals nach blutigen Auseinandersetzungen durch eine intensivere Liebe zueinander oder durch gesteigerte Sexualität versöhnen können; denn für Versöhnung gibt es nach einem atomaren Schlag kaum eine Chance.

Ich glaube, daß allein das Bewußtwerden der unendlich zahlreichen Verzweigungen der Kriegslust ein anderes, wacheres Bewußtsein für die unbewußte Verlockung des Krieges und damit für die Bewahrung des Friedens darstellen kann. Es geht also nicht mehr an, mit Freud zu sagen: «Wenn die Bereitwilligkeit zum Krieg ein Ausfluß des Destruktionstriebes ist, so liegt es nahe, gegen sie den Gegenspieler dieses Triebes, den Eros anzurufen.»[318] Doch ist der praktischen Folgerung von Freud zuzustimmen: «Alles, was Gefühlsbindungen unter den Menschen herstellt, muß dem Krieg entgegenwirken.»[319] Das sind Beziehungen wie zu einem Liebesobjekt, wenn auch ohne sexuelle Ziele. Und es sind Identifizierungen aufgrund bedeutender Gemeinsamkeiten unter den Menschen, auf denen «zum guten Teil der Aufbau der menschlichen Gesellschaft» beruht.[320] Im heutigen Zeitalter der globalen Massenkommunikation läßt sich diese zentrale Friedensarbeit – wechselseitige Identifikationen schaffen, Anteil am Leben anderer nehmen und die Gemeinsamkeiten aller Menschen herausstellen – leichter, besser und schneller realisieren als je zuvor. Sie ist die

Vorbedingung für den entscheidenden Schritt: das Teilen der Lebenschancen.

Paradoxerweise ist gerade die kollektive Gefahr der Atomdrohung eine solche Gemeinsamkeit, die uns zu den nötigen Identifikationen untereinander bringen könnte. Es ist aber auch die Tatsache der gemeinsamen «Sünde» in Gestalt der Umweltzerstörung, mit der wir die Bewohnbarkeit unseres Planeten vernichten. Die vielfältige unbewußte Todesnähe schafft – ähnlich wie zu den Zeiten der Pest im Mittelalter – eine Solidarität untereinander und einen gesteigerten Lebenswillen. So ist zu verstehen, daß die heutige Zeit mehr Kriege aufweist als je zuvor, gleichzeitig aber die Friedensbemühungen weltweit eine nie zuvor erlangte Höhe erreichten.[321]

Oft wird geargwöhnt, daß die politische Friedensarbeit insbesondere jene anzieht, die dem Krieg im eigenen Hause entgehen wollen. Das mag jede und jeder für sich bedenken. Wer eine politische Tat in der eigenen Beziehung erproben möchte, um die Grundelemente des Friedenmachens am eigenen Leibe zu erfahren, und damit kundiger die nationale und internationale Politik erfassen und nach seinem Vermögen beeinflussen will, sei auf das *Konzept der Zwiegespräche* verwiesen. In ihm lernt er, wie schwer die wirklich gleichrangige Anerkennung selbst zu seinem nächsten und bedeutendsten Menschen fällt, wie stark wir im «Paar-Rassismus» verfangen sind und wie sehr der Krieg im eigenen Haus auf der Hilflosigkeit beruht, Konflikte zu lösen, weil man ihre Fundamente gar nicht erst wahrnimmt.[322]

Es wäre zu schön, um wahr zu sein, wenn die aus frühen Zeiten bekannte «Friedenszwiegespräche» sich auch in unserer Zeit wieder etablieren könnten[323]: Der Krieg zweier Stämme wurde verhindert, indem die beiden Anführer in einem solchen Zweiergespräch so lange sprechen mußten, bis die Differenzen ausgeräumt waren. Wo das Gespräch sich entwickeln kann, braucht man nicht wie im Krieg zu agieren.

Kriegsursachen und Friedensentwicklung sind so komplex,

daß sie nicht nur quantitativ, sondern auch qualitativ die Kapazität unseres Bewußtwerdens übersteigen. Aber wir sind uns auch auf andere Weise längst über den Kopf gewachsen: Die Lust ist nur eine individuelle Komponente in einem großen Geflecht von Wirkungsbedingungen auf den unterschiedlichsten Ebenen (man erinnere sich an das Beispiel des Spacing, das die damals Kriegführenden gar nicht erfassen konnten). Das heutige Verhängnis ist, daß die Kriegslust mit einer Waffentechnik gepaart ist, mit der sie ursprünglich gar nichts zu tun hatte und auf die hin sie dementsprechend von der Evolution auch gar nicht entworfen war. Unsere Kriegslustausstattung ist ein gefährlich antiquiertes Erbe. Auch deswegen benötigen wir statt der üblichen agierenden Selbstvergessenheit eine komplexe Selbstreflexion und Selbstkritik.[324] Auch die werden übrigens im Zwiegespräch geübt.

Die Gesamtlust macht unsere gesellschaftlich bedingte und individuell sich auswirkende Kriegsbereitschaft aus. Sie entspricht nicht der Kriegsentstehung, die heute weitgehend von der internationalen Dynamik bestimmt wird. Aber ohne diese Kriegsbereitschaft, ohne Zustimmung der Öffentlichkeit, wäre ein Krieg nicht mehr durchzuführen. Das ist die Macht der ohnmächtigen einzelnen.

C.

Sich selbst überleben

Zur geheimen Absicht
eigenen Machtgewinns

Wie erleben wir Macht?

Macht unterdrückt. Nur soviel schien mir am Anfang klar zu sein. Doch dann geriet ich schnell in ein Labyrinth gängiger Machtvorstellungen: Die Macht der herrschenden Klassen, der Eliten, der Konzerne, des Kapitals, der Manager, der Arbeiter, der Politiker. – Die Macht der Könige, Hexen und Zauberer, die Macht des Rattenfängers von Hameln. – Die Macht der Männer, der Frauen, der Mütter, der Erzieher, der «Heiler», der Religionen, der «Meisterdenker» [1], der Experten, der Betroffenen. – Die Macht der Gesetze, des Gewissens, der Information, der Schönheit, der Gefühle, der Liebe, des Glaubens, der Rache, des Verzeihens. – Die Macht der Geschichte, die Macht über sich selbst, die Macht des Schicksals, der Verhältnisse, der Zeit, des Todes und des Lebens. – Die Macht des Wissens, der Künste, der Sprache. – Die Macht der Schwachen, der Gewaltlosen... Ich wußte nicht, wo ich anfangen sollte. Die zunächst so unmittelbar einfache Erscheinung Macht verwirrte mich mehr und mehr. Immer dunkler wurden mir die Mächte. Relativ schnell wurde mir klar, daß sich zwischen mir und meinem Thema genau das abgespielt hatte, worum es ging: eine Machtszene. In einer Art Pyschodrama war das Thema Macht immer mächtiger und ich immer ohnmächtiger geworden. Eines hatte sich darin wenigstens bewahrheitet: Macht unterdrückt.

Ich geriet zunächst in eine mir ungewohnte Lesewut, fraß, was ich fand. Für die Zentralthese von Elias Canetti, Machtausüben gleiche dem Beutemachen und Beutefressen, fand ich damit im persönlichen Erleben einen bestätigenden Hinweis. Ich mußte, um nicht selbst Opfer meines Themas zu werden, mächtiger werden. Abgesehen davon geht es hier um einen ganz besonderen Machtakt: sich des Themas Macht zu bemächtigen. Die Macht solcher Konzeptbildungen ist kaum zu überschätzen: Sie sichern ununterbrochen die Realität.

Ich kam dann auf den Königsweg aller Ohnmächtigen zu eigener Stärke: die Solidarisierung. Wen ich gerade zufällig traf, fragte ich, wie er oder sie Macht bisher im eigenen Leben erlebt hätten – Bekannte und Freunde, Frauen und Männer, Alte und Junge. Die Antworten machten mich in ihrer Einhelligkeit stutzig. Sie bezogen sich vor allem auf die Eltern. Ich greife zwei heraus: Eine Mutter steuerte mit kleinsten Anzeichen ihres Herzleidens das gesamte Verhalten anderer Familienmitglieder. Ein ständig kränkelnder Vater tyrannisierte auf eine stille Weise den Sohn. Meine spontane erste Erinnerung war eine flehentliche Bitte an meine Mutter, mich während der Ferien nicht ins Kinderheim zu stecken.

Die Mutter ist das Urbild aller Mächtigen. Niemand erreicht ihre absolute Macht – außer eben ihre eigene Mutter. Jeder von uns trägt dieses Erlebnis der ersten Machtbeziehung in sich. Elias Canetti: «Es gibt keine intensivere Form von Macht. Daß man die Rolle der Mutter gewöhnlich nicht so sieht, hat einen zwiefachen Grund. Jeder Mensch trägt in seiner Erinnerung vor allem die Zeit der Abnahme dieser Macht; und jedem erscheinen die auffälligen, lange nicht so wesentlichen Hoheitsrechte des Vaters bedeutender.»[2] Er vergaß den dritten und wichtigsten Grund: die Verdrängung.

Andere nannten Liebes- oder Ehepartner, die im Unterbewußten bekanntlich stark mit den einstigen Elternfiguren legiert sind. So übte ein Mann nach jedem Streit mit seiner Geliebten durch tagelanges Schweigen unbeugsame Macht über sie aus... Schließlich kamen als erste und einzige außerfamiliäre Personen Lehrer zur Sprache; auch sie sind klassische Elternübertragungsfiguren.

In den Antworten fehlten zunächst alle unpersönlichen Mächte: Armut etwa; der von vielen Befragten noch erlebte Krieg; Schicksalsschläge; Zufälle und vor allem die unbezwingbare Macht banaler Verhältnisse. Überspitzt gesagt: Die großen Mächte gesellschaftlicher Realität spielen aus dem Blickwinkel unseres gelebten Lebens offensichtlich eine nur hintergründige Rolle. Schwer zu entscheiden, ob sie für uns tatsächlich einen geringen Erlebniswert haben oder ob wir sie aussparen, weil sie so schwer zu fassen, so komplex sind. Jedenfalls müssen wir, wenn wir von Macht sprechen, uns klar sein, daß wir damit stets entscheidende, höchst persönliche, sozusagen hautnahe Lebensbeziehungen vor Augen haben. Schon Konflikte mit Vorgesetzten wurden, entgegen meinen Erwartungen, nicht erwähnt. Vielleicht eben deshalb, weil ihre wesentlich subjektive Bedeutung, ihre «Macht», aus dem Erleben der eigenen Eltern stammt.

Ausnahmslos handelte es sich um Vorstellungen, in denen eine einzige mächtige Figur einen anderen oder mehrere beherrscht. Es ist schnell zu sehen, daß eine solche Zweier-Achse nicht dem viel komplexeren Geflecht von Mehr-Personen-Machtbeziehungen der Wirklichkeit entspricht. Vielleicht können wir uns Macht nur so vereinfacht und personifiziert vorstellen. Psychologische Erkenntnisse weisen darauf hin, daß der Mensch nicht in der Lage ist, in Systemen mit vielfältigen Wechselbeziehungen zu denken.[3] Welche Macht, aber gleichzeitig auch Ohnmacht liegt in dieser uns mitgegebenen geistigen Struktur, lebendige Situationen so und nicht anders wahrzunehmen! Selbst strenge sozialpsychologische Forschungen zu Machtbeziehungen haben sich bisher nur diese Zweierkonstellationen vorgenommen.

Aber nicht das machte mich stutzig. Einhellig waren die Aussagen vielmehr darin, daß alle unter Macht *litten* und keiner auch nur andeutungsweise bemerkte, selbst Macht über andere ausgeübt zu haben. Da das mit Sicherheit nicht der eigenen Vergangenheit entspricht, sparen wir auch hier etwas aus. Wir neigen offensichtlich stark dazu, unsere aktive Seite zu verdrängen, das heißt mit unseren Wünschen, andere zu beeinflussen, auf sie einzuwirken und sie damit mehr oder weniger zu beherrschen, hinter dem Berg zu halten. Wenn uns Macht in dieser Form peinlich zu sein scheint oder wir sie aus anderen Gründen zu verstecken trachten, bleibt natürlich für die Selbstwahrnehmung, überspitzt gesagt, nur ein geschlagenes Lamm im Jammertal übrig: das Kehrbild eines kriegerischen Machthabers. Die entscheidende Frage wäre: Was wollen wir damit (unbewußt) erreichen?

2.

Macht der Ohnmacht

Für diese Verzerrung, daß wir das Leiden unter der Macht eines anderen so stark betonen, scheinen mir wenigstens sieben Momente bedeutsam zu sein:

Zum einen ruft Machtausübung offensichtlich starke Schuldgefühle hervor. Das führt dazu, daß wir anderen, aber auch uns selbst nach Möglichkeit dort keinen Einblick gewähren, wo wir mächtig sind und unsere eigenen Ziele eigennützig verfolgen können. Besonders gesichert können wir uns fühlen, wenn wir anspruchslos und durch und durch bescheiden auftreten. Diese Gegensatzbildung verfehlt selten den erwünschten Eindruck. Sie sollte deshalb Verdacht erregen.

Wir gehen aber gern noch einen Schritt weiter: Wir heben hervor, daß wir selber unter Macht leiden, statt andere leiden zu machen. Dafür genügt ein einfacher Hinweis auf unsere Realität. Denn jeder Mensch lebt gleichzeitig in einem vielfachen Geflecht von Macht- und Ohnmachtbeziehungen. Vermutlich schmerzt uns unser Leiden tatsächlich auch mehr, weil wir damit unser den Schuldgefühlen entspringendes Strafbedürfnis wenigstens teilweise befriedigen können. Das wäre das zweite Moment, das für die Tarnung der Macht als Ohnmacht spricht.

Drittens aber ist Macht selber am mächtigsten, wo sie unsichtbar, unerkannt, unbewußt wirkt. Die geheimgehaltene Macht kann von anderen nicht eingeschätzt werden und bewahrt sich das Überraschungsmoment. Was wir von der Macht wahrnehmen können, ist oft nur die Spitze des Eisberges. Unerkannt, wird der Machthaber unangreifbar, ist überall und nirgends wie die sizilianische Mafia oder ein Geheimdienst. Deswegen hal-

208

ten wir wohl mit der Betonung unserer eigenen Mächtigkeit zurück. In vielen psychoanalytischen Behandlungen ist die Verheimlichung eigener Potenz ein zentrales Thema.

Diese Vertuschung und Verleugnung hat einen besonderen, vierten Grund auch darin, daß ich damit dem Neid entgehe, der jedem Mächtigen entgegenschlägt. Was ich heimlich für mich behalte, kann mir niemand rauben wollen. Dieser Schutz vor Potenzverlust ist bei klassischen Neuroseformen eine entscheidende Maßnahme gegen die Vorstellung, kastriert zu werden.

Fünftens ist jedes aktive Machtstreben mit anstrengendem Fortschritt verbunden. Es ist zu vermuten, daß wir den Anteil vergangener Mühseligkeit austauschen mit der lohnenden Betonung eines eher passiven Leidenszustandes, in dem wir seelisch Atem schöpfen – sozusagen in der Regression. Wir sind der Macht auch einmal müde. Im großen gesellschaftlichen Feld kommt es zu einem ähnlichen Vorgang. Angesichts der überkomplexen, undurchdringlichen Macht der Gesellschaftsstruktur, der gegenüber sich jeder einzelne ohnmächtig fühlt, geraten wir schnell in den «Strudel der Regressionen»[4]. Ihre Anzeichen sind die so oft beklagte passive Einstellung, politische Apathie und Konsumhaltung. Hier muß man allerdings genau hinsehen: Nicht die Ohnmacht, die Schwäche, macht diese Regression, sondern die (nur vorgestellten oder tatsächlich unternommenen) erschöpfenden Anstrengungen, gegen diese anonyme Übermacht selbst Macht zu gewinnen. Die Ermutigung zu einem stärkeren politischen Engagement, wie sie in Bürgerinitiativen und Selbsthilfegruppen geschieht, beruht auf einer bemerkenswerten Desillusionierung, dem Bewußtmachen nämlich, daß die Macht, die wir uns vorstellen, oft nicht der tatsächlichen Macht der Gegenpartei entspricht, daß man also mehr tun und bewirken kann, als man glaubt. Sozialpsychologische Forschungen zeigen, daß dieses «subjektive Moment» ausschlaggebend für Machtbeziehungen ist. Wir kämpfen also in der Regel gegen eine Macht, die wir selbst den anderen zugeschrieben haben: Wir kämpfen gegen uns selbst. Mit hoher Wahrscheinlichkeit dürfte diese unsere Eigenart auf die Notwendigkeit einer ungewöhnlich langen Kindheit zurückzuführen sein, auf das wohl nie ganz auszulöschende, sich immer wieder durchsetzende Erleben einer unabänderlichen, jahrelangen Abhängigkeit.[5] Interessanterweise ist diese Ohmacht typisch für die Evolution des Menschen und absolut notwendig für unser größtes Machtinstrument, das Gehirn mit seiner Fähigkeit, Erfahrungen zu verarbeiten.

Ein sechstes Moment, das für die Betonung unserer Ohnmacht statt unserer Macht spricht, hat sich schon angedeutet: Wenn es im wesentlichen um zugeschriebene Macht geht, dann müssen wir natürlich bewußt oder unbewußt damit rechnen, daß sie uns ebenfalls zukommt. Schon aus diesem Grunde ist es von Vorteil, nichts von sich zu zeigen, ein Versteckspiel zu treiben, damit der Phantasie der anderen unbeschränkter Raum bleibt.

Schließlich wurde an den oben erwähnten Beispielen der Mutter und des Vaters deutlich, daß sich eine erhebliche Macht auch im vordergründig ohnmächtigen Leiden verbergen kann. Die Verkleidung der Macht als hilfsbedürftige Schwäche ist nicht nur besonders schwer zu durchschauen, sondern wegen ihrer durchschlagenden Wirksamkeit auch häufiger, als wir denken. In der hilfsbereiten, mildtätigen, sogenannten prosozialen Gesellschaft verliert die Waffe des Leidens kaum an Schärfe. Ja, manchmal ist der Verdacht schwer abzuschütteln, daß sich die stärksten Mächte am geschicktesten als hilfsbedürftiger Jammer tarnen. Kein Wutausbruch, kein jähzorniger Kraftakt vermag zu erreichen, was etwa der unsichtbare Hammer einer Depression in der Beziehung eines Paares oder einer Familie bewirkt. Die Macht der Ohnmächtigen – sprich: die Macht unserer eigenen Ohnmacht – sollte uns viel bewußter werden. Wenn wir uns betont als Geschlagene und Schwache bezeichnen, müssen wir uns auch befragen, ob wir auf diesem Wege nicht jene Macht gewinnen wollen, die wir in offener Form nicht so gut erlangen könnten.

Die hier nur anzudeutenden seelischen Verhältnisse erinnern an das der Psychoanalyse vertraute, paradox anmutende Phänomen der Erfolgsdepression. Hier hat ein sozialer Erfolg – also ein kräftiger Zugewinn an Macht, der in der Regel das Ergebnis eigener Machtausübung ist: etwa das Bestehen einer Prüfung, eine Beförderung, eine hohe Auszeichnung, das Beenden eines subjektiv bedeutsamen Werkes usw. – aus ähnlichen Gründen nicht die erwartete Wirkung eines strahlenden Sieges. Vielmehr zieht er einen Zustand nach sich, der einer depressiven Erkrankung gleicht.

3.

Wutmenge

Kehren wir noch einmal zurück zu den Antworten. In ihrem Leiden war hintergründig doch ein sehr aktiver Anteil versteckt. Ein unverhohlener Groll nämlich, ein noch brodelnder Zorn, eine spürbare Wut, manchmal sogar ein maßloser Haß auf diejenigen, die da durch Macht unterdrückten: die Eltern, die Partner, die Lehrer. Elias Canetti spricht davon, daß jeder Mensch vollgestopft ist mit den «bleibenden Stacheln ausgeführter Befehle»[6]. Sie sorgen im wesentlichen dafür, daß sich die Machtrollen in späteren Jahren umkehren: Die einst ohnmächtigen Kinder setzen ihren einst mächtigen Eltern dann in ähnlicher Form zu. Damit meine ich nicht nur die in jeder Familie strapaziösen Auseinandersetzungen zwischen Eltern und pubertierenden Heranwachsenden. Denn das ist ein vergleichsweise harmloses Vorspiel zu der Mißachtung und Isolation, in die ältere Menschen heute oft geraten. Der tragische Zusammenhang besteht für mich vielmehr darin, daß es unter den heutigen Verhältnissen einer kinderabweisenden Sozialstruktur selbst bei gutmeinenden Eltern kaum noch eine von starken Zwängen ungetrübte, weitgehend unterdrückungsfreie Kindheit geben kann. Ob schuldig oder nicht: die Eltern werden als Unterdrücker erlebt und selbst noch als verantwortlich gesehen für den Leistungszwang, der heute schon in der Vorschule beginnt. Sie sind die persönlichen Vermittler einer sonst nicht faßbaren fürchterlichen Umwelt. Der angestaute Zorn entlädt sich, wenn Kinder erwachsen und Eltern alt geworden sind. Diese alte Wut vertieft die Generationenkluft, die sich aufgrund der hochgefährlichen Beschleunigung des sozialen Wandels ohnehin ständig verbreitert, noch mehr. Kinderfeindlichkeit und Altenfeindlichkeit entsprechen einander in derselben Gesellschaft. Sie sind komplementär. Sie ergeben sich aus der Machtumkehr innerhalb der familiären Beziehung und aus der Übertragung der Ablehnung der Eltern auf die Altengeneration. Hier wird nach dem Talionprinzip Gleiches mit Gleichem vergolten.

Das öffnet eine besondere Perspektive. Rufen wir uns zwei Momente in Erinnerung. Einerseits üben die Eltern Macht mit der besonderen Waffe des Leidens aus – jedenfalls war das ein auffälliges Merkmal der Antworten –; andererseits stellten die Befragten sich selber ausschließlich als unter Macht Leidende dar und verbargen dahinter offensichtlich ihre offene Machtausübung. Es ist zu vermuten, daß unser in den Vordergrund gestelltes Leiden wenigstens teilweise eine verkappte Macht darstellen dürfte. Derselbe Typ der Machtausübung – «Leiden an Unterdrükkung» – wird also dem Talionprinzip ebenso wie der Identifikation der Kinder mit den Eltern entsprechend in der Familientradition weitergegeben. Liegt in diesen stillen familiären Kämpfen, die sich über viele Generationen fortsetzen, die eigentliche Waffenschmiede der Nation? Es ist ja ein erstaunliches, nie ganz entschlüsseltes Phänomen, daß seelisch bedingte Leiden in Kriegszeiten nahezu völlig verschwinden. Insofern sie Machtmittel sind, hätten diese Krankheiten dann ihre wesentliche Bedeutung verloren. Vielleicht haben einfach die Waffengattungen gewechselt: Kanonen statt Krankheiten…

Zunächst noch einmal zur Wut zurück. Sie ist ein mächtiges, für jeden Herrscher gefährliches Grundgefühl aller Unterdrückten. Jeder von uns wird sie kennen. Hier ist eine diffuse Kraft in der Ohnmacht zu entdecken, die ständig zum Aufstand drängen und sich zur Gegenmacht formieren kann. Es gehört gleichermaßen zum Schicksal wie zum Geschick dieses gärenden Zorns, weitgehend verborgen zu bleiben. Denn wo sich die Gegenmacht zu erkennen gäbe, sorgte sie nur für weitere Unterdrückung. Sie wird deswegen von Unterdrückern nur ahnungsvoll gefürchtet wie ihr Urbild, die Geister der Verstorbenen, an deren Tod man sich eben aufgrund erlebter Unterdrückungswut auch schuldig fühlte. Das macht das Mißtrauen, das paranoide Moment in Machtbeziehungen aus: Die Wut kann nicht klar eingeschätzt werden. Ja, sie ist den Unterdrückten oft selbst nicht mehr bewußt, stellt sich meist als Resignation oder Hilflosigkeit dar und entpuppt sich erst, wenn der Unterdrückte in eine Machtposition gerät und zuschlägt. Ein Paradebeispiel im kleinen ist der hochverängstigte, sich oft zu Recht unterdrückt fühlende Prüfling, der später in der Machtposition des Prüfers zu besonders strengem Verhalten neigt. Noch bekannter ist die Hackordnung: Der Vorgesetzte unterdrückt den Untergebenen, der seine Frau, die ihre Kinder. Bei gesellschaftlich Benachteiligten, in der Unterschicht zum Beispiel, wird auf diese Weise eine unterdrückende Machtbeziehung zum Auslöser einer ganzen Serie von Gewalttätigkeiten.

In der Regel werden die ungeheuren Mengen von Wut in einer Gesellschaft, die Unterdrückung tausendfach betreibt, glatt vergessen. So können wir nicht anders, als uns über ihre zahllosen Symptome zu wundern. Denn im Zuge der Verdrängung unserer eigenen Wut nehmen wir den Zusammenhang auch im allgemeinen nicht mehr wahr.[7] Dabei schreien die Zeichen zum Himmel: das uns erschreckende Ansteigen der Kriminalität; ihr nach innen geschlagenes Gegenbild, die vermehrt schon bei Kindern aufkommende Neigung zum Selbstmord; die Verweigerung in Form von Apathie oder der vielbeklagten Dialogunfähigkeit der Generationen; die Zunahme seelischer Erkrankungen und so weiter. Kein Wunder auch, daß Psychotherapeuten zunehmend den Eindruck gewinnen, die Auseinandersetzung mit der unterdrückten Aggressivität habe die Bearbeitung sexueller Konflikte inzwischen an Bedeutung übertroffen. Daß es dabei nicht einfach um Aggressivität, sondern um unreife, unentwickelt gebliebene, archaische Formen von Aggressivität geht, die oft genug nicht einmal zu einem seelischen Gefühl herangewachsen sind, und daß es nicht um Aggressivität selbst, sondern um Unterdrückung geht, deren Symptom und Ursache sie ist, möchte ich nur erwähnen. In dieser Kürze läßt sich vieles nur vereinfacht darstellen.

4.

Neid, Schlagschatten der Gerechtigkeit

Die Wut hat einen mindestens ebenso mächtigen, vielleicht aber noch verborgeneren Begleiter: den Neid. In den Antworten meiner Gesprächspartner war manchmal kaum verhüllt erkennbar, daß die Machtfülle der lebensgeschichtlichen Unterdrücker beneidenswert schien. Man hätte sie selbst gern gehabt. Welche Genugtuung wäre es, über die Macht zu verfügen, mit welcher der tagelang schweigende Freund einen quälte! Wie verlockend wäre es, mit eigenen Leidenszeichen alle anderen wie Marionetten an Fäden zu führen! Wie entlastet wären wir alle, wenn wir in den schlimmsten Ohnmachtszuständen – in der Eifersucht, in der Demütigung, im Ausgebeutetwerden, in tiefer Angst vor einer bedrohlichen Gefahr, in all den zahllosen Abhängigkeiten – über die Macht verfügten, die wir unseren jeweiligen Gegnern zuschreiben! Gegen jede Macht richtet sich ein Neid, der sie letztlich vollständig zu verzehren trachtet.

Neid will mehr als Wut. Der Zorn kann noch als verständliche Enttäuschungsreaktion verstanden werden mit dem vergleichsweise sozialen Ziel, das wiederzuerhalten, was einem die Unterdrücker nahmen. Der Neidische aber möchte nicht nur das Gestohlene zurück. Er will die ganze Macht mit der ihr innewohnenden Unterdrückungschance. So ist Neid moralisch gesehen anspruchlicher und böser. Er ist aktiver, gilt als gefährlicher, kann sich nicht wie die Wut als bloße Reaktion rechtfertigen.

Wir sollten anerkennen, daß dieser Neid eine allgegenwärtige Macht in menschlichen Beziehungen ist und sich selbst in aufopferungswilligen Bindungen regelmäßig finden läßt. Es macht uns menschlicher, mit ihm als selbstverständlicher Empfindung zu rechnen. Wir haben sehr viel mehr Chancen, unsere Konflikte befriedigend zu lösen, wenn wir ihn bei uns und den anderen voraussetzen und behutsam beachten. Neid ist der Schatten der Gerechtigkeit, besser: sein Schlagschatten.

Eine besondere Eigenschaft des Neides ist, daß er sich nicht so ohne weiteres abspeisen läßt. Ein Beispiel aus dem altbekannten Machtfeld Geschwisterrivalität zeigt das ganz witzig. Eltern wissen ein Lied davon zu singen, wie schwer es ist, die sofort mobilisierten Neidgefühle der Kinder, wenn Geschenke kommen, angemessen zu berücksichtigen. Ein Vater hatte nach vielen Scherereien eine seines Erachtens glänzende Idee. Er kaufte zwei völlig gleiche Teddybären. Nachdem seine Kinder, Hansi und Heidi, die Tiere inspiziert hatten, fragte er die Tochter: «Welchen möchtest du haben?» Heidi antwortete: «Dem Hansi seins.»

Es scheint um eine vergleichsweise harmlose Eigenschaft des Neides zu gehen. Meines Erachtens steckt darin jedoch seine entscheidende Qualität: Der Neid will sein Objekt ganz, nur das, nichts anderes. Er will dasselbe, nicht das gleiche. Er kennt keinen Ersatz. Er ist nicht gewillt, den Umweg zu machen. Er hat keinen Ausweg. Die Konfrontation wird total. Das macht es uns so schwer mit ihm.

5

Begrenzte Gegenkraft Gewissen

Es scheint allerdings eine Kraft zu geben, die ihn wenigstens zu lindern hilft. Der Mensch soll von Ursprung an ein besonderes Lebewesen sein, weil er seine Nahrung mit seinesgleichen teilt. Dieser Teilungssinn als Instinkt, das heißt als angeborene Handlungsweise, ist der biologische Boden der sozialen Instanz in uns, des Gewissens, des Über-Ichs.[8] Von ihm dürften sich auch unsere höchsten Werte wie Gerechtigkeit und Chancengleichheit ableiten. Daß diese Teilungsbereitschaft eine direkte Antwort auf Neid ist, könnte sich vielleicht darin zeigen, daß es auch bei ihr um dasselbe Objekt geht: Es wird dieselbe Beute geteilt, nicht ein Ersatz geboten. Dieser soziale Sinn hat nun seine deutlichen Grenzen. Ein Blick auf die menschliche Geschichte und die gegenwärtigen Verhältnisse genügt: eine lückenlose Folge von Machtkämpfen, Auslöschung, Unterdrückung und Ausbeutung.

Die erste wesentliche Beschränkung des Teilungssinns liegt darin, daß er sich nur auf die eigene Gruppe bezieht. Die fremde Gruppe galt als Beute und wurde über Jahrmillionen – bis vor nicht allzu langer Zeit – mit Genuß verzehrt. Das führt zu einer wesentlichen Erkenntnis: Auch das später aus dem Teilungssinn erwachsene Gewissen pocht nicht allgemein, sondern nur für das begrenzte Umfeld derjenigen, die wir als unseresgleichen ansehen. Diese *Territorialität* ist ein viel zuwenig beachtetes Merkmal des Gewissens. Seine Reichweite ist für globale Aufgaben wahrscheinlich zu beschränkt. Das Gebiet, welches das Gewissen schützt, überschritt früher wahrscheinlich nie die urmenschliche Kleingruppe von durchschnittlich 25 Personen.[9] Es läßt sich auf alle erweitern, die uns näher bekannt und damit gleichsam Wahlverwandte geworden sind. Fremden, Unbekannten und Feindlichen gegenüber setzt dieses Gewissen jedoch sehr schnell aus. Dann beginnen wir den anderen zu jagen und sehen ihn in tiefer Gewöhnung als Beute.

Macht begnügt sich also nicht mit einfacher Unterdrückung: Sie frißt auf. Ausbeutung ist eine milde Spätform des Beutefraßes. Kaum noch spüren wir in diesem abgeschliffenen Wort «Ausbeutung» seinen Ursprung: die Ausweidung der Beute. Ihr Vernichtungsziel bleibt im Seelischen bewahrt; denn sie löscht das Selbst aus – wenigstens teilweise. Das bedeutet Entfremdung.

Die zweite Einschränkung des Teilungssinns und damit die Begrenzung der Macht des Gewissens wird spätestens im Kriegsfall deutlich, wenn Menschen sich in sonst unvorstellbarem Maße gegenseitig töten, um in der brutalsten Form Macht über den jeweils anderen zu gewinnen. Das Gewissen ist nach Freud ein relativ neuer Erwerb in der menschlichen Entwicklungsgeschichte und aus diesem Grund auch leicht außer Kraft zu setzen. Das geschieht besonders in angespannten Krisensituationen, in denen schnell auf alte Verfahrensweisen – wie einfaches Draufschlagen – zurückgegriffen wird.

Die dritte Einschränkung des Teilungssinns ist durch die sehr komplexe Entwicklungsgeschichte des Über-Ichs gegeben. Diese beruht auf der Verinnerlichung einer besonderen Aufgabe der Eltern: ihres Steuerns durch Gebote und Verbote, also ihrer autoritativen Funktion. Die erwähnte Territorialität des Gewissens gründet natürlich ganz wesentlich in dieser Elternbindung. Allerdings gehen in die Internalisierung der Autorität alle erlebten Beziehungen mit den Eltern ein, nicht zuletzt auch die darin enthaltenen erheblichen aggressiven Spannungen. Sie sind teils tatsächlich von den Eltern ausgegangen, teils aber auch vom Kind selbst, das diese seine eigene Aggressivität nun häufig genug den Eltern zuschreibt, sie damit auflädt. Das Überich herrscht manchmal mit unmenschlich destruktiver Strenge, fern aller teilungsbereiten Freundlichkeit; in den klassischen Neuroseformen, Depression und Zwangsneurose, wird es zur Lebensqual.

Folgt man Norbert Elias' richtungweisender Arbeit[10], nach der das Über-Ich vor allem ein unvermeidliches historisches Ergebnis gesamtgesellschaftlicher Entwicklung ist und auf dem «Zwang zum Selbstzwang» beruht, den die Gesellschaft auf den einzelnen ausübt, dann wird einem das Über-Ich als verinnerlichter Machtapparat mit deutlich unterdrückenden Tendenzen noch klarer. Eine wesentliche Aufgabe der psychoanalytischen Behandlung besteht darin, die daraus resultierende innere Unfreiheit aufzuheben. Die Qual innerer Unterdrückung kann man allerdings auch einfacher loswerden. Es genügt, sie nach außen zu stülpen. Der Ehekrach ist das alltäglichste Beispiel. Denn nichts entlastet vom eigenen Gewissensdruck, diesem Bündel an Selbstvorwürfen, mehr, als seinen Partner mit Vorwürfen zu überschütten, die nichts anderes sind als nach außen gerichtete Selbstvorwürfe. Mit dem Sündenbock-Mechanismus wird Selbstunterdrückung zur Unterdrückung anderer, die dann genau das Leiden tragen müssen, das man selbst nicht auf sich nehmen wollte. Daß solche Strafexpeditionen gigantische Ausmaße annehmen und zum Völkermord ausarten können, zeigt schon der flüchtigste Blick ins Geschichtsbuch, in die Tageszeitung, ins Fernsehprogramm.

6.

Machtursprung Menschenfraß

Die menschliche Geschichte der Unterdrückung beginnt mit blanker Gewalt. Wer über größere körperliche Kraft verfügt, ist Machthaber. Sein Ziel ist die Auslöschung des anderen. Erst wenn das Vergeudung von Machtkräften bedeutet, mildert sich das Vorhaben zu Unterwerfung und Ausbeutung. Der Mörder, der Folterer, der Mann, der seine Frau mißhandelt, die Eltern, die ihre Kinder prügeln, der knüppelnde Polizist, der Steine werfende Demonstrant, der aggressive Hooligan oder Skinhead, der Unschuldige willkürlich zusammenschlägt: sie setzen diese ursprüngliche Macht noch direkt ein.

Dieses archaische Fundament ist heute noch gültige Grundlage der Macht – und zwar in der seelischen Vorstellung wie in der aktuellen Gesellschaft. Doch ist sie durch unzählige andere Machtformen bis zur Unkenntlichkeit überbaut. Die ursprüngliche Gewalt war offensichtlich kannibalistisch. Tiefe Vorstellungen in unserem persönlichen Erleben sprechen dafür. Tatsächlich wäre in unseren Frühzeiten eine Tötung des Gegners, ohne ihn zu essen, auch ein törichter Akt gewesen; denn in den endlosen Epochen des in Kleingruppen lebenden, sammelnden, jagenden Urmenschen war außer seinem Fleisch nichts von ihm zu holen. Richtige Kriegführung im Sinne eines organisierten Diebstahls[11] war erst viel später möglich, frühestens vor zehntausend Jahren in der neolithischen Revolution, als die neue Technik des Gartenbaus das Nomadenleben nicht mehr zwingend machte und Seßhaftigkeit wie Speicherung erlaubte. Da erst wurde Besitz anstelle des Gegnerfleisches zur Beute. Vorher sind wahrscheinlich die jeweils weniger entwickelten Menschenarten einfach deswegen verschwunden, weil sie von der nächst höheren menschlichen Art nach und nach verzehrt wurden – so etwa der Australopithecus (vor ca. 5 bis 1,2 Millionen Jahren) durch den Homo erectus[12]. Das Schicksal des Neandertalers (vor 100000 bis 35000 Jahren) dürfte teilweise ähnlich durch jenen Homo sapiens sapiens besiegelt worden sein, der als Cromagnon-Mensch vor 45000 Jahren auftauchte und sich von uns biologisch nicht mehr unterscheiden läßt. In den mindestens 15 Millionen Jahren Menschwerdung gehörte der Kannibalismus offensichtlich zum Alltag. Er wurde erst vor wenigen tausend Jahren aufgegeben. Noch in der christlichen Kommunion sind seine sublimen Reste – Wein und Oblate als Blut und Leib Christi – tradiert. Afrikanische Herrscher wie Idi Amin oder Bokassa sollen kürzlich noch rituell die Leber ihrer Gegner verzehrt haben. In Notlagen kommen vermutlich alle Menschen einmal auf den Gedanken, daß der Nächste auch eßbar ist. Das Beispiel im Zuge einer Notlandung hoch in den Anden 1982 dürfte noch nicht vergessen sein. Wir könnten jemanden vor Liebe fressen, lautet eine Redensart.

Selbst verschlingende Blicke schreiben wir uns wie auf Beute lauernden Jägern zu. Und wer eine geistige Garantie für tatsächliche kannibalistische Umtriebe in uns will, mag sich an den frechen, auf eine ätzend-scharfe Satire von Jonathan Swift («A Modest Proposal») zurückgehenden Vorschlag der Nobelpreisträgerversammlung in Lindau erinnern, die eines Tages unvermeidliche Eiweißkrise der Weltbevölkerung durch das Fleisch Gestorbener zu beheben. Mir selbst genügte, in einem Taschenbuch mit dem Titel «Menschen essen Menschen» [13] nur wenige Seiten zu lesen, um an der aufkommenden Flauheit in meinem Magen erkennen zu können, daß die unterdrückten kannibalistischen Impulse nach wie vor schnell mobilisierbar sind. In diesem Report über Kannibalismus findet sich die erwähnte Schilderung afrikanischer Kriegszüge, deren Versorgung mit Proviant sehr einfach gelöst wurde: Im Gefolge marschierten Eßsklavenkolonnen – ein drastisches Symbol für die heute allgegenwärtige Ausbeutung. Wir sagen zwar, daß die Arbeit den Arbeiter verzehrt, aber genau gesehen verzehren den Arbeiter letztlich die mehrwertabschöpfenden Schichten. Sie leben zu einem guten Teil von ihm.

Zurück zu dem Ursprungsbild, das damals ebenso gewöhnlich war, wie es heute erschreckt: Der Proviant lief mit. Im Grunde mußte nur die gute Ernährung der Sklaven garantiert sein – ein Problem, das sich allerdings täglich minderte. Selbst unter diesen für den Tod durch Verzehr bestimmten Personen soll es deutliche Hierarchien gegeben haben. Wer gut im Fleische war und dementsprechend schmackhaft schien, rangierte hoch oben und war stolz darauf. Das scheinen schon geordnetere Verhältnisse gewesen zu sein als jene Szene in dem wissenschaftlich untermauerten Urzeitfilm «Am Anfang war das Feuer», wo Mitglieder einer fremden Gruppe lebend an einem Baum neben dem Feuer hingen. Bei Bedarf wurde einfach ein Stück von ihnen abgehackt und geröstet.

In unserer technokratischen, sachorientierten Gesellschaft verlieren wir allzu schnell unser archaisches Fundament aus den

Augen, das sich nicht allein mit Verhaltensbereitschaften und Frustrationsreaktionen entschlüsseln läßt. Der kannibalistische Akt dürfte die Urform der Machtbeziehung darstellen. Elias Canettis Hauptwerk «Masse und Macht» liefert reiches Material dazu. Die Machtausübung entspricht nach ihm dem Beutemachen und Beutefraß bis in jeden einzelnen Teilakt wie Auflauern, Packen, Zerkauen und Verdauen. [14] (Vergleiche auch oben Seite 140ff)

7.

Gewaltfrieden

Um wenigstens dem lustvollen Erleben nicht mehr direkt kannibalistisch ausgeübter Gewalt in uns nahezukommen, lohnt sich ein Blick in die neuere Geschichte. Norbert Elias berichtet aus der mittelalterlichen Gesellschaft über das typische alltägliche Treiben eines unabhängigen Mannes, eines Ritters:

«Er verbringt sein Leben damit, zu plündern, Kirchen zu zerstören, Pilger anzufallen, Witwen und Waisen zu unterdrücken. Er gefällt sich besonders darin, die Unschuldigen zu verstümmeln. In einem einzigen Kloster, dem der Mönche von Sarlat, findet man 150 Männer und Frauen, denen er die Hände abgeschlagen oder die Augen ausgedrückt hat. Und seine Frau ist ebenso grausam. Sie hilft ihm bei seinen Exekutionen. Ihr macht es selbst Vergnügen, die armen Frauen zu martern. Sie ließ ihnen die Brüste abhauen oder die Nägel abreißen, so daß sie unfähig waren zu arbeiten.» [15]

Was macht den Unterschied zu uns aus? Im wesentlichen nur eines: Ein Ritter hatte damals nicht den «Selbstzwangapparat» eines Menschen der Industriegesellschaft, als deren Paradefigur der zwanghaft leistungsorientierte Herzinfarkt-Typ gelten kann. Nach Elias ist der seelische Aufbau des Menschen und die gesamtgesellschaftliche Entwicklung sozusagen aus einem Guß. Nur so sind unsere gewandelten Einstellungen zur Gewalt und die neuen Figurationen der Macht zu verstehen. Wegen der Bedeutung dieser empirisch fundierten Einsichten möchte ich ganz kurz darauf eingehen.

Der ganze gesamtgesellschaftliche Prozeß folgt einer Grundlinie: der Machtmonopolisierung. Diese besteht aus zwei Phasen:

> «Erstens die Phase der freien Konkurrenz oder der Ausscheidungskämpfe, mit der Tendenz zur Akkumulation von Chancen in immer weniger und schließlich in einer Hand, die Phase der Bildung des Monopols; zweitens die Phase, in der die Verfügungsgewalt über die zentralisierten und monopolisierten Chancen dazu tendiert, aus den Händen eines Einzelnen in die einer immer größeren Anzahl überzugehen und schließlich zu einer Funktion des interdependenten Menschengeflechts als eines Ganzen zu werden, also die Phase, in der aus dem relativ ‹privaten› ein ‹öffentliches› Monopol wird.» [16]

Die Grundlage der zweiten Phase, der schließlichen Demokratisierung, bildet die immer feiner werdende Arbeitsteilung in Tausende von Berufen, was die Effizienz und Produktivität – sprich: die Macht – einer Nation steigert.

Die ununterbrochenen Kriege der Vergangenheit sind Auseinandersetzungen zwischen nebeneinander existierenden Mächten. Sie werden in der Regel durch Sieg entschieden. Die im Laufe der Jahrhunderte auf diese Weise immer größer werdenden Herrschaftsbereiche wurden durch Errichtung einer Zentralgewalt zu Friedensgebieten. Erst durch einen solchen zentralen Machthaber wurde die Idylle einer natürlichen Landschaft erfahrbar. Denn nur dessen Existenz nahm dem früher gleichsam hinter jedem Busch lauernden, durch keine höhere Gewalt bedrohten Mordlustigen seine straflose Machtchance.

In der zweiten Phase der Monopolbildung kommt es aufgrund der Arbeitsteilung zu einer vorher nicht existenten wechselseitigen Abhängigkeit der Menschen untereinander, zum «Interdependenzgeflecht»:

> «An die Stelle des Bildes vom Menschen als einer ‹geschlossenen Persönlichkeit›... tritt dann das Bild des Menschen als einer ‹offenen Persönlichkeit›, die im Verhältnis zu anderen Menschen einen höheren oder geringeren Grad von relativer Autonomie, aber niemals absolute und totale Autonomie besitzt, die in der Tat von Grund auf Zeit ihres Lebens auf andere Menschen ausgerichtet und angewiesen, von anderen Menschen abhängig ist.» [17]

Die Autonomie des Menschen ist ein anderer Ausdruck für seine Macht. Hans-Dieter Schneider betont: «Dieser Sachverhalt, daß Unabhängigkeit in der Meinung und in der Meinungsäußerung primär eine Machtfrage und erst später eine Frage des Charakters ist, widerspricht herrschenden Stereotypen und sollte deshalb besonders beachtet werden.» [18] Es wird aber auch deutlich, daß das, was unsere Ohnmacht schafft, die völlige Abhängigkeit und das Angewiesensein auf andere, gleichzeitig Grundlage unserer Macht ist, nämlich der Verantwortung, die wir durch unsere besondere Funktion erhalten.

Wir müssen uns im übrigen trennen von der Vorstellung, hier gehe es – gesellschaftlich und individuell – um relativ feste Systeme. Alles fließt. Elias spricht von sich ständig wandelnden «Figurationen».

Der Frieden, der sich so unter Menschen wenigstens teilweise herstellt, wird durch zwei Gewalten garantiert: durch die Bildung der gesellschaftlichen Zentralgewalt und durch den damit einhergehenden «Zwang zum Selbstzwang», das heißt eine immer stärker werdende Selbstkontrolle und Affektbeherrschung. Sein Niederschlag entspricht dem Über-Ich, dem Gewissen.

«Gesellschaften mit stabileren Gewaltmonopolen, verkörpert zunächst durch einen größeren Fürsten- oder Königshof, sind Gesellschaften, in denen die Funktionsteilung mehr oder weniger weit gediehen ist, in denen die Handlungsketten, die den Einzelnen binden, länger und die funktionellen Abhängigkeiten des einen Menschen von anderen größer sind. Hier ist der Einzelne vor dem plötzlichen Überfall, vor dem schockartigen Einbruch der körperlichen Gewalt in sein Leben weitgehend geschützt; aber er ist zugleich selbst gezwungen, den eigenen Leidenschaftsausbruch, die Wallung, die ihn zum körperlichen Angriff eines anderen treibt, zurückzudrängen. Und die anderen Formen des Zwanges, die nun in den befriedeten Räumen vorherrschen, modellieren Verhalten und Affektäußerungen des Einzelnen in der gleichen Richtung.» [19]

Wir können nicht anders: Wir müssen Ruhe geben, um selbst in Ruhe gelassen zu werden. Die gesellschaftliche Notwendigkeit bedingt diese «Selbstzwangapparatur», ein historisches Produkt also, das unter anderen gesellschaftlichen Verhältnissen recht bald verschwände.

In dieser Perspektive ist der Frieden ein Gewaltfrieden, abhängig von einer äußeren und einer inneren Gewalt, die komplementäre Aspekte einer einzigen Entwicklung sind. Das heißt also: Hinter jedem Frieden verbirgt sich Gewalt. Nicht Frieden ist demnach das entscheidende Thema, sondern Macht.

8.

Soziale Ungerechtigkeit als festgeschriebene Gewalttat

Der Soziologe Gerhard Lenski hat in seiner Evolutionsgeschichte der Gesellschaften «*Macht und Privileg*» ein Maß für Machtunterschiede in der Bevölkerung, für die Ausbeutung oder soziale Ungerechtigkeit gefunden.[20] Danach war die soziale Ungleichheit bei Jäger- und Sammlergesellschaften für die uns überblickbare Geschichte minimal. Bei den einfachen und fortgeschrittenen Gartenbaukulturen steigt sie immer stärker an, bis sie in den großen Agrargesellschaften einen absoluten Höhepunkt erreicht. In den Industriegesellschaften nimmt die soziale Ungerechtigkeit deutlich ab, trotz enormer Unterschiede zwischen einzelnen Staaten und innerhalb einer Nation. Allerdings können wir uns kaum noch die unermeßliche Machtfülle und das Unterdrückungspotential vorstellen, die sich in den großen Reichen der Agrarkultur sammelten, in den römischen, osmanischen und russischen Imperien zum Beispiel. Deren letztes Ergebnis war die Klasse der Entbehrlichen, Überflüssigen, die nicht einmal mehr für eine Ausbeutung taugten. Trotz noch immer kraß erlebter Ungleichheiten ist es zu einem Machtausgleich gekommen. Das konnte nur unter der Führung einer Zentralmacht und unter dem Druck pausenloser Machtkämpfe innerhalb einer Nation geschehen, zwischen Bürgern und Adligen oder Arbeitern und Kapitaleignern bis hin zu den heutigen Konflikten zwischen benachteiligten Frauen und privilegierten Männern.

Dabei wird die ungeheure Bedeutung der nicht offen sichtbaren gesellschaftlichen Auswirkungen, das heißt die Verinnerlichung der gesellschaftlichen Verhältnisse, weit unterschätzt. Aber erst durch Verinnerlichung und Unterschätzung bleiben sie fast unabänderlich. Einen Teil dieser festgeschriebenen Ungerechtigkeit, dieser stillen Unterdrückung, die oft so unbemerkt einfach geschieht, erlebe ich in letzter Zeit persönlich mit. Ich fühle mich einer euphemistisch so genannten «Gastarbeiter»-Familie sehr verbunden. Sie bedeutet mir viel, obwohl unsere Lebenswelten so kraß verschieden sind, daß eine wechselseitige Einfühlung kaum noch möglich scheint. Ich fühle mich warm, geborgen und wohl bei ihr, nicht zuletzt, weil ich an Zeiten meiner frühen Kindheit in Schlesien erinnert werde. Nur diesem Glücksumstand ist es zu verdanken, daß ich sehr tief und persönlich das Schicksal der Familie miterleben kann. Insbesondere sehe ich die schulische und berufliche Entwicklung der vielen Kinder weit hinter deren Gefühlsreichtum, Phantasie und Intelligenz zurückbleiben. Tausenderlei Mächte wirken hier zusammen an einer bleibenden Lebensunterdrückung, die durch keine Kraft der Welt aufhebbar zu sein scheint. Nach und nach kam in mir eine furchtbare Wut über das unausweichliche Schicksal der unbemerkten Unterdrückung dieser Familie auf, gerade in besonnenen, von Alltagsaktivitäten nicht zugedeckten Zeiten. Diese Wut verstehe ich als eine Wahrnehmung der unbewußten Gefühlslage in jedem Familienmitglied, psychoanalytisch gesprochen also als eine Gegenübertragung. Die Grundströmung unterdrückter Empfindungen im täglichen Leben unterer Schichten wird viel zuwenig beachtet. Der Zorn bleibt in der Familie gefangen und wirkt sich entsprechend zerstörerisch auf die Beziehungen zwischen Mann und Frau, zwischen Eltern und Kindern und – weniger – auf das Geschwisterverhältnis aus. Die aggressive Ladung führte bereits dazu, daß die Eltern nicht mehr miteinander reden, die Mutter seelisch krank ist, die heranwachsenden Kinder das Haus meiden – wobei es sich noch um vergleichsweise auffällige Erscheinungen handelt. Der nie geäußerte Neid wird nicht fehlen, selbst wenn er im unterdrückten Bewußtsein und in der Gewöhnung an kleine Ansprüche weitgehend sprachlos bleibt.

Das Ausmaß der sozialen Ungerechtigkeit muß sich stets direkt in dem Gefühl der Menschen äußern. Nimmt man darauf gar nicht oder zuwenig Rücksicht, ist auch die kleinste Hilfe vergebens. Vermutlich behindert diese emotionale Distanz das Verständnis zwischen Unterschichtsangehörigen und ihren Mittelschichthelfern. Denn diese Betroffenen sind nicht etwa unfähig zu Gefühlen, wie verdächtig oft behauptet wird, sondern haben ihre eigene Ausdrucksweise, die zu verstehen wir nicht mehr in der Lage sind. Selbst eine äußerlich realisierte Chancengleichheit, wovon wir weit entfernt sind, käme wegen der inneren Auswirkungen der gesellschaftlichen Benachteiligung – das heißt wegen des latenten Zornes, des Neides und des verzweifelten Autonomietrotzes – als Angebot gar nicht an. Die unbewußte Wut zeigt sich als kalte Distanz, als Getrenntsein der Klassen. Ähnliches ist in der Familie oder in Paarbeziehungen auch dort noch zu enthüllen, wo das reibungslose Nebeneinander keinerlei Aggressivität mehr zu erkennen gibt. Diese Distanz als Zornsymptom verweist allerdings gleichzeitig auf die Feindseligkeit der herrschenden Schichten. In letzter Zeit ist besonders durch Mario Erdheims ethnopsychoanalytische Arbeiten, vor allem «Die gesellschaftliche Produktion von Unbewußtheit»[21], eine Bemerkung Sigmund Freuds aus «Die Zukunft einer Illusion» wieder bekannt geworden:

«Wenn aber eine Kultur es nicht darüber hinaus gebracht hat, daß die Befriedigung einer Anzahl von Teilnehmern die Unterdrückung einer anderen, vielleicht der Mehrzahl, zur Voraussetzung hat, und dies ist bei allen gegenwärtigen Kulturen der Fall, so ist es begreiflich, daß diese Unterdrückten eine intensive Feindseligkeit gegen die Kultur entwickeln, die sie durch ihre Arbeit ermöglichen, an deren Gütern sie aber einen zu geringen Anteil haben. Eine Verinnerlichung der Kulturverbote darf man bei den Unterdrückten nicht erwarten, dieselben sind vielmehr nicht bereit, diese Verbote anzuerkennen, bestrebt, die Kultur selbst zu zerstören, eventuell selbst ihre Voraussetzungen aufzuheben. Die Kulturfeindschaft dieser Klassen ist so offenkundig, daß man über sie die eher latente Feindseligkeit der besser beteilten* Gesellschaftsschichten übersehen hat. Es braucht nicht gesagt zu werden, daß eine Kultur, welche eine so große Zahl von Teilnehmern unbefriedigt läßt und zur Auflehnung treibt, weder Aussicht hat, sich dauernd zu erhalten, noch es verdient.»[22]

Unmißverständlich spricht hier ein geradezu zerstörerischer Impuls des gerechten Zorns aus Freud, der eine solche Gesellschaft nicht für wert erachtet zu existieren. Die Gefahr besteht jedoch, daß wir die Verhältnisse «personifizieren». Ich schließe mich der Auffassung von Elias an, der diesen doppelten Haß – den der Unterdrücker und den der Unterdrückten – nicht als eine persönliche Absicht unterstellen würde, sondern als eine uns jeweils zugeschriebene Notwendigkeit, die den «Gesetzen des Menschengeflechtes» entspricht:

«Pläne und Handlungen, emotionale und rationale Regungen der einzelnen Menschen greifen beständig freundlich oder feindlich ineinander. Diese fundamentale Verflechtung der einzelnen menschlichen Pläne und Handlungen kann Wandlungen und Gestaltungen herbeiführen, die kein einzelner Mensch geplant oder geschaffen hat. Aus ihr, aus der Interdependenz der Menschen, ergibt sich eine Ordnung von ganz spezifischer Art, eine Ordnung, die zwingender und stärker ist als Wille und Vernunft der einzelnen Menschen, die sie bilden. Es ist diese Verflechtungsordnung, die den Gang des geschichtlichen Wandels bestimmt; sie ist es, die dem Prozeß der Zivilisation zugrunde liegt.»[23]

Mit anderen Worten: Nicht wir machen die Verhältnisse, sondern die Verhältnisse machen uns. Die Verhältnisse lassen uns den Glauben, daß wir sie machen. Wir tun, sagen wir, was in unserer Macht steht, das menschliche Los zu bessern. Doch stoßen wir spätestens hier auf die schmerzliche Erfahrung vieler Machthaber, daß ihre Absicht eine manchmal gegensätzliche, für sie negative Wirkung zeitigte.

* «Beteilen» heißt auf österreichisch: «durch Aus- oder Zuteilen mit etwas versehen, versorgen».

Für mich ist eine Überlegung fundamental, die sich in der Formel zusammenfassen läßt: Der Mensch ist ein Gruppenwesen, kein Gesellschaftswesen. Die Entwicklungsgeschichte des Menschen weist einen Bruch aus. Sein Ursprungsmilieu, seine Existenzbedingung, seine Umwelt von einst sind praktisch nicht mehr zu vergleichen mit der zwar von ihm geschaffenen, aber nicht beabsichtigten Umwelt von heute. Der Urmensch lebte in der kleinen Gruppe, der Jetztmensch in der Gesellschaft, in der Massengesellschaft. Dabei ist bedeutsam, daß sich der Mensch erst in der kleinen Gruppe zum Menschen entwickelte und diese Kleingruppe als sein sozialer Raum in wesentlichen Teilen zu seiner biologischen Ausstattung geworden ist (zu ersehen zum Beispiel daran, daß wir eine deutliche Wahrnehmungsgrenze sozialer Beziehungen haben: So können wir durch persönliches Erleben maximal mitbekommen, was sich in einer Kleingruppe von rund zwölf Personen abspielt; einer Großgruppe sind wir kaum noch gewachsen. Die Gruppengröße der Urmenschen betrug aber etwa 25, von denen die Hälfte Kinder waren [24]; sie entspricht also genau der uns mitgegebenen Erlebnisfähigkeit). Der Homo sapiens sapiens ist wie jedes Lebewesen optimal an seine Umwelt angepaßt. Wir denken beim Urmenschen gern an die Savanne. Viel bedeutender dürfte aber die Gruppe als Moment seines Milieus gewesen sein. Nur in ihr konnte er überleben. Die Entwicklung unserer menschlichen Qualitäten ist vollständig ohne große Gesellschaften abgelaufen und dauerte – ausgehend vom Ramapithecus – etwa 15 Millionen Jahre. Winzig ist die Zeitspanne, seit der Mensch aus der Kleingruppe vertrieben wurde. Das gelang, wie erwähnt, erst während der neolithischen Agrarrevolution: Energiereserven konnten an einem Ort angesammelt werden, immer größere Gruppen sich dort niederlassen. In dieser Zeit entsteht der entscheidende Widerspruch: Ein Wesen, das auf eine kleine Gruppe angelegt ist, ist auf das Milieu einer Massengesellschaft überhaupt nicht vorbereitet. Es wird hier mit Bedingungen konfrontiert, auf die hin es nicht entworfen wurde.

Die Gruppe wird schließlich ganz zerbrechen. Ihre Bruchstücke nennen wir fast stolz Individuen. Die neuen Bedingungen sind zudem sehr plötzlich und, im Vergleich mit den vorangegangenen 15 Millionen Jahren, vor lächerlich kurzer Zeit eingetreten.

Ein menschengerechtes Zusammenleben kann erst gelingen, wenn wir uns auf unseren Ursprung, auf unsere «Natur» besinnen und in Erkenntnis unserer Grenzen und Möglichkeiten freiwillig ein Milieu schaffen, in dem die Notwendigkeit heutiger Verhältnisse, also der Massengesellschaft, mit der Notwendigkeit uns entsprechender Verhältnisse, also der ursprünglichen Kleingruppe, vereint ist. Ziel wären vielleicht Gesellschaften, in denen durchgängig die Kleingruppe zum Leben und Arbeiten bewahrt bleibt. Das erfordert viele, aber nicht unmögliche Umstellungen. Es erfordert vor allem Einblicke in die Gesetze, unter denen Gesellschaften heute stehen. Die Macht dieser uns weit übergreifenden Regeln des «Menschengeflechts» entstand aber letztlich aus Machtkämpfen, die im kannibalistischen Impuls ihren Ursprung haben. Denn es ist nun einmal geschichtliche Erfahrung, daß zwei Menschengruppen oder Nationen nicht lange friedlich nebeneinander bleiben. Fast immer kommt es zu einer Auseinandersetzung.

9.

Machtgestalt Mensch

Warum? Nach Norbert Elias aus Angst, von der Gegenseite abhängig – kannibalistisch gesagt: geschluckt – zu werden. Sehen wir diese Angst zunächst als Ursprung der Macht an. Sie leuchtet verdächtig glatt ein. Selbst schwer zu verstehende Gewalttätigkeiten ließen sich damit entschlüsseln.

Ich denke an den Bericht eines Taxichauffeurs in Bremen. Jedesmal nach einem Fußballspiel, sagte er mir, treffen sich die Anhänger der Fußballmannschaften in der Nähe des Bahnhofs. Es kommt regelmäßig aus nichtigem Anlaß zu einer wilden

Schlägerei – gleichgültig, ob der eigene Club siegte oder verlor. Das sind bekannte Szenen. Die Teilnehmer bemerken dann oft hinterher: «Ich brauchte das endlich mal wieder.» Was? Ich meine: das Gefühl der Gewalt, das Gefühl, stark zu sein, das Machtgefühl. Aber warum? Sehr wahrscheinlich, um das erdrückende Empfinden der Ohnmacht sonst im Leben auszugleichen. Eine Machtdemonstration dient so gesehen als Kompensation einer anderweitigen Ohnmacht.

Dennoch müssen wir uns der heiklen Frage stellen, ob wir nur auf Bedrohung durch andere und auf eigene Ohnmachtszustände hin mit Gewalt reagieren, oder ob wir unabhängig davon aktiv Machtwünsche hegen. Die Frage läuft auf das Problem hinaus, ob es einen eigenständigen Aggressionstrieb gibt oder nicht. Bei Betrachtung beider Seiten einer Beziehung scheint sich die klare Antwort schnell zu ergeben: Gleichgültig, von wem, aber irgendwoher muß ein aktiver Impuls kommen. Nur so kann er in der Beziehung wirksam werden. In der Regel nehmen wir den Aggressionswunsch bei der Gegenseite an. Wir schieben ihn ab. Die wissenschaftliche Diskussion scheint nach einem ähnlichen Modell zu laufen; da man die Aggressivität hier jedoch nicht mehr verschieben kann, läßt man sie ganz unter den Tisch fallen. Die psychoanalytische Gemeinschaft konnte sich allerdings bis heute nicht dazu bereiterklären, den Aggressionstrieb ganz fallenzulassen und hat ihn – gleichsam teilweise, nämlich als eine von mehreren Aggressionskomponenten – kürzlich nachgewiesen.[25] Nebenher bemerkt, würden wir ihn bei der Gegenseite gar nicht voraussetzen können, wenn wir ihn nicht selbst spürten. Ganz augenfällig scheint mir hier abzulaufen, was wir oben kennenlernten: die Verleugnung des eigenen Machtwunsches, die mit der Projektion auf den Gegner gesichert wird.

Damit hört nun allerdings jede Gemütlichkeit auf. Ich sage es bewußt so salopp, um die latenten Anstrengungen ins grelle Bewußtsein zu rücken, die nötig sind, um eine aus sich selbst heraus wirkende Aggressionsenergie unter Menschen in Schach zu halten: Wie soll das überhaupt geschehen? Damit stellt sich die Frage nach dem Sinn eines solchen Machttriebes. Mit welchem Ziel macht der Mensch den Menschen zur Beute, gleichgültig, welches gesellschaftliche System wir zugrunde legen? Im Kapitalismus beutet der Mensch den Menschen aus, im Kommunismus ist es umgekehrt, lautete, wie erwähnt, ein leider so wahres, böses Bonmot.

Ein Teil der Regulation ist schon zu erkennen: Wir fressen den anderen nicht, wenn wir uns auf ihn angewiesen fühlen, wenn wir ihn brauchen. Heute brauchen wir ihn wegen der Arbeitsteilung, die damit zum Friedensfaktor Nummer eins wird. Sehen wir einmal von der Liebe und der Identifikation ab, die Freud als mächtige Momente gegen unsere Kriegslust, gegen unser Machtstreben ansieht, und zentrieren uns nach dem Gesagten auf die zwei großen Regulatoren unserer Aggressivität. Beide entstammen interessanterweise genau der aggressiven Energie, die es zu beherrschen gilt: die alles überragende *äußere Zentralgewalt*, die eines fernen Tages keinen Gegner mehr haben wird, falls es nicht vorher zu unserer Auslöschung gekommen ist; und die mit ihr und der wechselseitig wachsenden Abhängigkeit der Menschen untereinander sich bildende *innere Zentralgewalt* in Form des affektkontrollierenden Gewissens, kein altruistisches Gebilde übrigens, sondern eine reine Überlebensnotwendigkeit.

Daraus ist zu schließen, daß wir um Machtkämpfe künftig kaum herumkommen werden, bis sich die schon heute sich abzeichnende Zentralgewalt gebildet hat. Die Einsicht in die Notwendigkeit einer solchen Institution erlaubte es allerdings, Kriege wenigstens theoretisch zu vermeiden. Für mich gibt es eine entscheidende Hoffnung: Wenn wir das Böse in uns wirklich ernst nehmen, könnten wir uns gegen die gemeinsame Bedrohung durch uns selbst ebenso solidarisieren wie gegen einen Außenfeind. Diese Einsicht wird heute durch die Wahrscheinlichkeit gefördert, daß ein Sieg nicht mehr viel erreichen kann, wenn er nicht gleich der eigenen Niederlage entspräche. So sind wir geradezu gezwungen, uns gegen uns selbst zu verbünden. Einen anderen Weg gibt es nicht mehr. Dafür gilt Dürrenmatts Satz: «Was alle angeht, kann nur durch alle gelöst werden.» Introspektive Erkenntnisfähigkeit ist also ein weiterer wichtiger Friedensfaktor.

Allerdings: entgegen der üblichen Meinung ist unser Gehirn nicht zum Erkennen da, sondern zum Überleben in der einstigen natürlichen Umwelt.[26] Allgemeingültige generelle Erkenntnisse sind sozusagen nur seine Nebenwirkungen. Unser Verstand dürfte also viel mehr darauf angelegt sein, die Aggressivität im Lebensfeld zu nutzen und Macht auszuüben, als auf sie zu verzichten.

Eine zweite Konsequenz dieser Regulation ist die radikale Unterdrückung der aggressiven Neigung, die ursprünglich pure Lust bedeutete, durch uns selbst. So entsteht das Paradox, daß wir desto freier werden, je mehr wir uns unterdrücken. Wir können nur in Frieden und in dieser eigenartigen Freiheit leben, wenn wir wie die anderen auf den aggressiven Akt verzichten, und das müssen wir – ob wir wollen oder nicht – als klare Freiheitsberaubung erleben. Wir sollten unsere innere und äußere Situation nicht friedlicher sehen, als sie ist. Ungeheure Mengen von Aggressivität müssen verarbeitet werden: die Vernichtung unserer Umwelt; die nichtkriegerische unblutige und blutige Destruktivität der Menschen gegeneinander, die von der Delinquenz bis zur seelischen Grausamkeit in tausend Masken auftritt; die Selbstunterdrückung, deren Ergebnis zahllose seelische Krankheiten sind; der ungebrochene Konkurrenzkampf der Wirtschaft mit der Folge des nur im alternativen Dasein abzuschüttelnden Leistungsprinzips; die soziale Ungerechtigkeit und die an Intensität in der Welt zunehmenden Kriege mit maßlosen Rüstungsanstrengungen – das sind einige Hauptsymptome dieser Zwangslage, der Tribut unserer sogenannten Freiheit. Selbstausbeutung tritt an die Stelle der Ausbeutung, die Krankheit wird zum Kriegsäquivalent. Die aggressiven Spannungen, die notwendigerweise in der Selbstbeziehung ansteigen müssen, stellen ein inneres Kriegsfeld dar, das durch die Hoffnung auf sublimierte Verwendung kaum zu entschärfen ist. Eine neue Form von Bürgerkrieg wäre schon jetzt, noch mehr aber in Zukunft zu entschlüsseln: ein von Bürgern gegen sich selbst gerichteter Krieg unter Führung des Selbstzwangapparates. Seine Beschreibung könnte mit dem eigenartigen empirischen Befund beginnen, daß Menschen mit höherer Bildung und damit wohl triebunterdrückenderer Sozialisation ein negatives Selbstbild haben.[27] Die vermiedene Aggressivität schlägt gegen uns selbst und fördert nicht zuletzt pessimistische Lebensauffassungen – wie vielleicht auch diese. So gerät die menschliche Machtgestalt in den Blick: selbst Macht ausübend nach allen Seiten und wiederum ständig von Mächten geformt.

Psychoanalytisch gesehen ist der seelische Zustand des Menschen ein Fließgleichgewicht von wenigstens vier Mächten: der Macht der Triebe (Aggressivität und Sexualität), der Macht des Über-Ichs, der Macht der gesellschaftlichen Realität und schließlich – was mir wesentlich erscheint – dem Ich als eigentlicher Machtstätte. Denn nur das Ich kann nach außen Macht ausüben. Es wird als die Gesamtheit der Ichfunktion, also durch seine Fähigkeiten beschrieben. Das stimmt gut mit der etymologischen Bedeutung des Wortes «Macht» überein. Das germanische Ursprungswort «maghti» bedeutet schlicht «das Vermögen, das Können». Von Unterdrückung, die unsere moderne Definition beherrscht, ist dort nicht die Rede.

Was haben wir damit gewonnen? Zunächst muß man sich eine einfache Tatsache klarmachen: Wenn ich Macht erlebe, erlebe ich stets gleichzeitig die Ohnmacht des Partners und umgekehrt. Macht gibt es nicht isoliert. Es ist stets eine Machtbeziehung, die ebensogut als Ohnmachtbeziehung aus der Perspektive des Unterlegenen bezeichnet werden kann. Macht und Ohnmacht sind im Erleben nur zwei Seiten einer ganzheitlichen Erscheinung, eben der Beziehung. Machtgefühl wäre ohne ein gleichzeitig im Hintergrund miterlebtes Ohnmachtgefühl gar nicht fühlbar.

Und umgekehrt. So muß das Ich ebenso auch das Gegenteil sein: die Stätte der Ohnmacht, des Bedrohtseins. Genau das besagt die berühmte Formulierung Freuds, «daß das Ich die eigentliche Angststätte ist»[28]. Angst ist eine Reaktion auf Gefahr. Die Gefahr ist hier die Bedrohung durch eine dem Ich entzogene Macht. Genau gesehen entpuppt sich jede Gefahr als Symptom einer Macht: Die Macht der Realität, die Macht der Triebe, die Macht des Über-Ichs und die Macht des uneinheitlichen, im Extremfall zersplitternden Ichs, rufen die vier klassischen menschlichen Angstformen hervor: Realangst, Triebangst, Gewissensangst und Ichdesintegrationsangst. Dem Ich fällt die leidige Aufgabe zu, nach Maßgabe seiner Macht zwischen diesen Mächten zu vermitteln, um dadurch den Grad seiner Unfreiheit zu mildern. Dem kindlichen Ich gelingt das noch nicht so gut, aber es hat bereits einige Handlungsmöglichkeiten. Alle Abwehrmechanismen gehören dazu. Abwehr in dieser Form ist Angstschutz, das heißt Gegenmacht, wenn auch noch unbeholfen.

Jede Machtbeziehung muß also auch vor dem Hintergrund der Selbstbeziehung beziehungsweise der Auseinandersetzung mit sich selbst gesehen werden. Der autoritäre Mensch, der auf Macht über andere soviel Wert legt, handelt also aus dem Gefühl innerer Bedrohung, aus Angst. Sein Machtwille bliebe sonst unverständlich. In ähnlicher Weise versucht unsere eigene narzißtisch gestörte Seite, die mit dem dumpfen Erleben frühester und tiefster Ohnmacht verbunden ist, sich durch zahlreiche Machtformen zu kompensieren.

Der Gewinn aus der Erkenntnis des Ichs als Machtstätte ist nicht unerheblich: Wenn wir Macht betrachten, müssen wir nicht nur gleichzeitig die Ohnmacht hinzunehmen. Wir haben es stets auch mit großen Erscheinungen im Menschenleben zu tun: Angst, Gefahr und Freiheit. Anders gesagt: Macht unterdrückt nicht nur, sie kann auch Unterdrückung beheben. Sie sucht die Freiheit. Aufstand, Revolte, Rebellion, Revolution und Streik gehören dazu. Daß diese so häufig in neuer Unterdrückung enden, liegt daran, daß sie die Freiheit für sich und nicht für die anderen meinen. Kannibalistisch gesagt: Die Revolution frißt (sogar) ihre Kinder.

Es ergibt sich aber noch ein ganz andersartiger Gewinn. Das Ich folgt bekanntlich dem Realitätsprinzip. Es scheint damit in einem gewissen Gegensatz zum Es zu stehen, das als Bereich der Triebe dem Lustprinzip folgt. In Wirklichkeit aber sorgt das Ich mit seinem Realitätssinn schließlich doch für die Realisierung des Triebes. Es erschließt im Geheimdienst des Lustprinzips nur die notwendigen Umwege, um die realen Hemmnisse zu umgehen. Freud sah keine Veranlassung, einem Machttrieb den Vorrang vor der Sexualität einzuräumen. (Dagegen baut die Individualpsychologie Adlers durchgehend auf dem Machtstreben auf. Vielleicht, weil er mit Ohnmächtigeren arbeitete. Seine Klientel stammte im Kontrast zu der von Freud weitgehend aus der Unterschicht.) Steht also die Macht, zu der das Ich sich in der Lage fühlt, letztlich im Dienst der Lust oder, umfassender gesagt, im Dienst der Lebenstriebe? Diese Auffassung ist nicht so ohne weiteres abzutun, obwohl doch das Ziel der Macht, die Auslöschung des anderen, in rätselhaftem Kontrast dazu steht.

Die Erzählung von Leo Tolstoi «Wieviel Erde braucht der Mensch?» scheint mir einige Aspekte des menschlichen Machtstrebens sehr gut widerzuspiegeln.[29] «Hätten wir genug Land», sagt da der Bauer Pachom zu Frau und Schwägerin, «ich würde mich vor niemand fürchten, nicht einmal vor dem Teufel.» Die Furcht steht am Anfang. Die Angstbewältigung scheint eine fundamentale Aufgabe des Machtgewinns zu sein, der hier als Landnahme dargestellt wird. Der Teufel, der hinter dem Ofen alles mithörte, dachte: «Gut, ich werde dir viel Erde geben – und eben mit dieser Erde werde ich dich unterkriegen.» Tatsächlich gelingt es dem armen Pachom, angestachelt vom Neid auf die Nachbarn, zunächst ein Stückchen Land zu erwerben. Dann aber gerät er seinerseits als Beneideter in ständige Streitereien mit anderen. «So wurde es Pachom zwar immer geräumiger auf

235

seiner eigenen Erde, in der Gemeinde aber wurde es ihm immer enger.» Er hörte von einem Siedlungsgebiet an der Wolga. Dorthin zog er schließlich und hatte nun dreimal soviel wie früher. «Anfangs, als Pachom baute und sich einrichtete, schien ihm alles gut. Dann aber lebte er sich ein, und es kam ihm auch auf dieser Erde eng vor.» Es ist vielleicht nicht unerheblich zu wissen, daß das Signalwort für weitere Machtnahme Pachoms, nämlich «Enge», dem Wort «Angst» zugrunde liegt. Er gelangte schließlich zu den für dumm gehaltenen, fernen Baschkiren, wo er den berühmten Vertrag machte: «Soviel Land du an einem Tag umgehen kannst, soviel ist dein, und der Preis dafür ist tausend Rubel.» Der Tag steht symbolisch für das ganze menschliche Leben. Die Szene kennt wohl jeder:

«Pachoms Augen entbrannten vor Gier.» Er ging den ganzen Tag und gab kleinen Verlockungen immer wieder nach. Schließlich wird es sehr spät. Ein Riesenstück hat er bereits umgrenzt. Er muß schließlich rennen und rennen. Er denkt, er schafft es nicht, denn die Sonne war schon untergegangen. Aber die Baschkiren trieben ihn noch an. Oben auf ihrem Hügel sah man die Sonne noch. Er schaffte es. ««Ei, du Prachtskerl», schrie der Älteste, ‹viel Erde hast du in Besitz genommen.› Aber Blut stürzte Pachom aus dem Munde, und er lag tot da.»

Ich halte es nicht für zufällig, daß dem sterbenden Pachom Blut aus dem Mund stürzt. Denn er hat soeben ein Riesenland «geschluckt». Das Blut weist auf die kannibalische Riesenleistung hin. Er stirbt dort, wo er getötet hat. Was er gefressen hat, das Land, hat ihn nun selbst gefressen. Der Tag und das Land stehen aber auch für sein Leben. Nur die Oberfläche der Erzählung stellt den Tod als verschuldet dar. Auf einer tieferen Ebene ist er das notwendige Ende, das rückwirkend der ganzen Geschichte einen Sinn verleiht. Der ganze Aufwand, die Landnahme, das Machtstreben, ist nämlich ein Versuch, dem Tod zu entgehen, bis er uns schließlich doch erreicht. Die Macht scheint eine *Antwort auf den Tod* zu sein. *Aus dem eigenen Tod gespeist, zielt sie eben deswegen auf den*

Tod der anderen. Anders ist sie nicht vorstellbar. *Gleichzeitig aber ist Macht eine Bewegung zum eigenen Tod hin, aus dem sie ja stammt.* Der ordentlichen Vernunft fällt es schwer, das zu begreifen.

Es läßt sich noch ein anderer Vorstellungsweg erschließen. Das große schöne Land, diese herrliche Weite des Lebens, wird direkt in Beziehung gesetzt zum winzigen Stück Erde, das für ein Grab reicht. Soviel Erde braucht der Mensch – aber nur als Toter. Grabesgröße ist ja genau das, dem Pachom entgehen möchte: seiner eigenen Sterblichkeit. In tieferem Verständnis ist das Grab in der Erde aber der Mutterschoß, aus dem wir stammen und zu dem wir wieder zurückkehren, um von neuem daraus geboren zu werden. Tod ist uns bestenfalls als Wiedergeburt vorstellbar. Wir erinnern uns der ersten Machtbeziehung, der Beziehung zur Mutter. Der Schoß wird eines Tages zu eng, wir werden geboren. Das biologische Vorbild – früher, als die Frauen noch ununterbrochen schwanger waren, ständiges menschliches Erleben – prägt alle weiteren größeren Schritte im Leben. Schon die allererste Selbsterweiterung, der lebensgeschichtlich früheste Akt, findet in kannibalistischer Form an der Mutter statt: Wir essen sie, aus ihr, aus ihrem Inneren, aus den Eingeweiden. Dadurch vergrößern wir uns. Wir erkennen wieder die Wechselseitigkeit von Macht-Ohnmacht-Beziehungen: Hat die Mutter das Kind oder hat das Kind die Mutter in der Hand? Die Antwort ist klar: Beide haben sich wechselseitig in Besitz. So sind Macht-Ohnmacht-Beziehungen häufig umkehrbar. Hegel hat das am Beispiel von Herr und Knecht dargestellt. In der Lust tritt es beim Sadomasochismus auf. Vielfach ist es auch sonst zu beobachten. Was macht ein König ohne Untertan, ein Arzt ohne Patienten oder, mit Nietzsches Zarathustra zu sprechen, Gott ohne die Gläubigen?

Macht und Ohnmacht entsprechen nun in einer besonderen Erlebensweise Leben und Tod. Auch sie sind unlösbar eins miteinander. So bedeutet Fressen gleichzeitig Gefressenwerden, je nachdem, von wo aus wir es betrachten. Doch merkwürdig genug: Es widerstrebt uns, Fressen und Gefressenwerden als Gehalt des Lebens zu akzeptieren. Die Achse Macht – Ohnmacht kann nicht alles sein. Und doch ließe sich alles so deuten. Mir fällt dazu der Stoßseufzer aus einem Kinderbuch ein: «Es muß im Leben doch mehr als alles geben!» Dann aber muß es auch mehr sein als Leben und Sterben, etwas, was beides übergreift. Wir fassen das gewöhnlich profan als Sinn des Lebens beziehungsweise des Sterbens auf. Hier muß auch die letzte Bedeutung der Macht-Ohnmacht-Ganzheit verborgen sein. Bei Pachom sind es die Schritte, der Mutter zu entgehen, um wieder zu ihr zurückzukehren. Vor und zurück sind hier dieselbe Richtung. Er geht nicht weg von ihr, weil er ja zu ihr geht, und er geht nicht hin zu ihr, weil er ja weggeht.

Nehmen wir ein sublimeres Beispiel: Warum machen wir einen Entwicklungsschritt? Warum lernen wir etwas, was ja dem ursprünglichen Essen und Verdauen voll entspricht? Warum machen wir eine Prüfung, und das heißt: sterben in einem Raum ab, um in einem anderen wieder aufzutauchen? Wir sammeln Erfahrungen. Nur, um zu überleben? Das kann nicht alles sein. Ich möchte zum Beispiel mit keinem meiner früheren Lebensjahre tauschen und habe ähnliches von meinen Freunden gehört. Warum wollen wir das eigentlich nicht? Ich glaube: weil wir heute anders sind, nicht unbedingt mehr, nicht quantitativ mehr, aber wir haben das tiefe Gefühl, mehr zu leben. Weil wir mehr gestorben sind? – Wenn Macht sich entschlüsseln soll, müssen wir in dieser Richtung weitersuchen.

Ich möchte jetzt nur noch ein Ergebnis hervorheben: Die schrittweise Bildung der seelischen Struktur in der individuellen Entwicklungsgeschichte des Menschen, erkennbar an der Wendung von Passivität in Aktivität, die Verinnerlichung also, ist eine Art geistig-seelischer kannibalistischer Akt, eine Inkorporation, wie alles Lernen und Erfahrungmachen letztlich auch: Wir erkennen mehr, sehen mehr Zusammenhänge, werden uns unserer selbst und der Welt bewußter, indem wir uns der Dinge, des

Wissens, des Lebens bemächtigen, so wie einer Sprache. Neben den brutalen Seiten der Macht dürfen wir diese existentiellen, stilleren Formen der Macht nicht außer acht lassen.

10.

Was ist Macht?

Fast alle Studien zur Macht zitieren die berühmte Formulierung von Max Weber: «Macht bedeutet jede Chance, innerhalb einer sozialen Beziehung den eigenen Willen auch gegen Widerstreben durchzusetzen, gleichviel, worauf diese Chance beruht»[30]. Ich bringe diese Definition erst jetzt, weil durch die vorangegangenen Ausführungen deutlich wird, wie erfreulich klar sie ist und wie wenig sie gleichzeitig enthält. Das Unterdrückungskonzept scheint mir nicht auszureichen. Es hilft auch wenig, wenn wir Macht, Gewalt und Herrschaft säuberlich unterscheiden, was ich mir hier ersparen möchte. Denn die Macht des alltäglichen Sprachgebrauchs folgt ganz anderen Wahrnehmungsweisen als die exakt geputzten Begriffe aus der kleinen Welt der wissenschaftlichen Eliten.

Dennoch möchte ich einige sozialpsychologische Befunde zur Machtbeziehung aufzählen, wie sie der differenzierten Zusammenfassung von Hans-Dieter Schneider zu entnehmen sind. Zunächst wird betont, daß Macht kein Ding, kein Besitz, keine Eigenschaft sei, sondern Ausdruck einer besonderen, mindestens zweiseitigen Beziehung, die von beiden Partnern abhängt. Es gibt theoretisch keinen machtlosen Zustand. Stets sind zwei oder mehr Mächte in Interaktion. Dabei spielt nicht die tatsächliche, sondern die vom Gegner jeweils erlebte Macht oder die zugeschriebene Macht die entscheidende Rolle. «Unter sozialer Macht verstehen wir die aufgrund ihrer Verfügungsgewalt über Ressourcen von Partnern zugeschriebene Fähigkeit von Personen oder Gruppen, auf kognitive oder Verhaltensaspekte dieser Partner einzuwirken» – so lautet das Ergebnis.[31] Das ist nicht

239

abzustreiten. Dennoch gewinne ich den Eindruck, daß dem riesigen Machtgeflecht aus Blut und Geschichte nur ein dünner Begriffsfaden entzogen wurde. In der weiteren Gliederung werden unterschieden: die mögliche und tatsächlich wirksame Macht, die freiwillige und erzwungene Unterordnung, fünf Grundlagen der Macht (Belohnung, Strafe beziehungsweise Zwang; Legitimation; Attraktivität beziehungsweise Identifikation; Sachkenntnis; Information und Kontrolle der Situation). Es wird vermerkt, daß die spezifischen Machtbereiche zu selten beachtet werden und die Stärke beziehungsweise Ausdehnung der Macht unterschiedlich ist.

Diese subtilen Differenzierungen müssen an der Praxis scheitern, weil es im Leben keine einfachen, sondern nur hochkomplexe Machtbeziehungen gibt, in denen alle Grundlagen, alle Wirkungsbereiche und zahllose Personen in Wechselwirkung treten. Wenn ich mich hier an die unbewußten Inszenierungen erinnere, die ich eingangs erwähnte, also an die unbewußten Auseinandersetzungen der jeweiligen Autoren mit der Thematik der Macht, dann staune ich noch einmal über auslösende Kraft und Geschick der Macht, sich zu verflüchtigen. Natürlich ist es nicht die Macht, die sich diese Tarnkappe aufsetzt, wir sind es selber. Ein Problem der soziologischen und sozialpsychologischen Forschungen scheint mir darin zu liegen, daß das «Subjekt» trotz der Betonung der subjektiven Einschätzung viel zuwenig beachtet wird. Die Lebensgeschichte der beteiligten Personen; der ungeheure Einfluß unbewußter Bedeutungen, die der Macht- und Ohnmachtsposition zugeschrieben werden; der Stellenwert der Machtbeziehungen im Lebenslauf und ihre Verwandlungen (wie oben bei Eltern und Kindern beschrieben); das Umschlagen von dominanter und gefügiger Rolle bei Ehepartnern etwa – all das kann nicht ins Blickfeld geraten. Allem haftet ein fader Laborgeschmack nach. Von einem Machtstreben, von einem Willen zur Macht, von einem Trieb, von der Frage nach ursprünglichen, tief in den «Subjekten» vergrabenen Vorstellungen wie Kannibalismus, kurz, von Ziel und Ursprung der Macht haben sich solche Untersuchungen weit entfernt. Eigenartig blutleer bleibt der Mensch trotz seiner blutigen Machtbeziehungsgeschichte und einer Gegenwart, die mit mehr Kriegen aufwartet als je zuvor. Da finde ich – sosehr ich auch die genaue wissenschaftliche Überprüfung schätze – Sichtweisen wie die von Nietzsche, Freud, Elias und Canetti der teuflischen Lage angemessener.

Die Zerstörung Beiruts, der Kampf um die Falkland-Inseln, der iranisch-irakische Krieg, Afghanistan, der Golfkrieg 1991, der blutige Zerfall Jugoslawiens – das ist unser gewohnter Alltag, davon sollten wir ausgehen, wie auch von der sozialen Ungerechtigkeit, von dem Machtgefälle zwischen Mann und Frau oder zwischen unteren und höheren Schichten, von der Ablehnung des Alters, von den Spannungen zwischen den Industrienationen und der Dritten / Vierten Welt.

Nach Norbert Elias werden unsere Machtkämpfe bis zur globalen Verflechtung der Menschen und zur Errichtung einer Zentralgewalt weitergehen – wenn es gutgeht, in der unblutigen Form wirtschaftlicher Auseinandersetzungen. Gerhard Lenski nimmt eine weitere Entwicklung zum sozialen Ausgleich, das heißt zum Machtausgleich an – etwa in Richtung dessen, was er schwedische Demokratie nennt.[32] Sigmund Freud hat in seinen beiden Arbeiten «Zeitgemäßes zu Krieg und Tod» (1915)[33] und «Warum Krieg?» (Brief an Albert Einstein, 1933)[34] eine pessimistischere, konfliktbetontere Auffassung. Sie läuft letztlich darauf hinaus, daß es eine sehr prekäre kulturelle Aufgabe ist, bei dem jetzigen Ausmaß kultureller Triebunterdrückung tatsächlich ein stabiles Gleichgewicht der Kräfte und eine Beherrschung der Aggressivität zu erreichen. Kriegstheoretiker wiesen nach, daß mit höherer kultureller Entwicklungsstufe die Anzahl der Kriege zunimmt. In seinem Brief an Albert Einstein spricht Freud im wesentlichen von der Bedeutung einer Zentralregierung der Besten und der «Diktatur der Vernunft», die er allerdings auch als «utopische Hoffnung» bezeichnet. Im Kontrast zu den eben erwähnten empirischen Kriegsbefunden steht dann seine Meinung: «Alles, was die Kulturentwicklung fördert, arbeitet auch gegen den Krieg.» Andererseits aber zitiert er, unter Anlehnung an Balzac, eine berühmte Parabel Rousseaus, der den Leser fragt, «was er wohl tun würde, wenn er – ohne Paris zu verlassen und natürlich ohne entdeckt zu werden – einen alten Mandarin in Peking durch einen bloßen Willensakt töten könnte, dessen Ableben ihm einen großen Vorteil einbringen müßte. Er läßt erraten, daß er das Leben dieses Würdenträgers für nicht gesichert hält. ‹Tuer son mandarin› ist dann sprichwörtlich geworden für diese geheime Bereitschaft auch der heutigen Menschen.»

II.

Mehr als unsterblich: sich selbst überleben

Welchen Vorteil aber stellen wir uns vor, wenn wir unseren Mandarin töten? Wozu wollen wir am Ende diesen Vorteil? Wozu diese Macht? Ich vermute, wir rechtfertigen zunächst den Machtgewinn als Notwendigkeit, aus einem Joch zu kommen, eine Bürde abzuschütteln. Wir begründen sie als Antwort auf Ohnmacht. Wer allerdings die Mächtigsten sieht, die noch mächtiger werden wollen, wer erkennt, daß die Supermächte jenseits aller Vorstellungskraft einen Overkill über den anderen häuften, wer multinationale Konzerne sich immer weiter ausbreiten sieht bei einer Potenz, die schon die der meisten Staaten übertrifft, und wer den Mut besitzt, sein eigenes Leben daraufhin zu überprüfen, wo überall er weiter wollte, als seine eigene Ohnmacht oder Notlage es erforderten, der beginnt daran zu zweifeln, daß unsere Machtwünsche stets im (inneren oder äußeren) Elend geboren werden. Der Verdacht wird stärker, daß es auch einen eigenständigen Wunsch nach Vermehrung, Erweiterung, Vergrößerung gibt, eine Expansionslust, die in der Regel an der

Realität scheitert, diesen verpönten und allein deswegen wahrscheinlich immer wieder verzerrten Willen zur Macht.

Ein sorgenfreies Leben, dieses gediegene Ideal unserer Zeit, die Gesundheitsdefinition der WHO, ja selbst ein erweiterter Horizont können nicht das Ziel sein. Karl Kraus fragte richtig: «Was fangen denn die Leute mit dem erweiterten Horizont an?» Wir könnten uns herausschleichen mit der Feststellung, alle evolutionäre Erkenntnis zeige den Unsinn der menschlichen Finalität. Zufall und Gesetz spielten ihr ewiges Spiel auch im Zuge der Menschenentwicklung.[35] Es sei eine typisch menschliche Schwäche, allem einen Sinn zu verleihen. Ich möchte dieser Schwäche aber nachgeben. Denn genau sie enthält einen weiterführenden Hinweis: Indem wir der Welt einen Sinn verleihen, gestalten wir sie. Wir bemächtigen uns ihrer. Der Wille zur Macht ist bei Nietzsche ähnlich definiert: als eine uns innewohnende Neigung, das Leben zu gestalten gleich einem Künstler, der ein Werk schafft. Es geht um eine Art «Entwicklungstrieb», um einen Wunsch, etwas zu bewirken, das allgemeine Ziel aller Macht.

Nichts scheint mir kurzsichtiger als die verbreitete Auffassung, der Größenwahn des Menschen strebe nach Unsterblichkeit. Nehmen wir eine Science-fiction-Situation an, in der es den Menschen durch Gen-Chirurgie gegeben ist, seine Lebensspanne selbst zu bestimmen. Ich ahne jetzt schon, daß ich nicht die Unendlichkeit wählen würde. Wer will denn einen endlosen Status quo? Diese Langeweile kann nicht das höchste Ziel sein. Ich möchte also mehr als unsterblich sein. Was das ist, kann ich nur in einer vagen paradoxen Formulierung sagen: Ich möchte mich selbst überleben. Das heißt: Ich möchte mich lebendig entfalten, qualitativ mehr werden, und das enthält auch Leiden, Unlust und das Absterben des alten Ichs. Die Vorstellung des Todes ist daraus nicht wegzudiskutieren. Bewußt oder unbewußt erfüllt sich jeder, der Kinder hat, jeder, der mit Werken etwas bewirkt, diesen Wunsch. Vielleicht sogar jeder, der spricht und seine Erfahrungen anderen mitteilt. Die Entwicklung der Sprache in der menschlichen Evolution war deshalb so brisant – der Cromagnon-Mensch sprach um ein vielfaches schneller und klarer als der Neandertaler[36] –, wie mit dem Tod des Individuums die individuelle Erfahrung nicht verlorenging. In seinen Worten – auch ohne Schrift – überlebte jeder sich selbst. Wer die zentrale Bedeutung der Figur des Überlebenden als Inbegriff des Machthabers bei Elias Canetti kennt[37], wird die enorme Steigerung begreifen, die darin liegt, sich auch noch selbst zu überleben, ein Vorgang, der allerdings logisch nicht mehr zu erfassen ist.

Was ich hier sehr persönlich skizzierte, ist nichts anderes als die Beschreibung der Prozesses der Evolution. Nach den jüngsten Auffassungen ist die Evolution ein Erkenntnisprozeß, eine erst biologische, dann kulturelle Erfahrungsverdichtung. Die Gene sind nichts anderes als eine Sammlung von Erfahrungen mittels der Methode der Mutation und Selektion. Daran ändern auch nichts die Entdeckungen der Soziobiologie über den Eigennutz der Gene.[38] Ein Gen strebt nur danach, sich selbst zu vervielfältigen. Mehret euch! Das ist banal. Das Entscheidende ist nur, daß es *sich* vermehren will, nicht *andere* Gene. Diese Neigung setzt sich bis in komplexe soziale Gruppenstrukturen durch. Damit stellt sich ein Bezug zum bisher beschriebenen Machtstreben her. Denn eine verdrängte Tatsache der Verhaltensforschung wurde damit ans Licht gezogen und gut gedeutet: Die Gene, deren Handlanger sozusagen das Lebewesen (auch der Mensch) ist, sorgen nämlich im Zuge der Neigung, sich selbst zu vervielfältigen, auch dafür, daß andere Gene nicht zum Zuge kommen. Sie bekämpfen deren Träger. So tötet ein Löwe, der einen Rivalen aus dem Felde schlägt, dessen Nachkommen, um mit dem neugewonnenen Weibchen, der Mutter dieser Nachkommen, seine eigenen Sprößlinge hervorzubringen und aufzuziehen. Menschen sind natürlich keine Löwen. Allerdings handelt es sich hier um ein Fundamentalgesetz, bei dem eine Ausnahme schon gut begründet werden müßte. Angesichts der Tatsache, daß wir uns stets allzu schnell eine Sonderrolle in der Evolution zubilligen, gibt der Zusammenhang zu denken.[39]

Es spricht vieles dafür, daß Macht als Lebensgestaltungsprinzip Entwicklungsfreiheit für sich anstrebt, aber nicht für andere. Der Umschlag der Befreiungsrevolutionen in neue Unterdrückung ist bekannt. Wenn im eigenen Entwicklungsraum andere stören, werden sie offensichtlich unterdrückt. Ich erwähnte schon, daß die Territorialität des Gewissens nur die eigene Gruppe schützt, also das, was ich als zu mir gehörig empfinde. Fremden gegenüber wird es schnell unwirksam.

In diesem Lebensgestaltungsprinzip dürfte der eigene Untergang enthalten sein. Das Lebensalter der Individuen einer Art, also auch der Menschen, ist ein Merkmal, das für die Entwicklung der Art einen Gewinn bedeutet. Es erlaubt eine Steigerung, ein Voranschreiten der Entwicklung. «Vergänglichkeit» – bemerkt Nietzsche im Nachlaß der 8oer Jahre – «könnte ausgelegt werden als Genuß der zeugenden und zerstörenden Kraft, als beständige Schöpfung».[40] Goethe bezeichnete (vor den Veröffentlichungen von Charles Darwin) den Tod als einen Trick der Natur, das Leben zu fördern. Daß wir diesen Zusammenhang so schwer annehmen, daß die Vergänglichkeit so oft entwertend statt steigernd erlebt wird, führt Freud auf die «seelische Auflehnung gegen die Trauer» zurück.[41] Die Ewigkeitsforderung wird demnach als Wunschdenken diktiert, um dem Schmerz der Trauer zu entgehen, nicht aber, um allmächtig zu werden. Vielleicht ist es unsere Unfähigkeit zu trauern, die uns beim Enträtseln des letzten Machtgeheimnisses so behindert.

Lebensstrom

Erst Jahre nach dem ersten Verfassen dieses Textes hat sich mir die rätselhafte Absicht dieses persönlichen Machtzuwachses vollends entschlüsselt. Das eigenartige Doppelziel, das in der Formel «sich selbst überleben» oder harmloser gesagt «über sich hinauswachsen» liegt, lautet ja zugleich «sich selbst absterben lassen» und «sich über die bisherige Lebensintensität hinausentfalten». Wie aber können wir Tod und Leben zugleich wollen? Die Evolutionstheoretiker haben nun genau dieses einheitliche Doppelziel in völlig anderem Zusammenhang erkannt: nämlich am Beispiel der ununterbrochen sich weiterentfaltenden Bewegung des Lebensstromes – wie erwähnt ein Begriff, den Hans Hass prägte.[42] Nicht nur die Individuen, auch die Arten sind passagere Formen; sie sterben und werden neu. Auch sie wollen «sich selbst überleben». Anders gesagt: Arterhaltung ist sowenig wie Selbsterhaltung das letzte Ziel. Eine ursprüngliche, vermutlich die ursprünglichste, Tendenz zielt darauf ab, die eigenen Gene nicht nur identisch zu mehren, sondern immer weiter zu variieren. Das eingeborene Ziel ist also primär nicht die Größe oder Menge, sondern die Vielfalt des Lebens. Es ist klar, daß sich dieses große Gesetz auch im Individuum verankert haben muß. Anders könnte es nicht wirksam werden. Hier hat es sich am Ende einer Reflexion und Selbstreflexion ganz unabhängig von den Ergebnissen der Evolutionstheoretiker herausgestellt. Individuum und Evolution sind zwei Aspekte einer großen Figuration.

Diese Figuration geht heute weit über die Entstehung des Lebens hinaus. Da zwischen sogenannter organischer und anorganischer Entwicklung nicht mehr unterschieden werden kann, und im übrigen das Leben auch nicht aus dem Nichts, sondern aus vorangegangenen Bedingungen entstanden ist, die ähnliche Momente enthielten, handelt es sich um ein kosmisches Gesetz, eines, das die Alten schöpferisch und wir kreativ nennen, eines, das chemische Elemente wie Sterne entstehen ließ.

Lebensentwicklung ist im übrigen nicht nur Vergangenheit, sondern kosmologisch gleichzeitig höchstwahrscheinlich Gegenwart; denn Leben kann sich im Universum jetzt genauso bilden wie einst auf der Erde.

Aber wir brauchen nicht in die Ferne zu schweifen. Wenn ich einen neuen Atemzug tue, ist der vorige schon Vergangenheit. Das alte Selbst ist vergangen, ein neues, ein etwas anderes, schon da. Mit jedem Moment überlebe ich mich selbst. Und das ist ganz nüchtern gesehen die tätige Teilnahme an der Selbstgestaltung des Kosmos.

Die chinesische Legende* endet:[1]

Den Soldaten gelang es nicht,
die Prinzen unter den Menschen zu finden.
So schlossen sie die Augen aller auf Erden.

* Fortsetzung von Seite 7

Anhang

Anmerkungen

Chinesische Legende auf Seite 7 und 248

1 Die Legende – dem Film «Die Weissagung» (Life on a string) von Chen Kaige (1991, China, BRD, GB) entnommen – beschreibt abgründig den Umgang der Menschen mit ihrer eigenen Aggression. Wenn die unbescholtenen Ahnungslosen aus der paradiesischen Naivität erwachen, werden sie geblendet: die Aggression wendet sich gegen die Wahrnehmung ihrer selbst. Genauso hat die Psychoanalyse den Charakter der Abwehr erkannt: Die seelische Energie, die Abwehr aufrechthält, die sogenannte Gegenbesetzung, ist der aggressiven Energie entnommen. Darüber hinaus beschreibt der Ethnologe und Psychoanalytiker Mario Erdheim in seinem Buch über »Die gesellschaftliche Produktion von Unbewußtheit Herrschaftsmechanismen, die eine die Macht bedrohende Aggression gegen das Innere der Individuen zurückwenden und somit nicht nur unschädlich machen, sondern sogar noch für die Herrschaftsfestigung mißbrauchen. Den Aspekt des Vater-Sohn-Kampfes lasse ich hier beiseite, möchte nur auf die Blendung analog dem griechischen Ödipusdrama aufmerksam machen, die sich wiederum mit dem sexuellen Aspekt von Krieg und Gewalt verbindet.

Kriegsverlangen, Friedensfurcht

1 vgl. Karl Otto Hondrich (1992)
2 Norbert Elias (1937)
3 Sigmund Freud (1932)
4 Sigmund Freud (1932)
5 «Der Spiegel» 6 / 1991
6 Norbert Elias (1937): Band 1, S. 281
7 Norbert Elias (1937): Band 1, S. 267–8; vergleiche das Zitat auf Seite 221
8 Jacques Attali (1981): S. 274
9 Norbert Elias (1936): Band 1, S. 270
10 Sigmund Freud (1915, 1990)
11 vgl. Alexander Mitscherlich (1969, 1984): S. 108
12 am 22. 2. 1992 im Sigmund-Freud-Institut Frankfurt / Main

Destruktive Friedfertigkeit

1 Diesem Text liegen mehrfach ergänzte Manuskripte von Vorträgen zugrunde, die ich im Rahmen der Ringvorlesungen «Friedensarbeit an der
   Universität Frankfurt» in den Jahren 1984 bis 1991 hielt

2 Hans-Jürgen Heise (1980)

3 Günther Anders (1956, 1980): S. 265, 267

4 vgl. Armin Wertz: «Der Friedensprozeß bringt den Waffenhandel in
   Schwung». In: «Frankfurter Rundschau» vom 4.4.1992

5 vgl. Was ist Triage? In: «Rundbrief. Ärzte gegen den Atomkrieg» Nr. 7,
   Sept. 1983, S. 12

6 Wolfgang Schmidbauer (1977)

7 Jürg Willi (1983)

8 vgl. dazu Henri Parens (1979)

9 Hubertus von Schoenebeck (1982)

10 vgl. dagegen die komplizierte Psychodynamik bei der Bildung der sog.
    «tyrannischen Instanz», H. Amigorena u. M. Vignar (1977)

11 vgl. «Kursbuch» 65, 1981, S. 24f

12 vgl. «Der Spiegel» 39/1983

13 Maxim Gorki (1962): S. 212ff

14 Enno von Denffer (1982): S. 89ff

15 Rainer Dietrich, Ingo Steinmann, Hans-Jürgen Wirth (1982). In:
    «Psychosozial» 15: 105

16 siehe Anmerkung 15, S. 109f

17 siehe Anmerkung 15, S. 105

18 Gerhard Lenski und Jean Lenski (1974): S. 134 Fußnote

19 Norbert Elias (1937, 1969, 1977)

20 Enno von Denffer (1982): S. 92

21 Sigmund Freud (1930)

22 vgl. Jürgen Habermas (1974)

23 siehe unten, S. 232f im Kapitel «Sich selbst überleben»

24 G. Gurin, J. Veroff, S. Feld (1960)

25 Evelyn Underhill (1928, 1985)

26 John C. Lilly (1982)

27 Allan Watts (1981): S. 20

28 Sigmund Freud (1938): S. 71

29 Christian von Krockow (1983)

30 Enno von Denffer (1982): S. 89ff

31 Michael Lukas Moeller (1978 und 1981)

32 Hans Schaefer (1980)

33 vgl. Klaus-Peter Jörns (1992)

34 Stavros Mentzos (1988): S. 146

1 Es kann die Römer nicht gestört haben, daß hier kein etymologischer Zusammenhang besteht. Die Alltagssprache assoziiert nach den vorliegenden Worten und nicht nach deren «Stammbaum». Daß sich allerdings «duellum» (Zweikampf) ausgerechnet zu bellum veränderte, dürfte kein kollektiver seelischer Zufall sein. Unabhängig davon klingt im Latein eines ins andere, die Assoziation ist sozusagen deckungsgleich – und das entsprach durchaus dem Gefühl: «Dulce et decorum est pro patria mori» (Süß und ehrenhaft ist es, für das Vaterland zu sterben). Siehe dazu auch Bertran de Born im Abschnitt «Kampflust» auf Seite 85 f.

2 Sigmund Freud (1921): S. 98–99

3 Norbert Elias (1937): Band 1, S. 263–264

4 Günther Anders (1956, 1980)

5 Nach einem Forschungsprojekt zur Analyse der Gewaltprofile deutscher Fernsehprogramme, durchgeführt von den Medienpsychologen Prof. Jo Groebel, Universität Utrecht, und Dipl.-Päd. Uli Gleich. Die Analyse wurde dokumentiert in der «Frankfurter Rundschau» vom 25.4.1992, S. 14

6 Erich Fromm (1974): S. 395

7 Peter Iden: «Gewalt im Bierzelt und überhaupt». In: «Frankfurter Rundschau» vom 26.6.1989

8 Norbert Elias (1937): Bd. II, S. 236 f

9 Sigmund Freud (1932): S. 13–27

10 ebendort, S. 26

11 Sigmund Freud (1915, 1990)

12 ebendort

13 ebendort

14 Anna Freud (1936): S. 47 f

15 Die anderen sind Überich – Druck, Triebangst und Realitätsangst

16 Irenäus Eibl-Eibesfeldt (1970): S. 91

17 vgl. dazu Erich Fromms Auseinandersetzung mit Freuds Aggressions- und Destruktionstheorie, in: Fromm (1974): S. 399 ff

18 Henri Parens (1979): S. 4 und 17 ff

19 Irenäus Eibl-Eibesfeldt (1970): S. 96

20 Hans Hass (1970) zitiert nach Eibl-Eibesfeldt (1984): S. 35–36, 278

21 N. A. Chagnon (1968) zitiert nach Eibl-Eibesfeldt (1986): S. 140

22 Irenäus Eibl-Eibesfeldt (1986): S. 141

23 R. F. Murphy (1957, 1960) zitiert nach Eibl-Eibesfeldt (1986): S. 528

24 R. A. Rappaport (1968) zitiert nach Eibl-Eibesfeldt (1986): S. 528

25 Anatol Rapoport (1990): S. 425 f

26 In einem entstehenden Text mit dem Arbeitstitel «Töte oder teile.

Kriegsverlangen, Friedensfurcht» gehe ich ausführlich auf Kriegsbedingungen und Friedensentwicklung ein.

27 Norbert Elias (1985): S. 38
28 Rolf Pasch: «US-Armee soll auf Roboter und genetisch gestählte Solda-
    ten setzen». In: «Frankfurter Rundschau» vom 14.4.1992
29 Günther Anders (1972): S. 189
30 Hokanson, J. und Shetler, S. (1961) zitiert nach Eibl-Eibesfeldt (1970):
    S. 92
31 Rainer Steinweg und Christian Wellmann (Red.) (1990)
32 siehe Anmerkung 28
33 Stavros Mentzos (1988): S. 141 ff
34 Stephen Hawking (1988): S. 220
35 Ernst Jünger (1922): Der Kampf als inneres Erlebnis. Zitiert nach
    Klaus Horn (1983): S. 65
36 Klaus Horn (1983) in: Peter Passett und Emilie Modena (Hg.) (1983):
    S. 529
37 Irenäus Eibl-Eibesfeldt (1986): S. 529
38 zitiert nach Anatol Rapoport (1991): S. 137
39 Lloyd deMause (1987): S. 19
40 «Psychologie heute», April 1991, S. 3
41 «Frankfurter Rundschau» vom 15.1.1992
42 Irenäus Eibl-Eibesfeldt (1986): S. 510
43 C. S. Forester (1990, 17.Aufl.): S. 126–128
44 Eine genaue Analyse des psychischen und physischen Zustandes im
    Kampfrausch wäre zu umfangreich, ich will sie hier zurückstellen.
45 Bertrand Russell (1987): S. 234–235
46 Sigmund Freud (1915)
47 ebendort
48 ebendort
49 Sigmund Freud und Karl Abraham (1965): S. 180
50 Ernest Jones (1960/62) zitiert nach Mario Erdheim (1982): S. 381
51 Stavros Mentzos (1988): S. 147 – einen Bericht des Psychoanalytikers
    Fornari wiedergebend
52 Walter Ong (1981) zitiert nach Nancy C.M. Hartsock (1991):
    S. 335–348
53 «Der Spiegel» 30/1991, S. 135
54 ebendort, S. 135
55 Aus «Radical America» 1981, S. 147, zitiert nach Hartsock (1991):
    S. 335
56 Judith Steam (1978) zitiert nach Hartsock (1991): S. 335
57 Frigga Haug (1991): S. 349–359
58 «Frankfurter Rundschau» vom 24.6.1991
59 Andreas Huber (1991): S. 42 f

60 Irenäus Eibl-Eibesfeldt (1968): S. 111

61 ebendort, S. 117–118

62 Testosteron ist das männliche Sexualhormon, das bei Tieren aggressives Verhalten fördert. Vergleiche Heiko Ernst in: «Psychologie heute», April 1991, S. 3

63 Stressforscher der Universität Tel Aviv

64 Frigga Haug (1991): S. 355

65 Karl von Clausewitz (1832, 1963, 1990)

66 zitiert nach Anatol Rapoport (1990): S. 180

67 Sigmund Freud (1915)

68 Irenäus Eibl-Eibesfeldt (1986): S. 510

69 ebendort, S. 141 und S. 527

70 ebendort, S. 670

71 ebendort, S. 533. Das Beispiel bezieht sich auf die Kriegführung der Tsembaga.

72 Die folgenden Passagen entnehme ich teilweise wörtlich aus Eibl-Eibesfeldt (1986): S. 108–111

73 «Golf-Telegramm». In: «Bild Zeitung» vom 26. 1. 1991

74 Lloyd deMause (1987): S. 221

75 Irenäus Eibl-Eibesfeldt (1986): S. 109

76 ebendort, S. 530

77 Frans de Waal (1989, 1991)

78 Hermann Beland (1989): S. 73–92

79 Sigmund Freud (1915 b): S. 291

80 Sigmund Freud (1908): S. 193

81 ebendort, S. 193

82 Ernst Jünger (1920): S. 245

83 ebendort, S. 281

84 ebendort, S. 257

85 ebendort, S. 222

86 Lloyd deMause (1987): S. 220

87 Erich Fromm (1974): S. 251–252

88 Henri Parens (1979): S. 3–15

89 Elfriede Jelinek (1986): S. 268

90 Lautréamont, I. D. (1869): S. 15 f

91 ebendort, S. 17

92 Georges Bataille (1990)

93 Sigmund Freud (1915 a)

94 Henri Parens (1979): S. 4 f

95 Sigmund Freud (1915)

96 Henri Parens (1979): S. 4 f

97 Hugendubel: Die Welt der Bücher. Mord macht munter. «Zeitung für Wort und Totschlag» Nr. 3, April 1991

98 ebendort
99 Alexander Mitscherlich (1969): S. 103
100 ebendort, S. 120
101 ebendort, S. 121
102 Ernst Jünger (1922): S. 34
103 Klaus Horn (1983) in: Peter Passett und Emilio Modena (Hg.) (1983):
    S. 66
104 Ernst Jünger (1922): S. 89f
105 ebendort, S. 17
106 Elfriede Jelinek (1986): S. 271
107 Renate Schneider (1991): S. 361–371
108 Elfriede Jelinek (1986): S. 279
109 Erich Fromm (1974): S. 149ff.
110 ebendort, S. 157, Ruth Benedict zitierend
111 Vgl. dazu Frans de Waal (1991)
112 Erich Fromm (1974): S. 157
113 ebendort, S. 158
114 Klaus Jürgen Gantzel (1987): S. 42
115 Norbert Elias (1937, 1977): Bd. 2, S. 336ff
116 vgl. Irenäus Eibl-Eibesfeldt (1986): S. 106–107
117 Mario Erdheim (1982): S. 417–418
118 ebendort, S. 421
119 ebendort, S. 435
120 Sigmund Freud (1926): S. 111–205
121 Hub (1964)
122 Ernst Jünger (1922): S. 89
123 Henri Parens (1989): S. 6
124 Sigmund Freud (1915)
125 ebendort
126 Bei der Bedrohung durch tödliche Erkrankungen, beispielsweise Leuk-
    ämie oder Aids, beobachtet man Ähnliches: Die Kranken werden selbst
    – in Phantasie oder Realität – destruktiv anderen gegenüber. Man
    spricht von «killing role». Psychoanalytisch gesehen haben sie sich mit
    der sie tötenden Erkrankung identifiziert und richten nun die tödliche
    Bedrohung nach draußen. Das ist der Hintergrund, wenn beispiels-
    weise ein Aidskranker eine Krankenschwester angreift und beißt, um
    sie zu infizieren. Vgl. dazu M. L. Moeller (1992)
127 Ernest Becker (1973, 1976)
128 Peter Meyer (1981): S. 28
129 Irenäus Eibl-Eibesfeldt (1986): S. 111
130 ebendort, S. 670
131 Dundes, Leach und Özkök (1970): zitiert nach Irenäus Eibl-Eibesfeldt
    (1986): S. 670

132 Lloyd deMause (1987): S. 234

133 Nach einer persönlichen Mitteilung von Fritz Krause, Pilot in Stalingrad

134 Lloyd deMause (1984): S. 76–77. Die Grundlagen der empirischen Forschungsmethode der Psychohistorie, die solche Schlüsse erlaubt, findet man in Lloyd deMause (1989). Geraffter Überblick in Lloyd de-Mause (1984) S. 247–249.

135 Lloyd deMause (1984): S. 137

136 ebendort, S. 149

137 zitiert nach Horst-Eberhard Richter (1981): S. 20

138 Lautréamont, I. D. (1869): S. 19

139 Sigmund Freud (1924): S. 374

140 Vgl. dazu auch Horst-Eberhard Richter (1981)

141 Sigmund Freud (1912)

142 Sigmund Freud (1915)

143 Erich Fromm (1974): S. 249–250

144 ebendort, S. 250

145 Differenzierte Darlegungen in den Arbeiten von Bela Grunberger, Heinz Kohut, Otto Kernberg und Michael Balint.

146 Albert Speer (1970) zitiert nach Erich Fromm (1974): S. 364

147 Alan Bullock (1991): S. 1252

148 Er zitiert dabei Stephen Cohen (1985): S. 48

149 George J. Church: «If war begins». In: «Time Magazine» vom 10. Dez. 1990, S. 30

150 Lloyd deMause (1984)

151 Volker Elis Pilgrim (1986, 1988)

152 Mario Erdheim (1982)

153 So auch ganz unabhängig von den modernen Narzißmustheorien dargelegt von W. Ong (1981)

154 Einstein (1931) zitiert nach David Mark Mantell (1971): S. 69

155 Elfriede Jelinek (1986): S. 28

156 Michael Lukas Moeller (1981 b): S. 213 ff

157 «Der Spiegel» 6 / 1991, S. 26 ff

158 Manfred Overesch und S. Saal (1982, 1991): S. 9

159 Langzeituntersuchung einer Forschungsgruppe der Universität Bielefeld unter Leitung von Prof. Wilhelm Heitmeyer, zitiert nach A. A. Guha: «Egoistische Berufsziele fördern die jugendliche Gewaltbereitschaft». In: «Frankfurter Rundschau» vom 27. 9. 1991

160 Stavros Mentzos (1988): S. 139

161 Klaus Horn (1988): S. 220

162 Lloyd deMause (1984): S. 134

163 Nomen est omen.

164 Ernst Jünger (1920): S. 316–17

165 Georges Bataille (1963)

166 ebendort, S. 38
167 ebendort, S. 82
168 ebendort, S. 83
169 ebendort, S. 113
170 ebendort, S. 72
171 Sigmund Freud (1921): S. 71 ff
172 Reinhold Schneider (1982): S. 152
173 Ernst Jünger (1920): S. 315
174 Gertrud Koch: «Leichtes Töten, schweres Sterben». In: «Frankfurter Rundschau» vom 21.2.1992
175 Kurt R. Eissler (1971): S. 38
176 Hans Hass (1970) zitiert nach Irenäus Eibl-Eibesfeldt (1984, 1990): S. 35
177 Elias Canetti (1960, 1982): S. 227
178 ebendort, S. 472
179 ebendort, S. 471
180 Ernst Jünger (1922): S. 86
181 Irenäus Eibl-Eibesfeldt (1986): S. 521–522
182 ebendort, S. 520
183 Christian Spiel (1974)
184 Albert R. Leventhal (1973): S. 154
185 «Der Spiegel» 34/1983, S. 99
186 Lloyd deMause (1987): S. 226
187 ebendort, S. 227
188 Irenäus Eibl-Eibesfeldt (1984, 1990): S. 278
189 Friedrich Kluge (1975): Stichwort «kriegen»
190 Jacob Bronowski (1973)
191 Horst-Eberhard Richter (1983) in: Peter Passett und Emilio Modena (Hg.) (1983): S. 124
192 Christian Kellerer (1989): S. 84 ff
193 Vgl. Henri Parens (1979): S. 3 ff, dort auch Hinweis auf entsprechende Auffassungen der Psychoanalytiker Eissler und Marcovitz.
     Kurt R. Eissler (1971): S. 25–78
     E. Marcovitz (1973): S. 226–233
194 Irenäus Eibl-Eibesfeldt (1986): S. 528
195 Vgl. dazu Ernst Probst (1990)
196 Jacques Ruffié (1976) zitiert nach Jacques Attali (1981): S. 23
197 Jacques Attali (1981): S. 23
198 ebendort, S. 27
199 ebendort, S. 27
200 ebendort, S. 28
201 ebendort, S. 28
202 Elias (1937): Band 1, S. 157–164

203 Elias (1937): Band 1, S. 163
204 Jacques Attali (1981): S. 25
205 ebendort, S. 34
206 ebendort, S. 28
207 ebendort, S. 28
208 ebendort, S. 27
209 ebendort, S. 38
210 ebendort, S. 29
211 ebendort, S. 29
212 ebendort, S. 28
213 ebendort, S. 36
214 Sigmund Freud (1905–25): S. 27 ff
215 Elias Canetti (1960): S. 249
216 ebendort, S. 253
217 ebendort, S. 253
218 ebendort, S. 278
219 ebendort, S. 278
220 Aus dem ‹Off› gesprochener Satz während eines endlose Minuten dau-
     ernden Crescendos bei nur weißflimmernder Panavisions-Leinwand,
     untermalt von fernem hundertfachem Hufdonner, der aus der Tiefe und
     ganzen Breite einer sonnengeblendeten wüstenähnlichen Landschaft
     naht, zu Anfang des Western-Films «The Wild Bunch – Sie kannten
     kein Gesetz» (von Sam Peckinpah, USA 1969), in dem alle Western-
     Stars der damaligen Zeit zugleich auftraten.
221 Elias Canetti (1960): S. 30
222 ebendort, S. 31
223 ebendort, S. 13
224 Sigmund Freud (1921): S. 158
225 ebendort, S. 159
226 Elias Canetti (1960): S. 79
227 ebendort, S. 119
228 ebendort, S. 118
229 Klaus Horn (1988): S. 179–180
230 Vgl. dazu Alexander Kluge, Oskar Negt (1981): S. 797 ff
231 Ernst Jünger (1920): S. 13
232 Vgl. Henri Parens (1979): S. 5
233 Klaus Horn (1988): S. 183
234 Er hat die unfaßliche Anzahl von 20 Millionen Minen in Vorbereitung
     zum Golfkrieg 1991 gelegt; «Der Spiegel» 6/1991
235 Ernst Jünger (1922) zitiert nach Klaus Horn (1983): S. 65
236 «Time Magazine» vom 10. Dez. 1990, S. 30 ff
237 ebendort, S. 31
238 Elias Canetti (1960): S. 229–30

239 ebendort, S. 241–42
240 Erich Fromm (1974): S. 310
241 Zitiert nach Erich Fromm (1974): S. 312
242 Günther Anders (1956, 1980): S. 24
243 ebendort, S. 23
244 Vgl. Peter Reichel (1991)
245 1. Makkabäer, 14,9
246 Nach einem Bericht in «Esquire» 5/91: S. 60 ff
247 «Die Zeit» vom 25. 1. 1991
248 Manfred Overesch u. a. (1982, 1991): S. 9
249 Irenäus Eibl-Eibesfeldt (1986): S. 821
250 Zitiert nach Erich Fromm (1974): S. 312–13
251 Elias Canetti (1960): S. 230
252 Ernst Jünger (1920): S. 251
253 Theodor W. Adorno (1950, 1973)
254 Erich Fromm (1974): S. 271
255 Irenäus Eibl-Eibesfeldt (1986): S. 824
256 Albert R. Leventhal (1973): S. 5
257 Irenäus Eibl-Eibesfeldt (1975, 1984): S. 225
258 Hanne-Margreth Birckenbach (1982): S. 67
259 Zitiert nach Klaus Horn (1983) in: Passett und Modena (1983): S. 59 ff
260 Erich Fromm (1974): S. 192
261 «Psychologie heute», April 1991, S. 3
262 Peter Weigelt und Lutz Flörke (1982) zitiert nach Klaus Horn (1983): S. 177–78
263 Friedrich von Bernhardi (1912): S. 22
264 Vgl. dazu Anatol Rapoport (1990): S. 30
265 Erich Fromm (1974): S. 192
266 Titel eines Buches von Paul Parin (1991) über seinen freiwilligen Einsatz als junger Arzt.
267 Anette Birschel: «Die schwindende Lust aufs lange Leben». In: «Frankfurter Rundschau» vom 4. 11. 1985
268 Klaus Horn (1983): S. 205
269 Sigmund Freud (1930): S. 419 ff
270 Klaus Horn (1983): S. 209
271 ebendort, S. 202
272 Das seit etwa 1800 gebräuchliche Fremdwort ist aus dem gleichbedeutenden englischen «panorama» entlehnt. Dies ist eine gelehrte Neuschöpfung aus griechisch «pan» «alles» und griechisch «hórama», «das Sehen, das Geschaute, die Erscheinung». Es bedeutet demnach eigentlich «Allschau». Nach Günter Drosdowski (1989): S. 507
273 J. Laplanche, J.-B. Pontalis (1967, 1973): S. 576
274 Michael Lukas Moeller (1986, 1991): S. 122

275 J. Laplanche, J.-B. Pontalis (1967, 1973): S. 573
276 Sigmund Freud (1915–1917): S. 386
277 J. Laplanche, J.-B. Pontalis (1967, 1973): S. 575
278 ebendort, S. 575
279 ebendort, S. 575
280 ebendort, S. 393
281 Hans Hass (1970) zitiert nach Irenäus Eibl-Eibesfeldt (1984): S. 35
282 Irenäus Eibl-Eibesfeldt (1984): S. 35
283 ebendort, S. 35
284 Peter Meyer (1981): S. 29
285 Irenäus Eibl-Eibesfeldt (1984): S. 37
286 ebendort, S. 35
287 ebendort, S. 224
288 Ich beziehe mich auf die Schilderung von Elias Canetti (1960): S. 147
289 Broch, T. und J. Galtung (1966) zitiert nach Peter Meyer (1981):
     S. 101, Anmerkung 283
290 Nettleship, M. A. et al. (1975): S. 245
291 Meyer, Peter (1981): S. 81
292 J. Maynard Smith und G. R. Price (1973): S. 15–18
293 Frans de Waal (1991)
294 Elias Canetti (1960): S. 108
295 Frank R. Pfetsch (1991): S. 2589 ff
296 André van Lysebeth (1988): S. 98
297 Elias Canetti (1960): S. 154
298 Elias Canetti (1960): S. 361 ff. Ich will hier auf die interessante ökologi-
     sche Auflösung dieser Rätselgeschichte, daß es sich nämlich bei diesen
     Menschen um Bäume, Rinder, Kräuter und Gewässer handelt, nicht
     eingehen.
299 Hafez Sabet (1991)
300 Irenäus Eibl-Eibesfeldt (1984): S. 92
301 Irenäus Eibl-Eibesfeldt (1984): S. 89
302 Elias Canetti (1960): S. 75–76
303 Wobei sich versteht, daß Saddam Hussein vermutlich damit auf sekun-
     därprozeßhafter Ebene nur die Größe der Schlacht meinte.
304 Im üblichen Wörterbuch heißt es zu «Engramm»: die im Zentralner-
     vensystem hinterlassene Spur eines Reiz- oder Erlebniseindrucks. Erin-
     nerungsbild. Ähnliches meine ich im übertragenen Sinne.
305 Irenäus Eibl-Eibesfeldt (1986): S. 514
306 Ich folge kursorisch Wolfgang Mertens (1981): S. 152 ff
307 Raoul Hilberg in einem Interview mit der «Frankfurter Rundschau»
308 «Der Spiegel» 6 / 1991, S. 26 ff
309 vgl. dazu Hermann Beland (1989): S. 87
310 Erich Neumann (1956, 1981): S. 148

311 ebendort, S. 152
312 ebendort, S. 152
313 ebendort, S. 184
314 H. Barbusse (1917), zitiert nach Horst-Eberhard Richter (1981): S. 20
315 Erich Neumann (1956, 1981): S. 221
316 ebendort, S. 168
317 Martin Buber (1981): S. 33
318 Sigmund Freud (1932): S. 23
319 ebendort, S. 23
320 ebendort, S. 23
321 Frank R. Pfetsch (1991): S. 258
322 Michael Lukas Moeller (1988, 1992): S. 136ff
323 Irenäus Eibl-Eibesfeldt (1986): S. 534
324 Klaus Horn (1988): S. 212

Sich selbst überleben

 1 Vgl. André Glucksmann (1978)
 2 Elias Canetti (1960): Band 1, S. 246
 3 Dietrich Dörner (1976)
 4 Marina Gambaroff (1980)
 5 Vgl. Werner Muensterberger (1969, deutsch 1974)
 6 Elias Canetti (1960): S. 335ff
 7 Vgl. dazu auch die kritische Bemerkung von Mario Erdheim zum Werk
   von Norbert Elias, in: Erdheim (1982): S. 396
 8 Thomas H. Ogden (1979)
 9 Gerhard Lenski und Jean Lenski (1974): S. 134 Fußnote
10 Norbert Elias (1937)
11 Jacob Bronowski (1973)
12 F. M. Wuketits (1982)
13 Christian Spiel (1974)
14 Elias Canetti (1960): S. 223ff
15 Norbert Elias (1937): Bd. 1, S. 267
16 Norbert Elias (1937): Bd. 2, S. 157
17 Norbert Elias (1937): Bd. 1, S. LXVII
18 Hans-Dieter Schneider (1978): S. 146
19 Norbert Elias (1936): Bd. 2, S. 321
20 Gerhard Lenski (1973): S. 565 Abbildung
21 Mario Erdheim (1982)
22 Sigmund Freud (1927): S. 333
23 Norbert Elias (1937): Bd. 2, S. 314
24 Gerhard Lenski und Jean Lenski (1974): S. 134 Fußnote

25 Henri Parens (1979)
26 Hoimar von Ditfurth (1976)
27 G. Gurin, J. Veroff, S. Feld (1960)
28 Sigmund Freud (1926)
29 Leo Tolstoi (1886, 1950): S. 214 ff
30 Max Weber (1922): S. 38
31 Hans-Dieter Schneider (1978): S. 35
32 Gerhard Lenski (1973): S. 420 ff
33 Sigmund Freud (1915 a): S. 352
34 Sigmund Freud (1932)
35 Eigen und Winkler (1976)
36 Tom Prideaux (1975): S. 36
37 Elias Canetti (1960): S. 249–312
38 Vgl. etwa Wickler und Seibt (1975)
39 Vgl. dazu eine kritische Würdigung der Soziobiologie in: Irenäus Eibl-Eibesfeldt (1986): S. 121 ff
40 Nietzsche (1964): Bd. 3, S. 497
41 Sigmund Freud (1915 c): S. 359
42 Hass (1970), zitiert nach Irenäus Eibl-Eibesfeldt (1984): S. 35

Die chinesische Legende endet

1 Vergleiche dazu die Anmerkung 1 zum Beginn der Legende, Seite 250.

Literatur

Adorno, Theodor W. (1950, 1973): Studien zum autoritären Charakter. Frankfurt: Suhrkamp

Amigorena, H. und M. Vignar (1977): Zwischen außen und innen: Die tyrannische Instanz. In: «Psyche» 7, 33, Juli 1979

Anders, Günther (1956, 1980): Die Antiquiertheit des Menschen. I. und II. Band. München: Beck

Anders, Günther (1972): Endzeit und Zeitende. Gedanken über die atomare Situation. München: Beck

Attali, Jacques (1981): Die kannibalische Ordnung. Frankfurt: Campus

Bataille, Georges (1963): Der heilige Eros. Frankfurt, Berlin, Wien: Ullstein

Bataille, Georges (1990): Das Blau des Himmels. München: Matthes und Seitz

Becker, Ernest (1973, 1976): Dynamik des Todes. Die Überwindung der Todesfurcht – Ursprung der Kultur. Freiburg: Walter

Beland, Hermann (1989): Die unbewußte Phantasie. In: Hans-Volker Werthmann (Hg.) (1989): S. 73–92

Bernhardi, Friedrich von (1912): Deutschland und der nächste Krieg. Stuttgart, Berlin: Cotta

Birckenbach, Hanne-Margreth (1982): Besser vorbereitet auf den Krieg! Schüler – Frieden – Bundeswehr. Frankfurt: Verlag Jugend und Politik

Broch, T. und J. Galtung (1966): Belligerence among the Primitives. A Re-Analysis of Quincy Wright's Data. In: «Journal of Peace Research» 3

Bronowski, Jacob (1973): The Ascent of Man. London: BBC

Buber, Martin (1981): Der Weg des Menschen nach der chassidischen Lehre. Heidelberg: Lambert Schneider

Bullock, Alan (1991): Hitler und Stalin. Parallele Leben. Berlin: Siedler

Canetti, Elias (1960, 1982): Masse und Macht. Frankfurt: Fischer

Clausewitz, Karl von (1832, 1963, 1990): Vom Kriege. Reinbek: Rowohlt

Cohen, John (1968): Golem und Roboter. Frankfurt: Umschau Verl

Cohen, Stephen (1985): Re-thinking the Soviet Experience: Politics and History since 1917. Oxford

deMause, Lloyd (1987): Reagans Amerika. Eine psychohistorische Studie. Frankfurt, Stroemfeld/Roter Stern

deMause, Lloyd (1989): Psychohistorie. Frankfurt: Suhrkamp

Denffer, Enno von (1982): Friedenspolitik aus Selbstbetroffenheit. In: «Psychosozial» 15, Seite 89ff

Dietrich, Rainer; Ingo Steinmann; Hans-Jürgen Wirth (1982): Politisierung des Gefühls. In: «Psychosozial» 15, S. 100ff

Ditfurth, Hoimar von (1976): Der Geist fiel nicht vom Himmel. Hamburg: Hoffmann & Campe

Dörner, Dietrich (1976): Problemlösen als Informationsverarbeitung. Berlin, Stuttgart: Kohlhammer

Drosdowski, Günter (1989): Duden Etymologie. Herkunftswörterbuch der deutschen Sprache. Mannheim: Duden-Verlag

Dundes, A.; J. W. Leach; B. Özkök (1970): The Strategy of Turkish boy's verbal duelling, Rhymes. In: «Journ. of Americ. folklore» 83: 325–349

Eibl-Eibesfeldt, Irenäus (1970): Liebe und Haß. Zur Naturgeschichte elementarer Verhaltensweisen. München: Piper

Eibl-Eibesfeldt, Irenäus (1984, 1990): Krieg und Frieden aus der Sicht der Verhaltensforschung. München: Piper

Eibl-Eibesfeldt, Irenäus (1986): Die Biologie des menschlichen Verhaltens. Grundriß der Humanethologie. München: Piper

Eigen, M.; Winkler, R. (1976): Das Spiel. Naturgesetze steuern den Zufall. München: Piper

Eissler, Kurt R. (1971): Death drive, ambivalence, and narcissim. In: «Psychoanalytic Study of the Child» 26, 25–78

Elias, Norbert (1937, 1969, 1977): Über den Prozeß der Zivilisation. 2 Bände. Frankfurt: Suhrkamp

Elias, Norbert (1985): Humana conditio. Beobachtungen zur Entwicklung der Menschheit am 40. Jahrestag eines Kriegsendes (8. Mai 1985). Frankfurt: Suhrkamp

Erdheim, Mario (1982): Die gesellschaftliche Produktion von Unbewußtheit. Eine Einführung in den ethnopsychoanalytischen Prozeß. Frankfurt: Suhrkmap

Ermann, Michael und B. Waldvogel (Hg.) (1992): HIV-Betroffene und ihr Umfeld

Forester, C. S. (1990, 17. Auflage): Leutnant Hornblower. Berlin: Ullstein

Freud, Anna (1936, 1964): Das Ich und die Abwehrmechanismen. München: Kindler

Freud, Sigmund (1905–25): Drei Abhandlungen zur Sexualtheorie. GW Bd. V. Frankfurt: S. Fischer 1940 ff.

Freud, Sigmund (1908): Hysterische Phantasien und ihre Beziehung zur Bisexualität. GW Bd. VII. Frankfurt: S. Fischer 1950

Freud, Sigmund (1915, 1990). Wir und der Tod. Vortragsmanuskript in: «Die Zeit» vom 20. Juli 1990

Freud, Sigmund (1915 a): Zeitgemäßes über Krieg und Tod. GW Bd. X. Frankfurt: S. Fischer 1950

Freud, Sigmund (1915 b): Das Unbewußte. GW Bd. X. Frankfurt: S. Fischer 1950

Freud, Sigmund (1915 c): Vergänglichkeit. GW Bd. X. Frankfurt: S. Fischer 1950

Freud, Sigmund (1915–1917): Vorlesungen zur Einführung in die Psychoanalyse. GW XI. Frankfurt: S. Fischer 1950

Freud, Sigmund (1921): Massenpsychologie und Ich-Analyse. GW
Bd. XIII. Frankfurt: S. Fischer 1950

Freud, Sigmund (1924): Das ökonomische Problem des Masochismus. GW
Bd. XIII. Frankfurt: S. Fischer 1950

Freud, Sigmund (1926): Hemmung, Symptom und Angst. GW Bd. XIV.
Frankfurt: S. Fischer 1950

Freud, Sigmund (1927): Die Zukunft einer Illusion. GW Bd. XIV. Frankfurt: S. Fischer 1950

Freud, Sigmund (1930): Das Unbehagen in der Kultur. GW Bd. XIV.
Frankfurt: S. Fischer 1950

Freud, Sigmund (1932): Warum Krieg? GW Bd. XVI. Frankfurt: S. Fischer

Freud, Sigmund (1938): Abriß der Psychoanalyse. GW XVII. Frankfurt:
S. Fischer 1950

Freud, Sigmund und Karl Abraham (1965): Briefe 1907–1926. Frankfurt:
S. Fischer

Fromm, Erich (1974): Anatomie der menschlichen Destruktivität. Stuttgart: Deutsche Verlags Anstalt

Gambaroff, Marina (1980): Utopie der Treue. Reinbek: Rowohlt

Gantzel, Klaus Jürgen (1987): Tolstoi statt Clausewitz? Überlegungen zum
Verhältnis von Staat und Krieg seit 1816 mittels statistischer Beobachtungen. In: Rainer Steinweg (Red.) (1987) a. a. O.

Glucksmann, André (1978): Die Meisterdenker. Reinbek: Rowohlt

Gorki, Maxim (1962): Erinnerungen an Zeitgenossen. Frankfurt

Gould, Stephen Jay (1989, 1991): Zufall Mensch. München: Hanser

Gurin, G.; J. Veroff; S. Feld (1960): Americans View Their Mental Health.
New York: Basic Books

Habermas, Jürgen (1974): Können komplexe Gesellschaften eine vernünf-
tige Identität ausbilden? In: Jürgen Habermas und D. Henrich (1974):
Zwei Reden. Frankfurt: Suhrkamp

Hartsock, Nancy C. M. (1991): Nullsummenspiel der Ehre. In: «Das Argument» 187, 33,3: 335–348

Hass, Hans (1970): Das Energon. Wien: Molden

Haug, Frigga (1991): Der Eintritt der Frauen in den Krieg. In: «Das Argument» 187, 33,3: 349–359

Hawking, Stephen (1988): Eine kurze Geschichte der Zeit. Reinbek: Rowohlt

Heise, Hans-Jürgen (1980): In schönster Tieffluglaune. Gedichte. Düsseldorf: Claassen

Hilberg, Raoul (1990): Die Vernichtung der europäischen Juden. 3 Bände.
Frankfurt: Fischer

Hokanson, J. und Shetler, S. (1961): The effect of overt aggression on vascu-
lare processes. In: «J. abnorm. soc. Psychol.» 63

Hondrich, Karl Otto (1992): Lehrmeister Krieg. Reinbek: Rowohlt
Horn, Klaus (1983): Die insgeheime Lust am Krieg, den niemand wirklich will. In: Passett, Peter und Emilio Modena (Hg.) (1983) a. a. O., S. 59–78
Horn, Klaus (1988): Gewalt – Aggression – Krieg. Studien zu einer psychoanalytisch orientierten Sozialpsychologie des Friedens. Baden-Baden: Nomos-Verlag (Schriftenreihe der Arbeitsgemeinschaft für Friedens- und Konfliktforschung e. V., Bd. XIII)
Huber, Andreas (1991): Testosteron und Aggressivität. In: «Psychologie heute», Juli 1991
Jelinek, Elfriede (1986): Die Klavierspielerin. Reinbek: Rowohlt
Jörns, Klaus-Dieter (1992): Krieg auf unseren Straßen. Die Menschenopfer der automobilen Gesellschaft. Gütersloh: Gerd Mohn
Jones, Ernest (1960, 1962): Das Leben und Werk von Sigmund Freud. Bern
Jünger, Ernst (1920): In Stahlgewittern. Stuttgart: Klett-Cotta
Jünger, Ernst (1922): Der Kampf als inneres Erlebnis. Gesammelte Werke Bd. 7,2. Stuttgart: Klett-Cotta
Kellerer, Christian (1989): Erkenntniskritische Relativitätspsychologie. 2 Bände. München: Fondation Dr. C. Kellerer
Kluge, Alexander und Oskar Negt (1981): Geschichte und Eigensinn. Frankfurt: 2001
Kluge, Friedrich (1975): Etymologisches Wörterbuch der deutschen Sprache. Berlin: de Gruyter
Krockow, Christian von (1982): Gewalt für den Frieden? Die politische Kultur des Konflikts. München: Piper
Laplanche, J. und J.-B. Pontalis (1967, 1973): Das Vokabular der Psychoanalyse. 2 Bände. Frankfurt: Suhrkamp
Lautréamont, I. D. (1869, 1985): Gesänge des Maldoror. Berlin: Edition Sirene
Lenski, G. (1973): Macht und Privileg. Frankfurt: Suhrkamp
Lenski, G. und J. Lenski (1974): Human Societies. An Introduction to Macro-sociology. New York: McGraw Hill
Leventhal, Albert R. (1973): WAR. The camera's battlefield view. Ohne Ort: Ridge Press
Lilly, John C. (1982): Im Zentrum des Zyklons. Frankfurt: Fischer
Lysebeth, André van (1988, deutsch 1990): Tantra. Münche: Mosaik Verl.
Mantell, David Mark (1971): Familie und Aggression. Zur Einübung von Gewalt und Gewaltlosigkeit. Eine empirische Untersuchung. Frankfurt: Fischer
Marcovitz, E. (1973): Aggression in human adaptation. In: «Psychoanalytic Quarterly» 42: 226–233
Mause, Lloyd de, siehe deMause, Lloyd

Mentzos, Stavros (1988): Die interpersonale und institutionelle Abwehr. Frankfurt: Suhrkamp

Mertens, Wolfgang (1981): Psychoanalyse. Stuttgart: Kohlhammer

Meyer, Peter (1981): Evolution und Gewalt. Hamburg: Parey

Mitscherlich, Alexander (1969): Die Idee des Friedens und die menschliche Aggressivität. Frankfurt: Suhrkamp

Moeller, Michael Lukas (1978): Selbsthilfegruppen. Reinbek: Rowohlt

Moeller, Michael Lukas (1981a, 1992): Anders helfen. Frankfurt: Fischer

Moeller, Michael Lukas (1981b): Männermatriarchat. Nachwort zu Barbara Francks «Mütter und Söhne». Hamburg: Hoffmann & Campe

Moeller, Michael Lukas (1986, 1991): Die Liebe ist das Kind der Freiheit. Reinbek: Rowohlt

Moeller, Michael Lukas (1988, 1992): Die Wahrheit beginnt zu zweit. Reinbek: Rowohlt

Moeller, Michael Lukas (1992): Der Trieb und der Tod. In: Ermann, M. und B. Waldvogel (Hg.) (1992) S. 1ff

Moeller-Gambaroff, Marina (1980): Im Strudel der Regression. In: «Kursbuch» 61 (siehe auch unter Gambaroff)

Muensterberger, Werner (1969, 1974): Über die biopsychologischen Grundlagen menschlichen Zusammenlebens. In: Muensterberger, W. (Hg.) (1974): Der Mensch und seine Kultur. Psychoanalytische Ethnologie nach Totem und Tabu. München: Kindler

Nettleship, M. A.; R. Dalegivens; A. Nettleship (Hg.) (1975): War, It's Causes and Correlates. Den Haag, Paris: Mouton

Neumann, Erich (1956, 1981): Die große Mutter. Eine Phänomenologie der weiblichen Gestaltungen des Unbewußten. Olten, Freiburg: Walter

Nietzsche, Friedrich (1880, 1956): Aus dem Nachlaß der achtziger Jahre. Werke, herausgegeben v. K. Schlechta, Bd. III. München: Hanser

Ogden, Thomas H. (1990): The Matrix of the Mind. London: Jason Aronson

Ong, Walter (1981): Fighting for life. Ithaka

Overbeck, Annegret (1982): Krieg, Gewalt, Tod. Zur Sozialpsychologie und Anthropologie des Kriegswunsches. In: «Psychosozial 15, S. 52−71

Overesch, Manfred und S. Saal (1982, 1991): Das III. Reich. Bd. I 1933−1939, Bd. II 1939−1945. Eine Tageschronik der Politik, Wirtschaft, Kultur. Augsburg: Weltbild-Verlag

Parens, Henri (1989): The Development of Aggression in Early Childhood. London, New York: Jason Aronson

Parin, Paul (1991): Es ist Krieg und wir gehen hin. Berlin: Rowohlt

Passett, Peter und Emilio Modena (Hg.) (1983): Krieg und Frieden aus psychoanalytischer Sicht. Frankfurt: Stroemfeld/Roter Stern

Pfetsch, Frank R. (1991): Internationale und nationale Konflikte nach dem Zweiten Weltkrieg. In: «Politische Vierteljahreszeitschrift» 32, 2 (Juni 1991), S. 258ff

Pilgrim, Volker Elis (1986, 1988): Muttersöhne. Düsseldorf: Claassen

Prideaux, Tom (1975): Der Cro-Magnon-Mensch. Time-Life

Probst, Ernst (1990): Deutschland in der Steinzeit. München: Bertelsmann

Rapoport, Anatol (1990): Ursprünge der Gewalt. Darmstadt: Darmstädter Blätter

Rapoport, Anatol (1991): Frieden. Eine Idee, deren Zeit gekommen ist. Darmstadt: Darmstädter Blätter

Reichel, Peter (1991): Der schöne Schein des Dritten Reiches. Faszination und Gewalt des Faschismus. München: Hanser

Richter, Horst-Eberhard (1981): Alle redeten vom Frieden. Versuch einer paradoxen Intervention. Reinbek: Rowohlt

Ruffié, Jacques (1976): De la biologie à la culture. Paris

Russell, Bertrand (1987): Sieg ohne Waffen. Darmstadt: Darmstädter Blätter

Sabet, Hafez (1991): Die Schuld des Nordens. Der 50-Billionen-Coup. Frankfurt: Horizonte

Schaefer, Hans (1980): Plädoyers für eine neue Medizin. München: Piper

Schmidbauer, Wolfgang (1977): Die hilflosen Helfer. Reinbek: Rowohlt

Schneider, Hans-Dieter (1978): Sozialpsychologie der Machtbeziehungen. Stuttgart: Enke

Schneider, Reinhold (1982): Camoes. In: Gesammelte Werke Band 1, S. 11–166. Frankfurt: Insel Verl.

Schneider, Renate (1991): Die Liebe ist im Kern Vernichtung. In: «Das Argument» 187, 33,3: 361–371

Schoenebeck, Hubertus von (1982): Unterstützen statt Erziehen. München: Kösel

Smith, Maynard und G. R. Price (1973): The logic of animal conflicts. In: «Nature» 246

Speer, Albert (1970): Erinnerungen. Berlin, Frankfurt

Spiel, Christian (1974): Menschen essen Menschen. Frankfurt: S. Fischer

Steinweg, Rainer (Red.) (1987): Kriegsursachen. Frankfurt: Suhrkamp

Steinweg, Rainer und Christian Wellmann (Red.) (1990): Die vergessene Dimension internationaler Konflikte: Subjektivität. Frankfurt: Suhrkamp

Tolstoi, L. (1886, 1950): Meistererzählungen. Zürich: Manesse

Underhill, Evelyn (1928, 1985): Mystik. Entwicklung des religiösen Bewußtseins im Menschen. Bietigheim: Turm-Verl.

Waal, Frans de (1989, 1991): Wilde Diplomaten. Versöhnung und Entspannungspolitik bei Affen und Menschen. München, Wien: Hanser

Watts, Allan (1981): Der Lauf des Wassers. Frankfurt: Suhrkamp

Weber, Max (1922): Wirtschaft und Gesellschaft. Tübingen: Mohr

Werthmann, Hans-Volker (Hg.) (1989): Unbewußte Phantasien. Neue Aspekte in der psychoanalytischen Theorie und Praxis. München: Pfeiffer

Wickler, W. und U. Seibt (1977): Das Prinzip Eigennutz. Ursachen und
Konsequenzen sozialen Verhaltens. Hamburg: Hoffmann & Campe

Willi, Jürg (1983): Higher incidence of physical and mental ailments in future psychiatrists as compared with future surgeons and internal medi-
cal specialists at military conscription. In: «Soc. Psychiatry» 18 (1983)
oder: «Sind Psychotherapeuten Patienten mit kontraphobischer Abwehr?» Vortrag im Rahmen des Sonderforschungsbereiches 32, Gießen,
5. 11. 1975 (Manuskript)

Wuketits, F. M. (1982: Grundriß der Evolutionstheorie. Darmstadt: Wis-
senschaftl. Buchgesellschaft

Personennamenregister

Sachregister

Erstellt von Barbara Steinwachs

Über den Autor

Michael Lukas Moeller wurde am 26. Mai 1937 in Hamburg geboren und wuchs während der Kriegsjahre in Schlesien auf. Nach Besuch des humanistischen Gymnasiums Christianeum in Hamburg studierte er zunächst Germanistik und Griechisch, wechselte aber bald zu Medizin und Philosophie, um Psychoanalytiker zu werden. Eine künstlerische Entwicklung als Maler fiel diesem Entschluß ebenso zum Opfer wie eine vielversprechende Ausbildung zum klassischen Tänzer bei der russischen Ballettmeisterin Lula von Sachnowsky.

Hamburg, München und Berlin waren seine Studienorte. Er promovierte 1967 in Berlin mit einer Arbeit über die *«Psychodynamik der Prüfungsangst»*, ein Thema, das ihn etwa ein Jahrzehnt beschäftigte und als erstes bekannt machte.

1969 heirateten er und Marina Gambaroff. Sie haben zwei Kinder: 1977 wurde Nina, 1979 Nikolas geboren.

Nach Ausbildung zum Psychoanalytiker in Berlin und am Zentrum für psychosomatische Medizin des Universitätsklinikums Gießen habilitierte er sich für das Fach Psychotherapie und Psychosomatische Medizin. Seit 1973 hatte er an der Universität Gießen eine Professur für seelische Gesundheit inne.

Moeller absolvierte die Ausbildung zum gruppendynamischen Trainer des maßgeblichen Deutschen Arbeitskreises für Gruppentherapie und Gruppendynamik, ist Mitglied der Gesellschaft für Organisationsentwicklung und Mitarbeiter im Hernstein International Management Institute Wien. Er leitete einige umfangreiche Forschungsprojekte: fünfjährige Studien *«Psychische Konflikte bei Studierenden»*, finanziert von der Volkswagenstiftung; ein zehnjähriges Programm *«Entwicklung der Paargruppentherapie»* im Rahmen eines Sonderforschungsbereiches der Deutschen Forschungsgemeinschaft und eine fünfjährige Forschung zu *«Psychologisch-therapeutischen Selbsthilfegruppen»*, finanziert vom Bundesgesundheitsministerium.

Im Rahmen der Psychoanalyse gewann er mit theoretischen Schriften internationale Anerkennung, ist Lehr- und Kontrollanalytiker der Deutschen Psychoanalytischen Vereinigung und gründete mit Mitgliedern des Londoner Institute of Group-Analysis ein überregionales Ausbildungszentrum für Gruppenanalyse (GRAS), das er seit 1977 leitet.

1983 übernahm er den Lehrstuhl für Medizinische Psychologie am Klinikum der Johann Wolfgang Goethe-Universität Frankfurt am Main. Durch seinen Einsatz für die Entwicklung der Selbsthilfegruppen ist er einer breiteren Öffentlichkeit besonders bekannt geworden. Seine Bücher *«Selbst-*

*hilfegruppen. Selbsterkenntnis und Selbstbehandlung in eigenverantwortlichen Klein-
gruppen»* und *«Anders Helfen. Selbsthilfegruppen und Fachleute arbeiten zusammen»*
gelten als Klassiker und haben die Selbsthilfegruppenentwicklung in der
Bundesrepublik wie auch subversiv in der DDR entscheidend mitgeprägt.
Seit zwei Jahrzehnten widmet er sich schwerpunktmäßig der Psychoanalyse
der Paarbeziehung. Aus der Praxis seiner mehrjährigen Selbsterfah-
rungsgruppen mit Paaren stammen die eingehenden Beobachtungen zur
Dynamik der Partnerschaft in den Büchern *«Die Liebe ist das Kind der Freiheit»*, einem Beitrag zur erotischen Kultur, und *«Die Wahrheit beginnt zu zweit.
Das Paar im Gespräch»*, einer Anregung zu Zwiegesprächen.

Als Mitglied der «Internationalen Ärzte gegen den Atomkrieg (IPPNW)»
engagiert er sich seit einem Jahrzehnt in der «Friedensarbeit an der Universität Frankfurt». Der vorliegende Essayband ist ein ausgearbeiteter Teil aus
dem bisher vorgetragenen Spektrum. Eine weitere Studie mit dem Arbeitstitel *«Töte oder Teile»* ist in Thesenform als eine Art ‹Kriegskompendium für
Friedenswillige› entworfen. Moellers Engagement, die Psychoanalyse sinnvoll mit dem politischen Bereich zu verbinden, resultierte vor kurzem in
einem konkreten Beitrag zur ‹menschlichen Vereinigung› des westlichen mit
dem östlichen Deutschland, den er mit dem in Halle arbeitenden Psychotherapeuten Hans-Joachim Maaz publizierte: *«Die Einheit beginnt zu zweit. Ein
deutsch-deutsches Zwiegespräch»*.

«Mit **Václav Havel** ehren Sie einen unbequemen Intellektuellen, der weiß, daß er stört, und nicht daran denkt, davon zu lassen. Sie ehren einen Schriftsteller, der weiß, daß die Arbeit an den Worten absolut notwendig ist — eine Arbeit, die sich keiner in diesem Jahrhundert ersparen kann, in dem jedes Wort zum Slogan werden kann, in dem der Aufschrei des Herzens so vielen Manipulationen unterworfen werden kann und in dem gute Absichten zur allerschönsten Verpakkung schlechter Taten dienten.» André Glucksmann in seiner Laudatio auf Václav Havel anläßlich der Verleihung des Friedenspreises des Deutschen Buchhandels 1989

Václav Havel

Essay

Versuch, in der Wahrheit zu leben

rororo

Das Gartenfest. Die Benachrichtigung *Zwei Dramen. Essays. Antikoden*
(rororo 12736)

Die Gauneroper. Das Berghotel. Erschwerte Möglichkeit der Konzentration. Der Fehler *Theaterstücke*
(rororo 12880)

«Ich frage bei jeder Gelegenheit Havels politische Bewunderer: Kennen Sie seine Stücke? Seine Stücke geben dem Politiker Havel Dimensionen, ohne die man ihn nicht verstehen kann.»
Milan Kundera

Largo Desolato *Schauspiel*
Mit einem Vorwort von Siegfried Lenz
(rororo 5666)

Vaněk-Trilogie: Audienz. Vernissage. Protest — Versuchung. Sanierung *Theaterstücke*
(rororo 12737)

Fernverhör *Ein Gespräch*
(rororo 12859)

Am Anfang war das Wort *Texte von 1969 bis 1990*
(rororo aktuell essay 12838)

Briefe an Olga *Betrachtungen aus dem Gefängnis*
(rororo aktuell essay 12732)

Angst vor der Freiheit *Essay*
(rororo essay 13018)

Versuch, in der Wahrheit zu leben *Essay*
(rororo aktuell essay 12622)

Im Verlag Rowohlt · Berlin ist erschienen:

Eda Kriseová
Václav Havel. Dichter und Präsident
Die autorisierte Biografie
Deutsch von E. Thiele, G. Heißig und M. Pasetti
288 Seiten mit Abbildungen.
Gebunden.

«Die Antifeministen sind gern bereit, in der Frau schwärmerisch das "andere" zu preisen, um auf diese Weise ihr Anderssein als absolut und unverrückbar hinzustellen und ihr den Zugang zum menschlichen Mitsein zu verwehren.»
Simone de Beauvoir

Doris Lucke / Sabine Berghahn (Hg.)
Rechtsratgeber Frauen
(rororo frauen aktuell 12553).
«Frauen haben Rechte, aber sie müssen sie auch wahrnehmen. Frauen haben Rechte, aber diese Rechte sind oft nur eine schwache Waffe gegen die Macht, die sie begrenzen sollen. Und schließlich: Frauen haben Rechte, aber es könnten mehr und es könnten bessere sein!»
Die Herausgeberinnen

Frank Matakas
Sprünge in der Seele *Psychische Erkrankungen und was man dagegen tun kann Ein Handbuch*
(rororo aktuell 12516)

Christine Swientek
«Ich habe mein Kind fortgegeben» *Die dunkle Seite der Adoption*
(rororo frauen aktuell 5119)
Wenn Frauen nicht mehr leben wollen
(rororo frauen aktuell 12785)

Familienalltag *Ein Report des Deutschen Jugendinstituts Frauensichten - Männersichten*
(rororo aktuell 12517)
In einer Repräsentativbefragung haben Sozialwissenschaftler/innen des Deutschen Jugendinstituts den Familienalltag erkundet und untersucht, welches Lebensgefühl, welche Erwartungen und Enttäuschungen Frauen, Männer und Jugendliche mit ihrem Familienleben verbinden.

H. Rosenberg / M. Steiner
Paragraphenkinder *Erfahrungen mit Pflege- und Adoptivkindern*
(rororo aktuell 12989)
Was passiert mit Kindern, die aus den verschiedensten Gründen zu Sozialwaisen geworden sind? Welche Lebenschancen und Perspektiven haben diese Kinder, wenn sie der Obhut öffentlicher Einrichtungen überantwortet werden? Auf der Grundlage eigener Erfahrungen sowie anhand zahlreicher Fallbeispiele untersuchen die Autoren die Entstehungsbedingungen und das Ausmaß sozialer Verwaisung.

«Ich fühle mich bis auf den heutigen Tag nicht wohl in meiner Haut als deutscher Untertan — oder genauer: als Untertan und Deutscher. Einige alpdruckartige Eckdaten der jüngeren deutschen Geschichte lassen sich in meinem Kopf nicht so ohne weiteres streichen oder gar umfunktionieren.»
Joschka Fischer

Joschka Fischer
Von grüner Kraft und Herrlichkeit
(rororo aktuell 5532)
Aufsätze, Essays und Reden des grünen «Realo» Joschka Fischer.

Ralf Fücks (Hg.)
Sind die Grünen noch zu retten?
(rororo aktuell 13017)
Anstöße von Ulrich Beck, Monika Griefahn, Petra Kelly, Otto Schily, Michaele Schreyer, Antje Vollmer u.a.

Rudi Dutschke
Mein langer Marsch *Reden, Schriften und Tagebücher aus zwanzig Jahren*
Herausgegeben von Gretchen Dutschke-Klotz, Helmut Gollwitzer und Jürgen Miermeister
(rororo aktuell 4718)

Peter Mosler
Was wir wollten, was wir wurden *Zeugnisse der Studentenrevolte*
(rororo aktuell 12488)

Leo A.Müller
Gladio — das Erbe des Kalten Krieges *Der Nato-Geheimbund und sein deutscher Vorläufer*
Mit einem Beitrag von Werner Raith
(rororo aktuell 12993)

Ralf Fücks(Hg.)

Anstöße von Ulrich Beck, Monika Griefahn, Petra Kelly, Otto Schily, Michaele Schreyer, Antje Vollmer u.a.

Sind die Grünen noch zu retten?

rororo

Mario Krebs
Ulrike Meinhof *Ein Leben im Widerspruch*
(rororo aktuell 5642)
Sie war die meistgesuchte Frau der Bundesrepublik - für die einen überzeugte, wenn auch gescheiterte Moralistin, für die anderen kaltblütige Terroristin. Marion Krebs hat den politischen Lebensweg von Ulrike Meinhof an Hand der Zeugnisse, der Erzählungen von Freunden und Angehörigen und an Hand ihrer eigenen Texte rekonstruiert.

«Gorbatschow wird in die Geschichte eingehen als ein Mann, der die Welt verändert hat. Doch nachdem nicht nur die Völker Osteuropas, sondern auch die der Sowjetunion ihr Selbstbestimmungsrecht wahrzunehmen versuchen, erweist er sich als Machtpolitiker, dem es in erster Linie um die Aufrechterhaltung des Imperiums geht. Auch bei ihm wird aber der Gedanke reifen müssen,. daß es für die Sowjetunion allemal günstiger ist, unabhängige, aber verläßliche Partner zu haben als abhängige, feindlich gesinnte Vasallen.»
Andrejs Urdze

Andrejs Urdze (Hg.)
Das Ende des Sowjetkolonialismus
Der baltische Weg
(rororo aktuell 12897)
In diesem Buch berichten Autoren aus den baltischen Staaten über die traumatischen Erfahrungen der Okkupation und die Folgen der Einverleibung in die Sowjetunion.

G. Koenen / K. Hielscher
Die schwarze Front *Der neue Antisemitismus in der Sowjetunion*
(rororo aktuell 12927)
Die Autoren erklären den wachsenden Antisemitismus seit der Perestroijka-Zeit und benennen die ihn tragenden gesellschaftlichen Gruppen und ihre Motive.

Steffi Engert / Uwe Gartenschläger
Der Aufbruch: Alternative Bewegungen in der Sowjetunion
Perestroika von unten
(rororo aktuell 12623)

In differenzierten Einzel- und Gruppenporträts beschreiben die Autoren was es heißt, in der heutigen Sowjetunion auszusteigen und ein selbstbestimmtes, anderes Leben zu führen.

Michail Gorbatschow
Die Rede *« Wir brauchen die Demokratie wie die Luft zum Atmen» Referat vor dem ZK der KPdSU*
(rororo aktuell 12168)
Eine Aufforderung, die UdSSR zu verändern, vorgetragen am 27. Januar 1987

Richard Wagner / Helmuth Frauendorfer (Hg.)
Der Sturz des Tyrannen
Rumänien und das Ende einer Diktatur
(rororo aktuell 12839)

Josip Furkes / Karl-Heinz Schlarp (Hg.)
Jugoslawien: Ein Staat zerfällt
Der Balkan - Europas Pulverfaß
(rororo aktuell 13074)

«An der Grenze hielten sie mich an. Sie sagten, sie wollen meinen Ausweis. Ich sagte: Mein Ausweis ist in Jaffa, meine Großmutter hält ihn versteckt. Als sie meine Worte hörten, teilten sie sich. Die einen nahmen die Peitsche, und die anderen fragten mich: Wohin? Ich sagte: Nach Palästina. Da rissen sie mich in zwei Hälften. Die eine blieb an der Grenze, die andere wurde von den Armen der Großmutter umschlungen.»
Lied von Marcel Khalife

EINE ⊕ FÜR ALLE

Lesebuch Dritte Welt

Eine Welt für alle

Ivesa Lübben / Käthe Jans
Kinder der Steine *Vom Aufstand der Palästinenser*
(aktuell 12556)

Michael Sontheimer
Kambodscha – Land der sanften Mörder *Ein Bericht aus Indochina*
(aktuell 12840)

Aharon und Amalia Barnea
Freunde trotz Terror und Tod *Der Israeli und der Palästinenser*
(aktuell 12259)
Eine Freundschaft entwickelt sich zwischen zwei Familien, die politisch unversöhnlichen Lagern angehören ...

B. Nirumand / K. Daddjou
Mit Gott für die Macht *Eine politische Biographie des Ayatollah Chomeini*
(aktuell 12718)

Bahman Nirumand
Iran - hinter den Gittern verdorren die Blumen
aktuell 5735)

Rainer Hörig
Indien ist anders *Ein politisches Reisebuch*
(aktuell 5924)

Susan George
Sie sterben an unserem Geld *Die Verschuldung der Dritten Welt*
(aktuell 12316)

Eine Welt für alle
Lesebuch Dritte Welt
Herausgegeben von Thomas Becker, Ingke Brodersen und Rüdiger Dammann
(aktuell 12734)
Mit Beiträgen von Mary Benson, Erhard Eppler, Monika Griefahn, Winnie Mandela, Dorothee Sölle und vielen anderen.

Hartwig Bögeholz
«Gebt uns Demokratie oder gebt uns den Tod» *China: Das Massaker und die Folgen*
(aktuell 12733)

Freidoune Sahebjam
«Ich habe keine Tänen mehr» *Iran: Die Geschichte des Kindersoldaten Reza Behrouzi*
(aktuell 12139)

Ömer Erzeren
Septemberspuren *Türkei: von Menschen, die der Folter widerstanden*
(aktuell 12728)

«Nur wenige unserer Zeremonien können verpflanzt werden. Nur wenige unserer Zeremonien können wir für euch öffnen. Versucht nicht, uns nachzuahmen. Versucht nicht, euch fremde Haut überzustülpen. Es kommt nicht darauf an, ob man Deutscher, Chinese oder Indianer ist, es kommt darauf an, ob man den menschlichen Weg geht und alles nichtmenschliche Leben achtet. Dabei können wir uns gegenseitig helfen.»
*Phillip Deere,
Medizinmann der Muskogee*

**Indianische Welten
Der Erde eine Stimme geben**
*Texte von Indianern aus
Nordamerika
Lesebuch*
Herausgegeben von
Claus Biegert
(rororo aktuell 5219)
Der Autor hat in diesem Lesebuch Texte nordamerikanischer Indianer zusammengestellt. Sie zeigen die eigene Welt und die besondere Weltsicht der Ureinwohner Nordamerikas. Der Band enthält auch Texte indianischer Autoren, Stücke aus Erzählungen und Romanen dieser eigenen, bei uns noch kaum bekannten amerikanischen Literatur.

Julian Burger
Die Wächter der Erde *Vom Leben sterbender Völker
Gaia Atlas / Großformat*
(rororo aktuell 12988)
Ein mit vielen Fotos ausgestatteter Atlas über die bedrohten Völker der Welt. von den Aborigines Australiens bis zu den Massai-Stämmen Afrikas.

Petra K. Kelly / Gert Bastian (Herausgeber)
Tibet - ein vergewaltigtes Land
Berichte vom Dach der Welt
(rororo aktuell 12474)
Die Herausgeber sind seit Jahren aktiv in der Menschenrechtsarbeit für Tibet. Sie haben Berichte, Reportagen und Dokumente zusammengestellt, die ein authentisches und aktuelles Bild von Tibet zeichnen und auch die traditionsreiche Geschichte und Kultur des tibetischen Volkes lebendig werden lassen.

Bahman Nirumand (Hg.)
Die kurdische Tragödie *Die Kurden - verfolgt im eigenen Land*
(rororo aktuell 13075)
Dieser Band analysiert die aktuelle Lage, beleuchtet die politischen Rivalitäten der verschiedenen Kurden-Parteien und vermittelt das nötige Hintergrundwissen zum Verständnis der «Kurdenfrage».